交谈艺术系列

# 女 士 交 谈

——建构女性友谊的话语

〔英〕詹尼弗·柯茨 著
吴松江 林 淼 译
崔 侃 余 艳
吴松江 审校

著作权合同登记　图字：01-2004-0596
图书在版编目(CIP)数据

女士交谈——建构女性友谊的话语/〔英〕詹尼弗·柯茨著；吴松江等译. —北京：北京大学出版社，2006.2
（交谈艺术系列）
ISBN 7-301-10360-3

Ⅰ.女… Ⅱ.①詹… ②吴… Ⅲ.女性—言语交往—研究 Ⅳ.H019

中国版本图书馆 CIP 数据核字（2005）第 148862 号

This edition is published by arrangement with **Blackwell Publishing Ltd**, Oxford. Translated by **Peking University Press** from the original English language version. Responsibility of the accuracy of the translation rests solely with the **Peking University Press** and is not the responsibility of **Blackwell Publishing Ltd**.

| | |
|---|---|
| 书　　名： | 女士交谈——建构女性友谊的话语 |
| 著作责任者： | 〔英〕詹尼弗·柯茨 著　吴松江等 译 |
| 责 任 编 辑： | 张建民 |
| 标 准 书 号： | ISBN 7-301-10360-3/H·1633 |
| 出 版 发 行： | 北京大学出版社 |
| 地　　　址： | 北京市海淀区成府路 205 号　100871 |
| 网　　　址： | http://cbs.pku.edu.cn |
| 电 子 邮 箱： | zbing@pup.pku.edu.cn |
| 电　　　话： | 邮购部 62752015　发行部 62750672　编辑部 62767347 |
| 排 版 者： | 北京华伦图文制作中心 |
| 印 刷 者： | 北京汇林印务有限公司 |
| 经 销 者： | 新华书店 |
| | 650 毫米×980 毫米　16 开本　23.75 印张　365 千字 |
| | 2006 年 2 月第 1 版　2006 年 10 月第 2 次印刷 |
| 定　　价： | 36.00 元 |

未经许可，不得以任何方式复制或抄袭本书之部分或全部内容。
版权所有，翻版必究

本书谨献给奥克斯顿"女士"过去与现在的朋友们——安、安妮、卡罗尔、玛格丽特、莫伊拉、赖亚楠、罗斯莉、罗萨娜、休——赞美她们历经20多年的友谊;也献给吉娜,赞美她40多年的友谊。

# 前　言

在提倡两性平等的社会里,"性别与语言"的关系自然就成为语言与文化研究的重要议题。男女两性在生理、心理、社会和文化等方面的差别导致了话语表述和理解的差异。可以说,语言在体现性别特征和气质的过程中扮演了不容忽视的角色。詹尼弗·柯茨（Jennifer Coates）是英国当代语言学家、女性主义者、罗汉普顿大学英语系教授。《女士交谈——建构女性友谊的话语》（Women Talk—Conversation between Friends，布莱克韦尔出版社，1996年），是柯茨研究女性、男性闲聊交谈艺术的系列专著之一（另一部专著《男士交谈——建构男性气质的话语》Men Talk—Stories in the Making of Masculinities，布莱克韦尔出版社，2003年），柯茨在《女士交谈》一书中运用社会语言学、社会学、历史学、人类学、人种学、心理学、哲学、神学、媒体研究、文化研究、文艺批评、女性主义批评的理论及研究成果，以她自己建立的语料库为论据，从女性主义者的视角审视了女性与男性气质形态的差异，颠覆了视女性交谈为琐碎、饶舌、无足轻重、甚至是搬弄是非的传统观念，对强加在女性交谈之上的消极社会价值观提出挑战，赞美了女性之间的友谊，指出了女性友谊是一种使女性获得解放的力量，强调女性友谊在女性生活中的重要意义，肯定了女性交谈的文化及社会意义，认为女性友谊是人类人际关系的一种独特形式，"可能代表了未来的关系样式"。该书在对女性（主要是清一色女性之间）闲聊交谈中常见的话题、叙事的模式、女性的话语、女性气质形态的建构、女性交谈的模式、交谈的策略、交谈与女性友谊的关系、女性友谊在生活中的重要意义、女性的朋友观和友谊观、女性的所思所想和所作所为、男性对女性的主宰以及女性是如何在清一色的女性交谈中实现自我等问题条分缕析，进行了鞭辟入里的论述。迄今为止,在社会语言学领域中,以闲聊交谈中的叙事作为切入点,研究性别建构的学术论著并不多,特别是对女性交谈、女性友谊、女性自我的实现进行专门研究的论著更是凤毛麟角,而该书便是这凤毛麟角的论著中的一本。作者自称是"研究交际的人种学者",尽管书中个别观点值得商榷,作者对女性交谈的研究,对于人们理解女性闲聊交谈的社会意义,理解西方当代女性以及未来人际关系的模式无疑具有较高的认识和参考价值。

本书由吴松江、林淼、崔侃、余艳(排名以译者所翻译的章节的先后为序)翻译,由吴松江对全书进行修订统稿。译者均具有较扎实的中英语言功底。在翻译中能认真细致地研究原文,对相关信息缜密求证,因而能透彻地理解和把握原文的意义和风格,其译文较好地体现了原文将闲聊调侃和学术论述两种截然不同的语言和谐地交融在一起的风格。对交谈的引文翻译得极其口语化,栩栩如生,读来犹如身临交谈现场;而对论述部分的翻译,则是逻辑严密,术语准确,其学术性跃然纸上。无论是交谈引文还是作者论述都很好地体现了原文的风格,语言顺畅地道,转换得十分到位,较少有欧化、翻译的痕迹,相信读者在阅读时也会有同感的。

吴松江<br>
2004 年 10 月福州大学庭芳院

# 目　录

鸣谢 ································································· 1
关于交谈资料文字本的说明 ········································ 1
录音资料文字本改写规则 ··········································· 1

第一章　"这就在录音磁带上你知道的"：本书的起源 ··········· 1
第二章　"她对我来说是个非常特别的人"：女性与友谊 ········· 19
第三章　"我们从未停止交谈"：交谈与女性的友谊 ··············· 53
第四章　"我们谈论所有事，任何事"：交谈概述 ··················· 80
第五章　"你知道我母亲最近做什么吗？"：讲述我们的故事 ····· 110
第六章　"女性气质形态……更加融为一体"：组织友好交谈 ···· 137
第七章　"你知道所以我是说我或许……"：模糊限制语和模糊限制行为 ······································································ 176
第八章　"那真的让人好担心啊难道不是吗？"：女性与疑问句 ··· 199
第九章　"我就不停地喝啊喝啊喝"：重复和文本连贯 ············ 231
第十章　"幸好我是个女的"：不同女性特征的建构 ··············· 261
第十一章　"交谈实在很重要"：做朋友 ····························· 294

附录 ································································· 320
参考文献 ····························································· 334

# 鸣　谢

　　本书的研究工作花了十多年的时间,得到了许多不同身份人士的积极参与和鼎力支持。首先,我要特别感谢那些允许我对他/她们的交谈进行录音并同意我在研究中使用这些交谈录音资料的女士,我还要感谢那些允许我采访她们对友谊的看法和感受的女士:阿莉森、安、安娜、安妮、卡罗、卡罗尔、凯瑟琳、西莉亚、克里斯汀、黛安娜、埃莉诺、哈丽特、詹妮、金、劳拉、莫伊拉、莫拉格、内奥米、内奥米·S、赖亚楠、苏珊、苏珊·H、苏珊·P、苏珊·T、文妮莎。我也非常感谢克里斯汀·奇彭和约翰·威尔逊让我使用他们所录制的清一色女性交谈的录音。

　　倘若没有下列人士和机构的帮助,这些会话和采访永远不会被收入书中:布里吉特·弗兰克、凯特·赫德森、塔姆·里奇满、安德·罗斯特(整理会话资料);埃米莉·柯茨和埃米尔斯·里斯(整理了一些人种学采访的文字本);伯明翰大学的共建(COBUILD)项目为我提供了我录音资料的一些文字本,作为将此资料收入他们数据库的回报。

　　我同样也要感谢那些以各种不同方式支持我撰写此书的机构。1994年8月初,我获得了墨尔本大学艺术学院资助的客座研究员基金,这使我能在墨尔本大学的语言学系工作了11个月,使我有可能撰写此书,那里的确是我完成研究目标的理想环境。我非常感谢墨尔本大学,感谢艺术学院,感谢我在语言学系的同事们,尤其是尼克·埃文斯、莱斯利·斯特林和吉恩·马尔德,为我提供了这样的机会和如此富有成果的客座研究。我也要感谢澳大拉西亚的其他大学为我的访问提供了旅行和食宿的资助:昆士兰大学英语系(布鲁克斯客座研究员基金);悉尼理工大学教育学院(客座教授基金);西悉尼大学语言学与女性研究学系;阿米戴尔(Armidale)新英格兰大学语言学系;威灵顿维多利亚大学语言学系；莫纳什(Monash)大学语言学系；墨尔本拉特罗布(La Trobe)大学语言学系。我所在的学校，伦敦的罗汉普顿学院批准了我为期一年的研究假，到澳大利亚去就变成了现实：我衷心感谢罗汉普顿学院，特别是英语系对我的支持。

我要对下列的各项研究资助表示感谢：罗汉普顿研究所研究委员会给了我一笔资助，使我能够支付自己从一些教学工作中脱出身来从事该项目研究所需的费用，并有能力聘请助手帮助我将录音资料整理成文字，同时也为我提供了购买文字处理及复制等必需的设备；英国文化协会为我提供了前往澳大利亚及在澳大利亚各地访问的差旅费；英国科学院为我提供了出席1995年7月在新墨西哥大学召开的会话研讨会的经费，会上我提交并讨论了本书第六章的初稿。

我要感谢迈克·贝恩汉、珍妮·切舍尔、克里斯蒂娜·艾拉、诺玛·格里夫、玛丽·埃伦、乔登、阿莉森·李、戴维·李、吉恩·马尔德、玛丽·波特、凯特·波因顿、乔安妮·斯布曼、阿曼达·辛克莱、莱斯利·斯特林，他们审阅了本书各章节的初稿并提出了审稿意见。我非常庆幸能有这么多的热心读者，我对他们帮助的感激之情是难以用语言表达的。我特别感谢诺玛·格里夫，我一把写完的章节送给她审阅，她马上就给我反馈。我在墨尔本期间，她自始至终对我的书稿提出意见并给我支持，这一切对我来说是弥足珍贵的。我对珍妮特·霍姆斯也充满感激之情，她为布莱克韦尔出版社审阅了本书的全部书稿，她所提出的审稿意见和疑问对文本的最后修订有着极大的帮助。

感谢那些参加我去年在墨尔本、悉尼、布里斯班、阿米戴尔和威灵顿开设的讲座和研讨班上提出问题和评论的人，他们使我加深了对我的资料的理解并引起了我对新的观点或其他学者的研究成果的注意。

我还要感谢罗汉普顿大学英语与语言学系的朋友和同事们，在过去的十多年中，我们多次热烈地讨论了本书中所论述的各个问题；我感谢他们耐心地倾听了我的观点并对我的观点提出质疑。我同样也要感谢我在澳大利亚和新西兰的朋友和同事们，他们和我一起讨论了本书中所提出的观点。我可以肯定地说，我的许多想法都是来源于这样的讨论，从这个意义上说，如果本书是没有别人帮助、我独立完成的

## 鸣 谢

作品,那简直是无稽之谈,我所能说的就是:衷心感谢你们,我所有的同事和朋友们。感谢我的出版商菲利普·卡彭特,感谢他在本书的写作过程中所提出的真知灼见的评论和建议,感谢他对本项目始终如一的支持。

最后,也是非说不可的一点,就是我要感谢我的女性朋友们多年来对我的支持:正是我与她们的友情激发了我撰写此书的灵感。

# 关于交谈资料文字本的说明

本书中的例子来源有两个途径：采访和交谈。采访材料改写成文字本相对容易（因为材料只是由一系列提问和回答组成），而交谈的材料较难改写。将自发交谈的材料改写成文字本需要做出一些重要的取舍决定，这些决定对此后的分析会产生有意义的影响。总而言之，从某种重要的意义上来说，改写是理论。①

我必须决定停顿的时间和用符号来表示是"短暂停顿"或"较长停顿"。由于有一定长度的停顿似乎是女性朋友间交谈中一种少见的特征，我采用了较为简单的体系来区别较长停顿（超过 0.5 秒）和短暂停顿。我也必须决定是否要包括交谈的韵律特征（语调模式、节奏、重音，等等）。最后，我决定排除这些特征，有关疑问句的那一章是个例外，在该章中，我在关键的话语中标示了语调模式。我还决定要标示出我准备将其作为带有问号的提问的所有话语，不考虑其语调。

最关键的是决定如何在书页上展现说话人。我有好几种选择：我可以采用剧作家写对白的方法（说话人交替出现在书页上）；或者我可以把交谈中任何时候的"主要发言人"放在书页的中间，而将其他说话人放在书页的边缘；或者我可以试验改编音乐的五线谱。② 由于女性朋友间交谈中合作、融为一体的性质（这一点将在第六章中详细讨论），我选择在交谈的文字本中采用音乐五线谱式的标志法，以便轻而易举地掌握不同声音之间的关系。这种表现方法乍一看不太容易阅读，但它是唯一能精确地描述交谈资料的方法。（但在第一章，从交谈中引用了一、二个例子说明一个观点，没有使用五线谱的标志法。）

由于许多采访的资料不太具有交谈的性质，因此我用较简单的戏

---

① 见艾利诺·奥克斯的"录音文字理论"。
② 卡罗尔·埃德尔斯基在"谁有话语权？"这一开拓性的文章中较为详尽地讨论了录音文字系统。

剧形式来描述这些资料,说话人交替出现在书页上。但是采用这种方法也有些例外:我同时采访的女性不止一个人时,这样的采访更像交谈,其结果是这些采访的摘录也用音乐五线谱的方式来表现。

# 录音资料文字本改写规则

以下是本书会话录音资料文本所用的改写规则：

1. 斜杠(/)表示一个话语意群的结束，例如：

    她把他逼得忍无可忍/

2. 问号(?)表示该话语结束，我在分析时把该话语当成一个问句，例如：

    你知道谁怀孕了吗？

3. 连接号(—)表示话语结巴，不完整，例如：

    他就这样抽—他就这样神经质地抽搐/

4. 实心圆点(.)表示(小于0.5秒的)短暂停顿，破折号(——)表示稍长的停顿，例如：

    他似乎.就那样坐着看报纸/

    那讨厌的家伙难道——就不会开始发疯/(笑)

5. 点式线条之间的话语应被视作是同时发话的话语，例如：

    A：她们放在比萨饼上那乱七八糟的佐料/

    B：..................莫泽雷勒干..酪/

    C：.......................莫泽雷勒干酪/

6. 加长的方括号中的内容是重叠的话语，例如：

    A：她们有报纸和⎡诸如此类的玩意儿/

    B：⎣是的棒极了/

7. 在一个话轮之后和另一个话轮之前出现的等号(=)表示两个话轮之间无明显的间隙,例如:

   A:因为她们被认为是=
   B:　　　　=成年人/

8. 双圆括号(())表示对该括号中内容的准确性没有把握。例如:
   那((指的))是什么/男同性恋者/

9. 对录音中无法辨听的话语,用在双括号中加((××))来表示,例如:
   你是((××))—你是先入为主/

10. 尖括号中的内容表示附加信息,例如:

    A:这就在录音磁带上,你知道的
    B:〈笑〉

   尖括号中的文字还用来对划线的话语作解释性的说明,例如:
   那讨厌的家伙难道一就不会<u>开始发疯</u>/〈笑〉
   我也没法子〈烦躁的声音〉

11. 大写字母用来表示说话时强调的词/音节。例如:
    她**揍**他(She BEAT him)/
    在**墨西哥**(it's in MExico)/

12. 百分比符号(%)之间的单词或者短语表示该词或短语发音很轻,例如:
    %该死的真见鬼%

13. 符号(·hh)用来表示说话者深深地吸了一口气。例如:
    ·hh 我真希望有个照相机/〈笑〉

14. 方括号中用省略号[……]表示括号中的内容被删减,例如:
    汤姆[……]说有一个德语单词可以用来描述那玩意儿/

15. 符号——→用来表示箭头右边的那行话语是应引起重视的话语。
    交谈犹如　舞蹈

犹如来回旋转　　你　可能还有我
　　　　　　　　是一个乐章
前后左右
脚跟　轻巧的脚步　足尖轻拍　这
就是女性交谈　漫游在
　　　　　　　笑声与朋友之间
绚烂多彩的舞姿


　　　　　　　　　摘录自　海伦·基德《村舍草地》

# 第一章

"这就在录音磁带上你知道的":本书的起源

在本书中,我赞美女性之间的友谊,并肯定了交谈对女性朋友的重要性。女人的交谈常常被冠以各种贬义的名称:饶舌、闲聊、抱怨等等。这些名称说明社会低估了女性的文化实践。比较客气的话,充其量是将女性的交谈视为琐碎的闲聊、摆龙门阵讲故事,不客气的话,是将其视为"令人厌烦地搬弄是非"。我从本书的开篇就想明白无误地表明,所谓的饶舌、闲聊、抱怨——也就是女性朋友间的日常交谈——正是本书所要论述的内容。我希望能阐明女性交谈绝不是琐碎的闲聊,而所谓的"令人厌烦地搬弄是非"恰恰暴露了从根本上误解了那种讲述不在场的其他人的故事的讲述方式,这种方式能提供讨论和重新评估一些社会准则的焦点,能为建构和维护我们的个人身份,即我们的"自我"提供活动中心。

对我们许多人而言,交谈是我们消遣娱乐的主要形式:我们和朋友见面交谈,我们的交谈是一种游戏娱乐。可以把女性朋友间的交谈描述为"爵士乐即兴演奏会":女性的各种声音融为一体,创造出各种复杂的模式,这些模式是我在本书中描述的主要目标。女士们非常清楚地意识到我们互相交谈的价值。维拉·布里顿是这样描述她与她最亲密的朋友温妮弗雷德·霍尔特比的交谈的:"我们俩都不知道还有什么能比这更令人愉快的了:一天工作结束时回到家里,在经历了一系列各自不同的经历之后,喝着晚茶,品着饼干,各自把自己一天所经历的事件讲给对方听,这种感觉实在太惬意了。温妮弗雷德对细小、荒唐可笑的琐事兴高采烈,常常使我们的交谈生气盎然。她经常坐在地板上的小煤气炉前……急不可耐地恳求说:'再给我多讲些!'"①像维拉·布里顿一样,她们的交谈是本书讨论的主题,那些女士们坚信她们相互之间的交谈对她们的友谊是至关重要的,这些交谈给了她们一种非常特别的愉悦。其中的一位女士对我说过:"我是说,你知道的,[男女混杂在一起时]晚上大家离开时,你会觉得,是的,没意思,不满足……而当我回家和安娜、莉兹[度过一个晚上]时,我感到我们想谈什么就谈什么……那种感觉简直难以用语言描述。"②另一位女士把与朋友的交谈描述为"绝对是至关重要……简直就是生命中的血液"。

本书的基本素材,是女性朋友之间 20 则交谈和对 15 位女士关于友谊的看法的一系列人种学采访。在前几章引用了采访中所说的话语,我希望阐明交谈在女性友谊中的意义。我想勾画出一幅图画,说明对 20 世纪末的(一些)英国女性来说友谊意味着什么,并展示朋友在女性的生活中有多么重要。我将从这些女士们对她们与朋友交谈的描述中推断并勾勒出这种交谈的大致模式。这一简单的勾勒将在 6 个中心章节中进一步充实完善,我在这 6 章中详细地考察了 20 则交谈,重点放在女性友好交谈中一些典型的会话交谈策略。在最后的章节中,我将以更宽阔的视角考察女性交谈中建构和维护友谊的方式以及建构和维护女性性别(在女孩和妇女的案例中,指女性气质)。

毫无疑问,有些人一想到本书的题材,将视之为琐碎交谈,无足轻重。但是我们有必要对加在女性交谈之上的消极社会价值观提出挑战,并肯定女性交谈的文化意义,如同其他类型的交谈一样,是值得我们加以重视的。

---

① 维拉·布里顿:《友谊的见证》,第 117 页。
② "安娜"和"莉兹"都是假名。所有参与者——以及她们谈论的人——的名字,本书都做了改动。唯一没做变动的人名是我及我家人的名字。在可能识别出个人的地方,地名也作了更改。

## 所有这一切是如何开始的：
## 伯肯黑德,1983—1984

1983年我的婚姻破裂,我正在寻找一个全职的讲授语言学的大学职位。回想起来,我认识到这样的境况对我有两个很重要的影响：首先,它迫使我认识到女性友谊的重要性,因为倘若没有我那些女性朋友的支持,我不知道怎样能熬过我一生中的那段艰难时期。其次,它让我振作起来,专心撰写《男人、女人与语言》的手稿(该书最后于1986年出版),因为我计划出版的书目单上的另一本书可能会使得我寻找一份讲课工作的境况大为改观。

写作《男人、女人与语言》一书在好几个方面改变了我的人生。第一,这是一次具有强烈政治色彩的经历。虽然我已经自认为是一个女性主义者,但是我对在阅读中所发现的语言实践中的性别歧视的程度,以及对我作出反应的力度完全没有思想准备。然而,最重要的是,写一本书并声称这是(至少主要是)关于"语言与性别(Gender)"[或者"语言与性别(Sex)",当时人们对这个领域不适当的认识]的定论,我对这样的道德标准感到越来越不舒服,而我自己在这个领域也没有进行任何独创性的社会语言学研究。我决定应该开展一项专门研究清一色女性交谈的研究项目,因为我对"语言与性别"进行研究是表示对只进行男女混合交谈研究的做法深感不满。除此之外,我对具体的细节并不清楚。我主要的想法是必须搜集资料,一切就都会清楚的。承认没有明确的研究目标,这可能是一种可怕的自白。尽管让自己在这方面受到公开的批评,对我来说可能是愚蠢之举,但我这样做是因为我不相信我是唯一一个以这样的方式开始项目研究的研究者,而我希望将此公之于众,希望能使人们注意到这样一个问题——我们是如何着手"进行研究的"？我这样做也是要对那种认为做事必然只有一种正确方法的观点提出质疑。

**奥克斯顿"女士"**

　　此时,研究项目的萌芽使我在默西塞德郡的朋友的支持网络都汇集在一起。好几年来(准确地说,1975年以来),我们中的一些人已经建立了一种每星期在彼此的家中聚会一次的模式。傍晚8:30或9:00左右(当然是我们能顺利地安置孩子上床睡觉的时候),我们会坐在一起,一边喝着葡萄酒一边交谈,夜深时我们会找点东西吃,吃的东西各不相同,有时候只是简单的面包奶酪,有时是家里精心烹调的汤和比萨饼,这全凭主人当时的兴致或精力而定。多年来,我们把这个团体称为"奥克斯顿女士"(因为我们都住在伯肯黑德一个名叫奥克斯顿的地区)或者简称为"女士",具有讽刺意味的是,我们都讨厌称成年妇女为女士这个术语。这个名称开始只是个玩笑。戏谑地模仿那些彬彬有礼但却空虚无聊、类似推销家用塑料制品聚会的那种清一色女性的晚会,我们都偶尔经历过这种聚会。但这个名称也是一种用来消除那些(男性伴侣)恐惧的烟雾,他们害怕我们正在建立提高思想意识的团体,特别是在早些年,我们都感到由于孩子幼小需要照顾,使我们在各方面都受到了约束。但我想我们为自己起了这么一个戏谑的名称,也是因为我们要肯定我们的聚会有其琐屑的一面;我们不想有必须讨论严肃的事情的感觉,除非是我们自己选择要讨论严肃的事情。

**开始录音**

　　这个团体刚开始时由五个女人组成,都有幼小的孩子,其中两人的孩子是刚出生不久的婴儿。在过去的岁月中,由于我们中有些人搬走而另一些人加入进来,这个团体的组成有所改变;由于并非每个人都能参加每一次聚会,所以任何一次晚上聚会,都有可能是不同的人员结合。1983年秋——在成立了各种"道德准则委员会"的那些日子里,这似乎是难以置信的——我决定开始暗中录下这些聚会的录音(我将在后面的章节中回过头来谈论这一问题)。刚开始时,我打算录下每次聚会的录音,两星期一次,从这一家移到另一家的聚会。我的第一次尝试就糟透了:我们在海伦家聚会,我把她视为我的知心人而在沙发后面预先安装了简单的录音机。结果是由于各种原因,录了音的磁带根本不能使用。第一,并非意料之外,录音的质量糟透了,虽然我已经知道我更感兴趣的是诸如提问和重复等这样一些交谈的特征,而不是语音变化的微小细节,这些录音实在是不够好。这就是说,我必须使用更好的录音设备。第二,操作录音机的压力意味着我整个晚上都心不在焉;我开始认识到我对录音程序的关注,是一个必须加以解决的方法问题;我必须找到一个能把我的关注降低到最小程度的方法。

我拿定主意,解决这两个问题的办法在于把录音限定在我家里举行的聚会。这样做有好几个优点。第一,在我自己的家中给我的朋友录音,我感到舒坦多了。第二,我能使用家中客厅里的高保真音响设备,我们就坐在客厅里聚会,还可以配上我儿子的麦克风。我的大儿子西蒙就在一个摇滚乐队,因此有一些相当精密高级的麦克风。他把家中那套高保真音响系统重组为一套录音系统,他很有主见,把两个麦克风在壁炉的两边各安上一个。第三,我预先和西蒙商量,晚上我们聚会时他可以借口找杯酒喝到客厅里打开录音设备的开关。这些新的安排很成功:录音的质量相当好(除了我们邻居的小出租汽车店双向无线电意想不到的干扰之外),而且,让我感到意外的是,我常常完全沉溺在交谈之中,似乎没有注意到西蒙在聚会的进程中短暂的打扰,而且大部分时间都忘了正在录音。这些新安排唯一的不足之处是要隔很长一段时间才在我家聚一次会——总之,我们有六七个人,两星期才聚会一次,而且诸如圣诞节和暑假这些重大的节假日还停止聚会。因此,两次录音之间的间隔经常长达三个月或者更长的时间。当时我对此并不发愁,但是从1984年9月开始,伦敦给我提供了一个讲师的职位,情况就不同了。这意味着我必须从伯肯黑德搬走,离开我在奥克斯顿的朋友们,而我却只完成了4次录音。

### 真相大白

就在这个时候,我决定向这个团体说明:差不多有一年时间,我一直在对她们的交谈进行录音。她们的反应让我大吃一惊:她们大发雷霆。回想起来,我对我自己的天真感到惊讶。未经同意而对人们的交谈进行录音是粗暴地侵犯了她们的权利。这些人是我的朋友,她们是信任我才到我家里来的。但是,我想请读者们记住,那个时候,从方法论上说,暗中录音似乎还是可以被人们所接受的。1968年以来,我在伦敦大学学院(University College London)为"英语用法普查"项目当研究助手。(开始是全职,后来我从伦敦搬走就作兼职。)那次普查是一项开创性的工作,在其语料库中包括了书面语和口语。为语料库所收集的许多口头会话都是暗中录音的,也就是说,那些被录音的人并不知晓他们被录音(与普查有关并负责录音的说话者除外)。那次普查工作是一次影响了我此后发展的经历:我羡慕普查所完成的工作并认为我是不加鉴别地采用那次普查的做法作为我自己研究工作的模式。据我所知,重大的社会语言学研究工作——例如,美国威廉·拉波夫的研究和英国彼德·特鲁吉尔的研究[①]——都是采用社会语言学的采访作为收集资料的工具。在采用这种方法而又避免暗中录音时,其结果是造成交谈受到采访时谈话不对等局面的约束(采访者与被采访者是不平等的),而经常造成相对拘泥于形式的结果。那不是适合用来收集朋友间自发交谈资料的方法。[②]在我向朋友们说明她们被录了音之后,我与我的朋友们那些冗长而且有时是痛苦的讨论已经贯穿于我此后所进行的一切研究之中。我再也没有对任何人进行暗中录音。我必须小心仔细地思考各种研究方法,我得感谢朋友们对我提出了挑战。幸运的是,她们允许我使用那些录音磁带,而且现在对我们的友谊有一种具体的记录感到高兴。事实上,我们对"奥克

---

　① 威廉·拉波夫《社会语言学模式》与彼得·特鲁德吉尔的《诺里奇市英语的社会变异》。

　② 威廉·拉波夫在研究黑人少年语言的过程中也开创了参与者评论/观察(observation)的使用。这种方法对着手研究日常交谈具有更大的启发性。见拉波夫的《老城区的语言》。

斯顿女士"的交谈成为一系列学术论文的主题,而且现在成了一本书的主题是感到十分开心的。

## 设计新的方法

在我离开伯肯黑德的两个暑假中,我开始把我所录制的那些录音磁带整理成文本。任何从事过把口语整理成文本的人都知道这是一件极其困难而又费时的工作。当你忙于把涉及五六个人交谈的录音整理成文字时(我当时就在做这项工作),你至少需要30分钟才能把一分钟的交谈整理成文字。但是,一次又一次地听我所录制的录音,注意这些交谈中的每一个细节,证明是一种十分珍贵的经验:它帮助我明确了我的研究目标。当我意识到我所搜集到的资料丰富多彩时,我也坚信妇女和女孩之间清一色女性的交谈正是我想要研究的,更具体地说,是清一色女性团体中女性朋友的交谈。我开始寻找其他现有的、自己愿意把她们的交谈录下音来的女性朋友团体。由于我已不再准备暗中录音,我必须设计一种新的方法:准确地说,就是我怎样才能获得女性朋友交谈的资料?我是通过大杂烩的方式建立起这个语料库的。我特意使用大杂烩这个词,目的是引起人们注意这样一个事实:这并非一种经仔细筹划过的做法,并强调所建立的语料库具有偶然发现的性质。

首先我决定了我研究的标准是什么。必须在团体交谈中录音,而不是在两个朋友交谈时录音。(我选择在朋友团体中录音,是因为我对交谈的组织模式特别感兴趣,而且相信——结果证明我错了——较大团体典型的交谈模式在两人之间的交谈中是找不到的。)第二,这些团体必须是已经存在的——我对人为产生的团体不感兴趣。我还决定这些团体必须自己负责录音:换言之,我向她们说明我正在进行的研究,并请她们聚会时自己打开录音机录音。(我含糊其辞地向她们说明我正在进行的研究,以避免使她们因为意识到自己交谈的特殊性而显得不自然。)这一方法的优点是把我排斥在交谈之外(我在场时会打扰她们的交谈),但也意味着我不能控制录音的质量(因此质量好坏不一),或者说也不能控制到底是否进行了录音。(许多团体提出她们要自己录音,但实际上却没有。)

### 发言者与自我意识

因为我不再对发言者暗中录音,因此我得冒这样的风险,即由于女士们意识到录音机的存在,录音的交谈可能会被歪曲篡改。我假定团体规范的压力会消除对录音设备产生的任何自我意识。①事实上,显然本项研究的参加者经常会忘记录音机正在录音;诸如你确实忘了实际上正在录音,不是吗?以及噢噢,我忘了正在录音这类的评论说明了这一点(这两种评论都是在聚会转移到不同的房间、注意力集中在录音机的那些时候出现的);例如以下三个女孩子的交谈:

贝基:正在录音吗,汉娜?
汉娜:是的/
克莱尔:糟透了/
贝基:噢,不会的/

在我与参加本项研究的女士们的面谈中,这一点得到了证实。例如,苏评论说:"哦,我们忘了,我们后来忘了正在录音。"

有时候,一句偶然的话会暴露出至少有一个参与者会敏感地注意到录音机的存在。在下面的第一个例子中,安娜下班回来突然意识到苏开着录音机在录音:

安娜:你们什么时候开始⌈((好像那玩意儿—好像那是录音机))?
莉兹: ⌊她把那玩意儿开着/她的所有磁带都在录音=
苏:=噢,是的/我们正在录制我们的谈话/

在下面的例子中,艾米莉是否在想着录音的事并不清楚,但格温的提问使所有四个女孩子都警觉起来,注意到正在录音的事实:

---
① 莱斯利·米尔罗伊在《对自然语言的观察与分析》中对此进行了讨论。

艾米莉：我有点儿失望我们没有谈论性或男孩/

格　温：为詹尼弗而谈论？

当发言者记起了她们正在被录音时,她们有时直接拿我这个研究者开玩笑。(这样就是承认我是作为她们交谈时一个看不见的听众在场的)下面是一个例子。(请注意,这个例子也说明,录音已经成为交谈的一个非常正常的伙伴,因此朋友们不可能总是记得特殊的交谈是否已经被录了音。)①

克莱尔：这就在录音磁带上,你知道的/

贝基：〈笑〉

汉娜：噢是的/ 嗯他们——这是想让我们的谈论显得自然/

杰西卡：〈笑〉

贝基：一定认为我们是一群变态者/ 不,我说的是变态者/

杰西卡：不——不是变态者/〈笑〉

汉娜：每个人都在说"蹶起你的屁股"/

贝基：〈笑〉噢不/ 我们那样说的时候没有录音/

克莱尔：在录音/ 在晚——晚餐的时候

贝基：没有录音/

杰西卡：我们吃——的时候在录音/

克莱尔：在录音/

贝基：磁带/ 磁——录完了/

杰西卡：但是在我们吃水果色拉和其他东西的时候,磁带没在录/

克莱尔：哦是的,因为我们下来了/

贝基：天天啊噢/〈笑〉我——我不会——我绝不会把那录音交上去的/ 我会感到尴尬死了/

汉娜：你说什么？

克莱尔：不他们很可能会听录音而且他们会感到奇怪到底——

——→杰西卡：亲爱的录音人/ 那是开玩笑/

---

① 为了方便阅读,这篇摘录略微有所简化。

汉娜：〈笑〉

贝基：到底在开什么玩笑？

杰西卡："蹶起你的屁股"/〈笑〉

约翰·威尔逊在贝尔法斯特录制青少年之间的交谈时，这一现象给他留下了深刻的印象。他在论文《社会语言学的悖论》[1]中明确地集中论述了研究对象产生的各种此类戏谑性的副产品。威尔逊的研究对象都是年轻人，而在我的录音中，针对研究者开玩笑的也都是比较年轻的参与者。成年的参与者有时候也记得录音机正在录音，但她们并没有利用录音对我开玩笑。这可能是年龄的缘故，也可能是年轻的一代熟悉录音技术的缘故。

**建立语料库**

在决定了我的录音对象后，我运用各种不同的策略建起了一个语料库。

- 我（暗中）对我自己的朋友录音——其结果是我已经提到的那四次录音。
- 我请我认识的女孩子和女人与她们的朋友聚会时自己录音。
- 女人们自告奋勇，与她们的朋友在一起时自己录音，或者是自告奋勇请她们的女儿们与朋友聚会时自己录音。
- 我写信给我所认识的拥有会话资料的语言学家，询问他们是否有女性朋友的会话录音，是否愿意把他们的资料与我的部分资料交换使用。[2]

采用了这些策略的成果是，我收集了二十次女性朋友间交谈的录音资料，交谈的时间共计19个小时30分钟。这个总结难以给人们对

---

[1] 约翰·威尔逊"社会语言学的悖论：作为一种方法的数据"。

[2] 特此万分感谢克里斯汀·奇彭与约翰·威尔逊。他们不仅慷慨地让我引用他们的数据，并允许我将这些数据收入我的资料库中。（奇彭的录音文字已经作为奇彭、莫那根《口头英语》的附录出版。）我也有幸聆听了卡伦·阿特金森与项恩·威尔林搜集的只有女性参加的交谈录音，并阅读了录音的文字记录。这些录音资料的搜集是阿特金森对两代人之间交谈研究的一部分（阿特金森：《老年女性的交谈》），也是威尔林对苏格兰公共考试口试中性别差异研究的一部分（威尔林"合作与竞争交谈"）。

录音搜集过程中的随机性有足够的印象。例如,我在"图书馆的女性"年会上提交了一篇论文,论述了女性的交谈模式。午餐的时候,一位女士对我说,她认为我会对她女儿的朋友团体感兴趣的。我在此前后曾遇到过这种情况,但没有实质性的结果,但像往常一样,我要了她的电话号码并告诉她说我会与她联系的。让我吃惊的是,我给她打电话时,她说她已经与她女儿在商讨此事,而且还邀请我到她家喝茶,以便与她女儿商定此事。结果是,这个团体在四年的时间内坚持自己录制她们的交谈录音,从她们12岁到15岁,为我提供了极为珍贵的成长资料。还有一次,我在罗汉普顿大学一组一年级学生的介绍性练习中,漫不经心地提及我正在进行女性朋友间交谈的研究。其中的一位学生在练习结束后留下来对我说,她与两位女性朋友定期聚会交谈,并问我想不想让她把她们的交谈录下来。我告诉她我很愿意,但让我感到惊喜万分的是,在我回到学院时,发现一个信封里装着两盒录音带,并附了一封短信,问我想不想多录制一些。

这总共长达19个小时30分钟的录音资料说明了这样一个事实:这些交谈的录音长短不一,有12岁的女孩子录制的极为简短的交谈(15或20分钟),有三位女士录制的长达3个小时的交谈。我在此使用了"交谈"一词,泛指整个交谈和交谈的一部分。刚才提到的3个小时的交谈,其不寻常之处是把整个晚上的交谈全都录了音:我大多数的录音只是各自交谈的一部分。其原因是:在我早期的暗中录音过程中,我只能利用90分钟录音带的一面。在稍后的录音中,不同的团体对我对资料的要求有不同的理解:有的一次只录制录音带的一面;有的录制了整个晚上的交谈录音。其他语言学家给我的资料,我是无法控制其长度的。(他们似乎也受到了录音带录音时间的限制:他们给我的交谈摘录,要么只有一盒磁带的一面,要么只有一盒磁带的双面。)

虽然我的意图是只收集多位朋友间的交谈语料,结果是收集到了四次两人(dyadic)之间的交谈(也就是只有两位女性的交谈),还有十六次交谈中有三位或三位以上的发言者。语料库中包括两位、三位、四位、五位和六位女性一组的交谈录音,其中八次录音是四位女性为一组的交谈。①交谈录音中总共涉及 26 位女孩和妇女,她们的年龄从 12 岁到 50 岁;来自英国的不同地区,包括伦敦、贝尔法斯特和默西赛德郡;出身的社会阶级背景不同,有上层工薪阶层,也有职业中产阶级。她们都是白人女性。(我特意将其他种族背景的女性排除在外,因为在我看来,友谊的模式可能会因种族的不同而异。)在性爱倾向方面,参与者都是异性恋者或独身女性(这一范畴与语料库中最年轻的发言者无关。)我后悔的是同性恋女性没有出现在这一语料库中。就像我业已说明的那样,搜集资料,特别是寻找愿意参与的团体,是件反复不定之事——有一个团体在经过很长时间的考虑之后拒绝参加,她们解释说,因为她们中间有些人是女同性恋者,对有可能会暴露她们生活中的隐私感到不舒服。我的本意当然不想把同性恋女性排斥在外,开始时我也并不认为女性的友谊会因性爱的倾向而异。但是,后一种看法可能会引起争议,我将在后面的章节中对此进行讨论。②因此,最后的采样除了年龄的差异以及阶级出身略有差别之外,可以说全是同性质的。

因为我想给参与我的研究项目的妇女和女孩子们机会,以表达她们对友谊以及对交谈在友谊中的作用的观点,我对她们进行了一系列人种学的采访以完成交谈资料的收集。录音一完成,我就与这些团体联系,逐一询问她们是否准备接受采访。她们可以选择独自接受采访

---

① 具体细节如下:

| 涉及的发言人数 | 录音次数 | 录音时间 | |
|---|---|---|---|
| | | 平均时间(分钟) | 时间范围(分钟) |
| 2 | 4 | 40 | 25—45 |
| 3 | 4 | 110 | 15—180 |
| 4 | 8 | 45 | 20—90 |
| 5 | 2 | 68 | 45—90 |
| 6 | 2 | 33 | 20—45 |

② 女性间的友谊——以及女性朋友使用的语言是否受到性别方向的影响?这个问题在我与玛丽·埃伦·乔丹合著的"存疑的友谊"一文中被讨论过。

或与另一位朋友一起接受采访。我更喜欢后一种方式,预先确定采访的话题,只有一两位女性接受单独采访。(这些女性都是我的亲密朋友,她们把这些采访看成是与我友好交谈的一种相当奇怪的方式,而不是一种正式的采访。)① 我在这些采访的基础上又补充了另外一些采访,采访的对象是一些与她们的朋友交谈时没有录下音的女性(这些女性中有一些是女同性恋者)。我总共采访了15位女性,其中有9位参与了最初的研究。作为一个女性主义人种学研究者,在我描述友好交谈如何进行的声音中加入我的研究对象的声音,这一点对我是至为重要的。虽然我负责最后的分析,但是我想针对她们个人的描述来查证我的(学术)判断,并以她们的洞察力为依据来加强我的具有一般性的观点。

### "平衡"语料库

在研究期间(1984—1993),我不断将我所取得的研究成果写成论文。在最初的几年中,有人好几次对我的语料库中缺少男孩和男人的交谈资料提出质疑。我对这些质疑诚惶诚恐:在学术机构仍然由男性占主导地位、男性主流没有把以女性为中心的研究工作视为"严肃的"研究时,从事这种研究工作实在太难了。我也设法说服自己,进行一项更具有比较性质的研究可能会有一些成果。因此我也开始从男性朋友团体中搜集资料,这也是通过混合的方式搜集的,这些方式与我在前面列出的各种方式并不完全一样。特别是没有与我原来从我自己的女性朋友团体中录制的那套录音相平行的一套核心交谈录音。一个新的策略就是使用学生所收集到的资料,这些学生的研究工作由我指导或密切参与。② 我也得到(男性)语言学者朋友的帮助,他们自

---

① 友好访谈是收集数据的一种方式。有关这种方法的详细讨论可参见温迪·霍尔韦的《主观性与心理学方法》以及安·奥克莉的《对女性的访谈》。

② 我要特此感谢诺妮·格莉特,她让我引用她对她哥哥与朋友之间交谈的录音(为大学本科社会语言学项目而收集,格莉特"男性之间的交谈")。我还要感谢贾尼斯·普林格允许我引用她录制的酒吧中一群男性朋友之间的交谈录音(这些数据是她文学硕士学位论文的基础,见普林格"男性之间可能进行合作交谈吗?")。

愿为我提供了他们与朋友交谈时所录制的录音带。①

语料库包括了男性朋友交谈的录音带,这些录音带中总共有四十次交谈,二十次是清一色的女性交谈,另外二十次是清一色的男性交谈。②这些数据所提供的科学上的平衡是一个不可靠的表面现象,这让我感到尴尬:我自始至终的主要目标是搜集高质量的资料,特别是女性朋友自发交谈的资料。实际上在我最终搜集到的交谈资料中,男性和女性所占的比例相等,这是一个不正常的数据。就交谈的小时数量而言,整个语料库由超过37小时的录音组成,女性交谈构成了总小时数的一半以上(19小时45分钟)。

**整理录音**

我收入男性资料信息只是想避免篡改录音。换言之,我不想给人一种只收集清一色女性交谈录音的错误印象。但是,在本书中,我关注的只是涉及女性朋友的交谈以及我采访女性关于友谊的看法的录音(我没有采访过任何男性)。后来我意识到如果要写一本专门论述女性的著作,这样做正是我的选择。因此,我选择了写女性,写她们的友谊,写她们与友谊紧密相连的交谈。女性主义研究者现在开始坚持认为,必须"研究我们关于女性的许多问题,诸如她们交谈的方式,她们在想些什么,她们是如何思考,如何谈论她们所居住的这个世界的"。③我花了很长时间才完全明白在我自己的生活中与女性朋友的友谊的意义所在。我花了甚至更长的时间,才明白女性的交谈正是我作为一个研究者所想要探讨的,而女性的交谈是语言学家合乎逻辑的研究领域。

---

① 基思·布朗,安德鲁·罗斯塔(他们也都提供了这些录音的(部分)文字!)。
② 下表列出了资料的具体细节:

| 数量 | 女性 | 男性 | 总计 |
| --- | --- | --- | --- |
| 交谈 | 20 | 20 | 40 |
| 发言者 | 26 | 26 | 52 |
| 交谈时间 | 19小时45分钟 | 17小时30分钟 | 37小时15分钟 |

③ 雷娜·格林"'只要你埋头苦干就没问题'以及民俗研究中其他的女性主义样式",第4页。

## 我是哪种研究者

我的背景是语言学——也就是说,是正规研究语言的。我所接受的训练是从句法与形态学(语法)、语义学(意义)和语音学(声音系统)等方面描述语言。但随着年龄的增长,我对将语言作为一种孤立于其社会文化背景的现象进行研究感到越来越没有兴趣。我对将语言作为人类互相联系的组成部分进行研究愈发感兴趣,这种联系既形成了我们的生活,又反映了我们的生活。这就是说,我已脱离了语言的"科学"研究以及我本人作为一位冷静的研究者的观念,而从其社会背景对语言进行研究,在研究中,就必须考虑到我自己作为一位中产阶级白人女性、作为一位女性主义者的立场。换言之,用最简单的话说,就是我已经从语言学的研究转移到社会语言学的研究。

更具体地说,我会把自己描述为一位研究交际的人种学者。人种学是人类学的一部分,是对人类和人类社会进行研究。(就文献记载而言,读者可能会有兴趣知道人类学实际上通常被描述为"对'人类'的研究"。这是一种习惯用法,它告诉我们许多有关人类学学术研究以男性为中心的传统。因为这些原因,不言而喻,我不希望采用这一用法。)在传统的人类学中,对人类社会的研究被理解成为意指对更为"原始的"社会团体的研究。因此,19世纪的人类学者出发去记录"异域"社区的生活,就如同植物学家去记录世界遥远的地方的异域植物种类一样。这种学术活动是殖民地计划的一部分或全部活动。

人种学家发展了一种通过深入细致的实地工作收集资料的研究模式:人种学家作为参与者和观察者生活在他们正在调研的社区中;本世纪初,人种学家在非洲和东南亚的殖民地地区开展他们的实地工作,然后回国撰写他们的调查成果。只是随着帝国的崩溃,人种学家不得不重新调整他们自己并寻找开展实地工作的新地区。现在,也就是20世纪90年代,许多人种学家就在他们自己的社会中进行人种学研究。例如,一位英国的人种学家可能会在伦敦东区某一个工人阶级的社区中开展实地工作。一位澳大利亚的人种学家可能会在北部地区某一土著社区中进行研究工作。但是,正如这些例子所示,享有更多特权的群体的成员(典型的例子是受过良好教育的白人男性)在那些没有多少特权的群体中进行研究,仍然是当今的惯例。

"研究交际的人种学"这一短语,是德尔·海姆斯为了拓宽业已存在的(但尚未广为人知)、被称为"交谈的人种学"(ethnography of speaking)这一研究领域而新近杜撰出来的。① 这一短语清晰地表达了这样一种信念:倘若我们作为语言学家,对于我们在其社会的背景中描述语言这一目标是严肃认真的,那么我们就必须成为人种学家。这一短语也阐明了这样一个事实,即人种学家所搜集到的大部分资料都是语言学的:自从发明了录音机以后,人种学家就已经能够记录他们所研究的群体的日常活动。② 受人种学传统教育的人种学家,对语言作为语言是不感兴趣的,他们感兴趣的是语言作为材料为他们提供有关具体社会习俗——例如婚姻或死亡——的证据。社会语言学家,如德尔·海姆斯,认识到人类学家已经设计了一套发现日常语言用法的理想方法。"研究交际的人种学"这一术语,可以定义为对"不同社区交际行为规范"的研究,同时也"论述研究这些规范的方法"。③ 这一领域的研究寻求回答这样一些问题:"在一个特定的言语社区中,一个发言者要得体地进行交际需要了解哪些规范?她/他们又是如何学习这些规范的?"④

---

① 德尔·海姆斯"言语的人种论"以及《社会语言学基础》。也可参见约翰·古姆佩兹 & 德尔·海姆斯(编)《社会语言学研究》;理查德·鲍曼 & 乔尔·谢尔泽《言语人种论的探索》;穆丽尔·塞维利-特洛伊克《交际人种论》。

② 即除了需要录像而非录音的聋人手语。该领域的研究最早使用的术语——"言语的人种论"暴露了我们的"听取"假设。我们认为所有的语言都是口头形式的,但事实并非如此:世界上有许多种手语,而交际人种论者对所有的语言都有兴趣,不论是手语还是言语。"听取"一词来源于哈伦·莱恩《伪善的面具》。(我要感谢皮普·科迪提醒我这一点。)

③ 彼得·特鲁德吉尔为穆丽尔·塞维利-特洛伊克《交际人种论》所作的序言。

④ 穆丽尔·塞维利-特洛伊克《交际人种论》,第2页。

**女性主义人种学**

虽然我自认为自己是一个研究交际的人种学家,但更精确地说,我会把自己描述为一个女性主义人种学家。这意味着什么呢?第一,我将女性放在我研究工作的中心地位。第二,它意味着我不会伪称"客观",而是一开始就承认我的身份。在学术界有一个永恒的信念,即只有通过不偏不倚的研究才能获得"真理"(不论是何种真理)。恰恰相反,我认为所有的研究者必须都有所偏爱,而所有的研究都具有主观性和政治性。我一贯认为,与"没有兴趣"相比,"感兴趣"是一种长处而不是一种弱点:它意味着我会全身心致力于我正在从事的工作;女性主义的学术主张之一就是"全身心的研究所产生的知识与不偏不倚的研究所获得的知识相比会提供更深刻的洞察力……"①第三,它意味着我对开发研究者与被研究者关系中的潜力敏感,而且想对将被研究者作为对象的方法论发起挑战。在我自己的研究中,我想将女性描绘为社会的主角,我们自己生活中的主人,而不是牺牲品。我想明确我与我研究的参与者的关系,而不想使研究的关系模糊不清。我也想强调,没有相当数量女性的合作,我将不可能搜集到这些资料,只是因为我们所建立的相互信任的关系,才有可能有这样的合作,用特丽萨·德·劳雷蒂斯的话说,就是一种"女性的社会契约"。②德·劳雷蒂斯认为,为了获得信任,以女性为中心的研究一开始就必须对研究者与被研究者之间不对等的关系开诚布公。虽然研究者可能具有很强的专业能力,但她必须承认,在搜集资料方面,她自己却要受到她的研究对象的支配:这就是她们的力量所在。女性主义研究尽力避免男性主流研究中的傲慢,而鼓励研究者与研究对象之间互相尊重。

女性研究者从玛格丽特·米德以来,常常选择与女性合作。这也是我所选择的。这是因为我感到与女性、与朋友在一起工作非常舒

---

① 黛安·贝尔:《梦想的女儿》,第285页。有关这一点的进一步讨论可参见黛博拉·卡梅伦的《女性主义与语言学理论》;唐娜·哈阿维"情景知识";桑德拉·哈定《女性主义中的科学问题》;南希·哈特索克"女性主义的立场"。

② 特丽萨·德·劳蕾蒂斯"三角的本质或冒着本质论的危险"。

心,还因为我希望我是圈内人的身份会使我的资料得到更为广泛的理解。在本书中,我要赞美女性的日常生活而反对将女性所做的工作日常化、琐碎化。因为人种学不是超脱的学科,它可能是一种颠覆性的活动,挑战人们所认可的智慧和标准的价值观。正如女性主义人种学家所说的:"人种学充其量是打开了一个话语的空间,在这个空间中沉默的人可以发言。它使日常的经历充满活力,并得以合法化。它使日常生活中的平凡事、节奏和仪式进入意识,使我们品味平凡,映射世俗……"①

在下面的章节中,我将努力为女性的声音提供空间,使女性的日常经历合法化。我希望本书能让你品尝到她们的友谊和交谈的不凡之处,同时也赞美这种友谊的不平凡之处——它们的力量,它们的永恒——以及她们交谈非同寻常的复杂性和创造性。

---

① 黛安·贝尔:《梦想的女儿》,第298页。

# 第二章

## "她对我来说是个非常特别的人"：女性与友谊

> **我**与情人和丈夫之间无论发生什么事……延续性和安全感已经建立在良好的友谊之上；而当我审视[我母亲]的生活时，我能看到她的情形也是如此。然而，这些女性之间的联系被视为理所当然，是真实的生活背景之一斑：丈夫、孩子、工作。只要稍微改变一下视角，就能发现，这些被忽视的、独立于富有激情的需求之外的亲密关系，能为我们提供学会成为自我的最佳条件。（德鲁西拉·莫德雅斯卡《罂粟粟花》，第 309 页）

在她措辞强烈、描述女性友谊的文字中，德鲁西拉·莫德雅斯卡提出了我们生活中这些"女性之间的联系"的地位的一些关键问题，本章将讨论这些问题。在我们的一生中，对我们大多数人来说，友谊都发挥了重要的作用。友谊是我们生活的一个组成部分，始终与我们生活中的其他组成部分一起不断地流动着。作为小孩子，我们形成了可能每天会有所变化的宽松友谊。此后，随着我们进入青春期，我们的友谊变得更加强烈；这些友谊中的一部分还会延续到我们进入成人期以后。人们经常说，女性青春期的友谊只不过是今后各种亲密的异性关系的试演，我认为这种说法太随意了；人们还说青春期的友谊构成了贯穿我们一辈子的女性友谊传奇的第一个插曲。

在我们还是孩子的时候，我们的生活分为两个阵营：一是被称为家庭、由父母主宰的家中的世界，二是家庭以外的世界。学校是这一外部世界的一个重要环境，而教师在我们的生活中扮演了很重要的角色，但是在家庭以外，关键的人物是我们的朋友和其他重要的同代人。（这种划分常常是太抽象，不太现实，因为特别是女孩子常常把她们的朋友带回家。)作为成年人,我们一直都有朋友——这是一种永恒的状态,虽然变成了新的家庭伙伴关系,如妻子、母亲、伯母和婶婶等,同时在有报酬的或志愿者的工作等公共场合中也成了新的角色。①

  上一个段落似乎是在陈述显而易见的事。但我要阐述的论点是,虽然社会学家、教育家、社会心理学家等公开地、毫无争议地讨论童年时期的两个世界,但是直到最近才承认成年女性的家庭角色。如同女性生活中的其他方面一样,女性友谊仍然没有得到探讨,在学术界中,很难回避过去系统地忽视了女性友谊这个话题的观点。② 在某些学界,甚至宣称友谊是男性生活的一个重要方面,而不是女性生活的重要方面。③ 但是在过去的20年中,出现了关注女性总体生活的倾向,尤其是关注女性友谊的倾向。女性友谊已经成了历史学家、文艺批评家、哲学家、神学家、社会学家、人类学家、民俗学家们感兴趣的话题。社会历史学家已经发掘了女性友谊失败的历史,而且阐明,虽然在不同的历史时期可能有不同的形式,但它是社会画卷中一个永恒的组成部分。④ 女性主义哲学家和神学家也在女性友谊中发现灵感的来源和良好的人类关系模式。⑤ 对年轻女性、老年女性、工薪阶层女性、中产阶级女性、异性恋女性以及同性恋女性的友谊模式,社会学家已进行了研究并做出了清晰的阐述。⑥ 人类学家已经探索了不同文化的各种不同友谊模式,但同时也阐明了女性友谊在女性生活中扮演了重要的

---

 ① 我要强调的一点是,关于女性的支配观念强调的是我们的家庭角色,把女性置于家中而非公共领域。

 ② 关于这点的进一步讨论,见帕特·奥康纳的《女性之间的友谊》。莉莉安·鲁宾称女性的友谊是"我们这个时代最受忽视的关系"。(鲁宾:《只是朋友》,第191页)

 ③ 这个观点在莱恩涅尔·泰格尔颇受欢迎的《成群的男性》这本伪科学的书中得到了最强有力的表现。

 ④ 莉莉安·费德曼:《超越男性的爱》,卡罗尔·史密斯—罗森伯格:《女性爱与礼的世界》。

 ⑤ 特别参见贾妮斯·雷蒙德:《对朋友的热情》,玛丽·E.亨特:《强烈的温柔》。

 ⑥ 海伦娜·沃尔夫有关伦敦南部十几岁女孩成长的《二十位女孩》一书;帕特·奥康娜:《女性之间的友谊》第5章,有关老年女性及其朋友的讨论;吉尔达·奥尼尔语气轻松、富含信息的《与姑娘们外出的夜晚》,该书通过对大范围女性的采访,描述了女性彼此取乐时做的事。吉尔德涅 & 斯特朗:《友谊的言谈》,该书取材于对75位年龄35—65岁之间的美国中等阶级女性的采访;莉莉安·鲁宾:《只是朋友》的第8章,有关同性恋的女性与友谊的讨论。

角色,无论是在希腊的克里特岛,那里饱受约束的女性生活中的种种苦涩,正是由于与其他女性间存在的友谊才变得可以忍受,或者是在澳大利亚中部,团结和互相支持在维护土著女性的传统习俗中发挥了至关重要的作用。① 民俗学家强调了女性文化——即在家庭隐私中形成的合作民俗——在女性朋友之间的价值。②

在本章中,我的目标是让我所采访的女性描述友谊对她们来说意味着什么。(这些描述不可避免地受到了有关女性所使用的话语的影响;我将在后面的章节中讨论形成这些描述的话语,而且更为总体地讨论我们的日常话语—包括交谈的方式—再现性别身份或"性别的主观感情论"的方式。)③正如我已说明的那样,我采访的实例的核心是那些参加初期研究的女性,也就是说,是那些允许我录制她们与她们的朋友交谈录音的女性。采访这些女性有双重目的—向她们反馈整个过程的研究情况并做总结,让她们通过告诉我她们对友谊和对交谈在友谊中的作用的看法而进入研究过程。我也采访了另外六位女性以拓宽实例。总体的采访实例比交谈实例更为多样化。年龄从12岁到55岁左右。社会阶级背景(尽可能归类)从上层工薪阶层到上层中产阶级。在接受采访的15位女性中,8位已婚,或者处于某种稳定的关系中(包括异性恋和女同性恋关系),7位单身,而后一组包括年轻的参与者,也包括离婚和分居的女性。

我在这些女性的家里采访她们(除了一位到我家来以外)。我们坐在厨房里的饭桌旁,或坐在客厅里舒适的靠背椅上,甚至(有一次)在花园里,边交谈边喝茶或喝葡萄酒。采访围绕12个宽松的问题进行。采访时间为30到90分钟不等,大多数采访时间约为60分钟。

---

① 罗宾内特·肯尼迪关于克里特岛女性的讨论章节"克里特岛女性的友谊",安妮特·汉密尔有关土著女性的论文"一种复杂的战略情形",以及黛安·贝尔关于土著女性的《梦想的女儿》一书。

② 罗赞·乔丹、苏珊·卡尔斯克编的论文集《女性的民俗,女性的文化》。

③ "性别特征"通常是心理学上的一个术语,"性别化的主观性"则来自后结构主义理论。但是,严格地说,"主观性"与"特征"并非是同义词。"主观性"指的是"个体有意或无意的思想与情绪,对自身的意识以及了解自身与世界关系的意识"(威登:《女性行为与后结构主义理论》,第32页)。

我尽量使她们感到自然随意。这就是说我的角色是不明确的：我扮演了双重角色，既扮演了确保一些话题得以讨论的负责人的角色，又扮演了与一个或多个其他女性共同讨论这些话题的参与者的角色。在许多采访中，另一位女性的自我表露会引发我本人的自我表露的回应。因此，这里所说的"采访"这个术语的界定得到了最大限度的延伸，因此这些"采访"更像是非正常的交谈，而不是有固定议题的正式采访。① 在本章的其余部分，我将描述这些女性在采访中所说的话语，并讨论在她们话语中出现的模棱两可之处。②

## 友谊时间的长短

　　毫无疑问，女性严肃认真地将友谊作为一个主题。我完全没有规定她们应该谈论哪些朋友，在女性与一个或几个朋友一起接受采访时，她们彼此谈论对方；在我单独采访我的亲密朋友们时，在我要求列举具体的例子时，她们选择谈论另一个朋友。我请她们每一个人说明，她们与她们所选择谈论的人是多长时间的朋友。参与采访的女性所提到的最短的友情是 5 年，许多人成为朋友的时间更长，最长的达 32 年之久。虽然年龄是其中不可避免的一个因素——在我搜集到的实例中，年龄最大的女士(50 多岁)与朋友的友谊最长——但年龄又不是一个必然的因素。贝基和汉娜是来自一个较年轻的团体的两个女孩，她们的交谈我录了音，她们俩现在已经是 15 年的朋友了(她们 3 岁时就已经成为朋友)。真实的数字本身并不重要，而且显然代表不

---

　　① 据我所知，这种方法论的使用最早出现在温迪·霍尔威的哲学博士学位论文(1982)中(见她的《心理学的主观性与方法》一书)。她对自己的朋友进行了一系列无系统的采访，以此作为自己博士学位论文的数据。她描述说，起初觉得不对劲"因为愉快地与那些乐于同我交谈的人谈话，感觉不像是在收集数据"。但她认为她成功地形成了一种新的研究方法，即"如果以这种方式交谈，人们便能够敏锐地挖掘关于自身及自身关系的素材，不论是现在的还是过去的。"她断言这是一种"有价值的方法"，是"良好的研究方法"。(均摘自《心理学的主观性与方法》，第 11 页)

　　② 本章与下一章的节选都是逐字逐句的描述，使用的录音文本方式最大限度地减少了读者的困惑。我用[……]这一符号暗示有删减的地方。很多情况下我也删减了自己在交谈中的简短回应(例如我说的是的，嗯嗯或喔，我的天哪)。

了什么。但是,从这些回答中所显现的是一种强烈的感觉,即成为亲密朋友需要时间。换言之,所给出的最低数字(5年)很能说明问题:就友谊而言,没有人提到短暂的关系。

从这些友谊时间的长短(具体的例子是11、14、15、24、25、31、32年)中我得出的另一个推论是:女性友谊具有持久的性质。现在女性的生活中,任何10年期间都可能会出现许多难以预料的情况:如搬家、生男育女、就业、上大学等等,在这种情况下,这种友谊的持久性实在是件了不起的事。对任何一个朋友来说,这些外部因素意味着彼此长期居住的地方离得很近是例外而不是普遍的情况。除此之外,生活中的重大事件(如分娩、离婚、一份新的工作等)平行发生的机会很小。当我们的生活同步时,它可能是一个巨大的欢乐,而许多友谊就是在这种时候形成、开花结果的。但是在我们的一生中,我们必须辛勤培育,使我们的友谊延续下去,而我们随时准备培育友谊这一事实对我们而言很能说明我们对女性朋友的珍惜。

## 我们多长时间会见我们的朋友

可能只有在我们十几岁时,也就是我们的友谊最为强烈的时期,我们才每天见我们的朋友。年轻人的友谊是与她们每天的日常生活紧密相连的:我们每天上学;我们每天都见到我们的朋友。对某些年轻人来说,这种见面的模式一直延续到上大学。但是大学毕业后,必须更有意识地培育友谊,这是因为我们需要参加工作而且/或者抚养小孩,而且还因为我们更加自主,流动性更大,见面的机会少了。然而我采访所获得的证据是,女性朋友彼此居住的地方离得很近时,她们总是设法经常会面:

- "至少一周一次"(贝基和汉娜)
- "可能一周一次或两周一次"(玛丽和吉安娜)
- "大概一周一次"(乔和米兰达)
- "每两周一次"(梅格和比)

我们多长时间与我们的朋友见面大都取决于完全是友谊之外的

因素，例如我们住在哪里。我所采访的有些女性朋友谈论不再住在附近的朋友。她们说，这意味着她们可能一年只见两三次，但是见面的方式不可预测。当瓦尔被问及她多长时间会与住在20英里外的朋友卡西见面时，她说"节日、假日、有时候六个月没见面，有时在一起住上十天或两个星期不等"。

多长时间彼此见面，这一点有多重要似乎是一个争议未决的问题。另一方面，与我交谈的女性坚信，真正友好的亲密友谊不在于经常接触。上面列举了瓦尔描述她与好朋友卡西不定期的会面，当我问她会面的次数是否对友谊很重要时，她认为"不，一点都不重要"；玛丽、吉尔、雷切尔、比、梅格、安娜、苏和莉兹也是这样认为的。其中苏和莉兹是这样表述的：

苏： 我认为一旦你交了一个朋友，无论你什么时候见她们，你就又恢复了友谊……

莉兹：你就又恢复了友谊，不论你们多久没有联系了，这不是个问题。

雷切尔说："我是说，一旦你建立了联系，就像你能建立的朋友关系一样——你不必经常见这个人，但是以后一旦你联系上了[……]你们两人在什么地方又联系上了[……]你们就能很快恢复朋友关系，就像你们两人之间心照不宣的事一样"。安娜引用了"稳健"的概念来说明为什么朋友见面的次数并不重要的原因："如果你们是以那种旧式的稳健为基础的朋友，见面的次数真的无关紧要"。按照贝基的看法，这是因为"如果你建立了一种朋友关系，这种关系可以抗击重大的考验"。

对我实例中那些年轻的女性来说，她们刚开始对这个问题有所思考，这是因为彼此的学校和住地靠得很近，这就保证了现在她们在生活中能够经常见面。贝基和汉娜乐观地认为，她们已经建立了友谊的基础，彼此没有见面也不会损害友谊。（在本章的这一段交谈摘录，以及其他的一些交谈摘录中，发言者被放在点式线条之间，就像是音乐总谱中的乐器一样。这样较难阅读，但为了说明发言者的话语怎样相互联系和互相重叠，却是很有必要的。这种文本改写方法已经在交谈的文本说明中作了讨论,IX—X页,而女性会话中共建与重叠的交谈这一总的问题,将在第6章中予以详细论述。)

贝基:我想我们在以后的日子里或许会像那样/

贝基:⌈像那样.我们彼此可能几年都见不上一次面/ 嗯,然后—
汉娜:⌊是啊我是说你能—

贝基:　　　　　　　　　是的/ 我想这确实很棒/
汉娜:　　　嗯,然后就像—　　　　　　是的/

汉娜:就像我是说你—这是—是的/ 我们有了那样的关系/

贝基:　　　　　　　　　是的/
汉娜:在我真的见不到面的时候.失去/

　　另一方面,大多数女性承认,为了建立这种"稳定的基础",你需要有一个时期很经常地相互往来。而所有的女性一致认为,我们对住得离我们很近的朋友和住得离我们很远的朋友采用不同的标准。如果朋友住得离我们很近,那么彼此之间见面是很重要的。玛丽说:"我们俩都努力做到至少每周见一次面"。梅格说:"我想如果超过两个星期没见面,我就会想我想知道'比到底怎么啦',你会理解的"。乔和米兰达非常清楚,在她们一生中的这段时间,彼此经常见面是很重要的。米兰达是这样说的:"因为我们彼此住得这样近,嗯,我是说我认为因为乔是我在牛津最亲密的朋友,如果没有,你知道的[见到她]我会觉得非常的失落……有时候如果我有一阵子没有见到她,在这期间,我的生活中就像是发生了数不清的事,这似乎很奇怪"。

　　这种想法—你会与彼此生活中的重要事件失去联系—在好几次采访中都有人提到。梅格是这样说的:

　　在某种程度上有一些共同的经历体验,而你想利用这些体验,如果彼此没有见面,你就得一直重复,你知道的,重复的不是你的友谊,

而是你到底在干[……]啥。你经常没有机会告诉别人一些很重要的事件,而是说"噢,难道你不知道那件事吗?我原以为你是知道的",事情就是这样。

相比之下,海伦则表明了她以下的观点:"这与你多长时间与朋友见一次面没有关系,甚至与你们如何联系也没有关系,而是与你们自己的生活中同一时间平行发生的事多少有些关系——见面的间隔时间并不重要"。

莉兹赞同后一种观点,即与朋友关系的质量相比,见面的次数并不重要;莉兹对朋友与亲密朋友之间的区分很有意思:"在孩子还小的时候,你整天忙忙碌碌,你好像有许多朋友,但她们并不是亲密的朋友,她们只是普通朋友,因为她们也有小孩需要照顾"。

莉兹对朋友与亲密朋友的区分说明,见面的次数与友谊的牢固没有相互关联,而可能只是特定的生活环境所造成的结果。真正的友谊——作为亲密朋友而不是一般朋友——更多的是取决于坚实牢固的人与人之间的联系,而不是有同龄的孩子。

这一辩论引发了关于女性友谊的性质及其作用的一个重要问题。一方面,友谊从亲密程度这一方面来界定,亲密的程度源自对某人的真正了解,这里所说的"了解"定义为与彼此生活中的重要事件有联系。显然,女性都感到,对住得近的朋友而言,即她们日常生活中的朋友,我们有责任努力做到彼此经常见面。(假如我们彼此住得很近而彼此没有经常见面,友谊将会枯萎。)另一方面,那些坚定地认为经常见面并非是友谊必需的组成因素的人所说的话,其中的含义是,两位女性之间一旦建立起一种很有质量的联系,那么"见面的间隔时间长短并不重要"。海伦甚至这样争辩说,你某个特定时期的生活与你朋友某个特定时期的生活之间互相"适应"的质量状况才是重要的。(海伦是后来在采访中谈论失去朋友的女性之一,正如她说的,失去朋友是因为她们的生活不再"平行"了。)

## 友谊的重要组成元素

到了要列出友谊的重要组成元素时,许多女性提到了诸如共同的兴趣和共同的世界观等基本的东西。短语共同的兴趣出现在很多访谈中,而米兰达肯定地说"我选择做朋友的人都有同样的价值观"。玛丽清楚地感到她的发言其实就是在叙述那些显而易见的事:

玛丽:嗯很显然你会觉得你—大体上你与她们的世界观是一致的

詹: 嗯嗯

玛丽:要不—呃显然就是她们必须与你的世界观是一致的

詹: 嗯嗯,这就是说你们具有共同的—在很大程度具有共同的一种世界观?

玛丽:是的,就是说你得要有共同的世界观。

好几位女士提到一起消遣娱乐是友谊的另一体现(女性友谊的这一组成元素,在吉尔达·奥尼尔关于女性在一起消遣娱乐的著作《与姑娘们外出的夜晚》中有精彩的阐述。)贝基把朋友视为"能让你忘却忧愁烦恼,享受美好时光的人"。海伦认为这一方面是友谊的基本元素:"你得享受和朋友在一起时的愉悦,和朋友在一起必须要有乐趣"。

但是,每一个人都提到而且极为珍惜的女性友谊的两个组成元素是互相支持和能"成为你自己"的独立性。安把女性友谊定义为"全方位的支持",而列举女性友谊对她们意味着什么的女性,都把支持放在第一位:"支持、共同的兴趣、理解"(玛丽);"支持、同情、信任,诸如此类"(梅格)。支持是你为什么喜欢另一位女性的关键原因:"你喜欢她们因为……你支持她们而她们支持你"(玛丽)。女士们认为,当身处困境时来自朋友的支持是极其重要的。贝基坚信,朋友的重要性在于"当你知道情况并没有完全好转时,一定会支持你";梅格谈到比时说:"我把你看成是在一些特殊的事情不顺利时,我能从你那里得到支持的人",而当安娜谈到苏和莉兹时,她说:"我能过来对她们说'我的生活糟透了',这就够了"。这些女性讲述了许多轶闻趣事来说明她们所说的友谊意味着什么,这些轶闻趣事说明了上述的真实情况:她们告诉我,在她们的生活特别不顺心时,来自朋友的支持是多么的宝贵——比如在孩子或父母或祖父母去世的时候,在她们被丈夫或情人抛弃的时候,在发现孩子是男同性恋者的时候。但是她们还从更积极的方面提到支持,例如,是女性互相肯定、帮助,彼此建立信心的一种方式:"友谊就是支持和肯定[……][所以]友谊对我来说,就是使我最终对我正在做的事感到更有信心"(海伦)。

  在这些女性的经历中,友谊的另一个重要元素是她们感到她们能"成为她们自己"。在采访中,一次又一次重复提到了能"成为你自己"的重要性。这里有一些例子:"[和朋友在一起]我认为你就能成为你自己,这就是和朋友在一起的感觉"(苏);"[朋友就是]在她面前你能完全成为你自己的某一个人"(瓦尔);"朋友就是和她在一起时你就能完全成为你自己的某一个人[……]和汉娜以及我的老朋友们在一起时我彻底地感到我能完全成为我自己"(贝基);贝基明确地对比了与像汉娜那样真正的亲密朋友在一起时能感到"成为她自己"的感觉,以及与其他不那么亲密的朋友在一起时那种不自在的感觉(请注意,汉娜加入交谈以支持她表达这一观点的方式):

贝基:我的意思是说我对有些朋友—……有时我觉得

贝基:似乎我必须多少装作—你知道的应该说那种—

贝基:你知道的⌈应该说那种得体的话和事　你知道的／
汉娜:　　　⌊得说得体的事／　　　　.是的／

  她们经常用互相理解这样的字眼来表达那种感到被接受,不必"说那种得体的事"的感觉。乔说,"我认为对我来说一个非常重要的因素是我想我们在许多方面很相似,那就是说我在很大程度上体验了理解"。吉尔的观点是"我必须了解她的感受,而我也相信她是了解我的感受的,嗯,我们经常不必嗯—谈论这一点。那样的感觉对我来说就是好朋友。"

有些女性强调说，"成为你自己"意味着不必总是要"讨人喜欢"。米兰达宣称，朋友就是那些"甚至在你觉得自己并不是很讨人喜欢的时候还真正喜欢你的人"，而梅格说她觉得和最亲密的朋友在一起时可以"肆无忌惮地表现出我最讨人厌烦的一面"。好几个女性用肉赘（原文为 warts，意为"疣、肉赘"，也指"讨厌的人"——译注）的意象描述我们自己不讨人喜欢的方面：比对梅格说："我想，我非常珍惜，当我和你在一起时，你就是那个我可以毫无忌惮地把我的肉赘暴露给你看的人"，而海伦对我说："我们都能看到彼此的肉赘，这就是问题的全部，我了解你的肉赘，你也了解我的肉赘"。肉赘并不一定就是可怕的品德缺点：它们可能是我们大多数人隐瞒的我们自身的某些方面，因为这些方面与我们公开的人格面貌相冲突，诸如我们喜欢看"令人讨厌的"电影，甚至于沉溺于观看肥皂剧《邻居》（这两个例子均引自采访资料）。认真地说，"讨人喜欢"是一种行为规范，即认为是女性必须具有的女性气质的一个基本元素。必须讨人喜欢，让他人感到高兴，是我们自生为女儿身之日起就必须学会遵循的一条规范。我们大多数人都顺从地遵守着一个规则，但却付出了高昂的代价。正如玛格丽特·阿特伍德（在采访和她创造性的著作中）认为，女性只有在她们坚定地主张不必讨人喜欢之日才能获得解放。① 从采访以及会话材料中关于肉赘和总体品德的讨论中所得到的证据来看，似乎与其他女性的亲密友谊具有重要作用，可以提供一个安全的场所，在这个场所中，不流行"讨人喜欢"这一规则，而且我们总觉得我们可以"完全成为我们自己"（如贝基所说）——也就是说，所有的人都不会被分成好与坏、讨人喜欢与令人讨厌的碎片。

## 友谊与质疑

还有另一个主题——质疑的主题——这一主题出现在两次采访中。米兰达说，"我珍惜以某种方式向我提出质疑的朋友"。这一观

---

① 例如，英国广播公司（BBC）第 4 套节目书架 1991 年 10 月 10 号播出的对玛格丽特·阿特伍德及其小说，如《可食用的女人》、《猫眼》，的访谈。

点——即质疑是人类关系中的一个健康元素——采用了当时流行的心理学术语。但许多男性强烈地支持这一观点,而且经常明确地表达这一观点——揭露女性友谊的所谓的缺点及其"善解人意的迂回"。我在这里引用了一次采访中较长的一节话语,其中,海伦在描述她(男性)伙伴对女性友谊的批评时使用了"善解人意的迂回"这一短语。

因为某种原因,尼克在此认为女性友谊的问题总是善解人意的迂回。他把善解人意的迂回看成是问题。我想,他认为人际关系中重要的事是提出质疑与揭露。那么我觉得友谊的好处是友谊使你觉得自己还不错,我们都能看到彼此的肉赘,这就是问题的关键,我了解你的肉赘,你也了解我的肉赘,但是我们选择准备承认自己的肉赘的时机……我们认为当人们还不能承认自己的肉赘时,我们并不揭露这些肉赘。

在海伦看来,尼克认为女性给予对方的互相支持与接受是有问题的,因为他认为真正的朋友的任务就是通过"提出质疑"和"揭露"帮助你改善自己。海伦将这种观点与她自己的观点作了对比,认为接受更为根本,而如果在不适当的时候"揭露"人们的缺点,将会产生适得其反的后果。她列举了自己生活中的一个例子:她的朋友告诉她(海伦)说她(海伦)与汤姆的缘分到头了,但海伦当时还没有听这种话的思想准备,因此对她朋友的评论感到不满。"另一次是与我的朋友吉马的冲突,她已经去了美国,因为她就是那种人—你可以这样认为,她就像尼克所说的那样做的人,就在我和汤姆正在经历着我们—嗯,汤姆和柯尔斯滕睡在了一起,而……我仍然在尽力使自己冷静下来,可她却对我说,'你这样是在鞭打一匹死马……你必须接受这样的事实,他不想继续与你维持这种关系了……',她就是那样的人,在我不想听的时候她却说了[……]我想我不喜欢她那样做,因为那不是—不是—不是我想要听的话"。显然,吉马此时的行为不会让海伦喜欢,因为海伦需要的是支持,而不是质疑。不同的是,更能善解人意的朋友是那些在海伦当时的生活中帮助了海伦、让她心存感激的人。

本章的证据是,尼克认为女性友谊的性质是互相支持的观点是准确的。但是这一观点暗示说这种友谊有某些表面的、或者甚至是故作多情的成分，所搜集的资料（不论是采访的资料还是会谈的资料）当然都没有支持这种看法。特别是女性强调"成为我自己"说明了我们渴望全心全意的友谊关系。"你可以——你得更诚实地对待你真正的朋友"（米兰达）。揭露和质疑在女性彼此的关系中确实占有一席之地，正如莉兹对"你们谈论什么？"这一问题的回答所说的那样："我想如果我们对某件事有点担忧，嗯，到底该怎么办，我们就会谈论这件事，因为你相信，如果你打算那样干会使自己成为一个白痴，别人就会告诉你别干蠢事"。然而，女性认为，接受别人、接受别人的肉赘和所有方面，这一点作为朋友是至关重要的。

## 女性友谊中的僵局

我在进行采访之前，对指责"善解人意的迂回"这个问题是很敏感的，因此我特意列出了一个有关冲突与如何处理冲突的问题。这一问题引发了女性彼此关系中难以相处时的一些感人至深的叙述。这是女性友谊中一个极为棘手的领域。在玛格丽特·阿特伍德的小说《猫眼》出版之时，揭露了可称之为女性友谊的"黑暗面"，特别是女孩子亚文化中情感的残酷，许多女性主义者认为这是对女性的背叛，因而感到极为震惊，因为在男性主宰虎视眈眈的注视下揭露我们"令人讨厌的"一面似乎是很危险的。但就像任何亲密的关系一样，女性之间的友谊也有出现僵局的时候，僵局可能或者不可能被成功地解决。因此我们不应该觉得我们必须隐瞒自己生活中的这些方面：这是必须"讨人喜欢"的压力的另一个后果。

女性认为冲突令人惊慌，然而，我的问题是"你能给我举一个有时你[与你的朋友]相处不好的例子吗？"，遭到了一些女性的否认，而其他的女性却一时无言以对，必须有时间加以考虑。在这种情况下，这一问题产生了丰富多彩的趣闻轶事。冲突，或者"相处不好"，当然被认为是有问题的。好几位女性给我举了冲突最后导致友谊破裂的例子。但是，还有许多其他关于冲突的故事，这些故事显示了女性可以消除分歧，而且对能消除分歧有一种自豪感。

引起冲突的问题很能说明女性友谊中受到珍惜的是什么。例如，因为女性喜欢分享一起做事的快乐，对该做什么而产生的分歧可能会成为产生冲突的导火索。玛丽描述了在她与吉马的友谊中决定一起去看电影时的一个插曲。问题是"我想去看《槭桦树的太阳》"而吉马想去看我已经看过了的《冬天的心愿》"。最后她们去看了《槭桦树的太阳》。我问玛丽她们是怎样协商作出那个决定的。下面是玛丽的叙述。

**玛丽的故事**①

嗯，基本上是因为我——我已经看过了。〈笑〉

我说，"那，我不想去"。

我说，"噢嗯你瞧，我们可以两人都去而你可以去坐在嗯——在一个电影院里而我也去坐在另一个电影院里"，

因为我说，"我不想这样快就再看一遍"。

但她说，"不，不，那样就太傻了"。

[……]

吉马后来说她简直就舍不得离开她的座位，

而且她说非常感谢我带她去看那部电影

因为那是一部非常好的电影。

在这一简短的故事中，玛丽说明了一点，好朋友只要成功地解决冲突，就可能得到意想不到的回报。在这种情况下，玛丽显然对吉马对那部电影作出反应的方式感到非常高兴。这个故事说明两个朋友协商作出决定，而后又对该决定的结局感到非常满意。

下面的故事讲述了一个大多数女性都很熟悉的事件。比和梅格举办了一个庆祝她们俩人共同的 50 岁生日的聚会，而且同意在聚会的第二天收拾打扫屋子，但结果是第二天早上，俩人对何时开始打扫意见分歧不一。（故事中，除了开头的短语"我们举办了盛大的聚会"中的"我们"指的是她和梅格之外，比所说的"我们"是指她本人和她的

---

① 与下一章的其他故事一样，这个故事分行排列。每行大致与发言者的呼吸停顿相对应，见第 5 章关于故事录音文字的详细说明。

丈夫杰弗里。)

**比和梅格的故事**

比：  嗯,我们举办了盛大的聚会而第二天早上我们没有来
梅格：

比：  早上—没有收拾打扫/ 嗯,而且后来
梅格：                          噢,是的/

比：  你生气了,嗯我们— 我们准备了为她们买
梅格：          〈笑〉

比：  芳香疗法聚会〈笑〉
梅格：        ⌈你当然准备了/ 那好极了/
詹：         ⌊〈笑……〉

比：〈笑〉
梅格： 那是—那是误—那是有点误会

比：                       嗯嗯/
梅格：可以说是误会不是吗/ 因为你有不同的收拾打扫聚会的

比：   是的/ 那天我们后来打扫/她们八点起床
梅格：习惯/

比：八点起来打扫而我们还在熟睡一直到十点钟/
詹：                    没错/

比：所以我们没下来打扫没有什么好大惊小怪的/

比：
梅格：  我我我是说那是关于比的一件事/ 我总是

詹： 嗯嗯

梅格：觉得如果—如果我使她不高兴/或者说了什么出

梅格：格的话/她会**告诉**我的/如不在当时也会在其他时候告诉我/她会

梅格： 有点尖声尖气地说嗯有点．烦人/你知道的
詹： 〈笑〉

梅格：让人焦虑/她会说—她会说些诸如嗯．

梅格："我只是认为那样**说**实在太．愚—愚蠢了或者

梅格：呜呜,很**伤**人"/嗯,我我会觉得—我觉得

梅格：对这件事斥责得太过分了/但是．呜呜—无礼的方面是．

梅格：你—她不是在**躲避**— 我是说我—许—许多人
詹： 不是/

梅格：我认识的许多人像是在躲避,．呜呜 那是我所说的**最糟**的事了

梅格：我多年来所说和所做的最糟的事/
詹： 嗯,是的—嗯,当时你改不了口啦是

梅格：改不了口啦/嗯,那样让你自己感到糟透了
詹： 吗？

梅格：自己感到糟透了/你想**天**啊这些人恨死我了/

梅格的这些评论很能说明问题：虽然并不喜欢冲突,但她强调不满或者分歧是可以得到解决的,而不是把这种情绪压抑在心里,这是

作为好朋友的一部分。她经历了分歧没有得到解决时那种不愉快的感受——"那样让你自己感到糟透了"——而且她在这个故事中清楚地表明,她非常珍惜比在由于梅格所做的事让她受到伤害而感到不高兴时,还对她具有坦诚相待的气量。这一段摘录是对那种"善解人意的迂回"的观点强有力的反驳:它表明在面对僵局的时候,女性朋友确实敢于彼此面对面地解决(不论她们觉得这样做有多痛苦)。

海伦讲述了一个故事,也是以友谊中共同的权利与责任这一假设为依据,在她生活中,有一段时间她租了一块小园地,她同意与她的朋友朱迪共同分享这块小园地。

**海伦的故事**

噢,我们的确有一次争吵得很厉害,
我们的确有过一次争吵,没错。〈笑〉
我们共用一块小园地。
我搬到我在约克的家时我得到了一块小园地。
5 汤姆和我分手后我买下了这间小屋
我买下了——我得到了一块小园地
因为我认为我有资格拥有一块小园地
朱迪非常喜爱这块小园地
所以我说"好啊那真是个好主意",
10 因为那确实得付出令人难以置信的辛勤劳动,
而她很想种蔬菜因为她们是素食主义者,
所以我们就共用这块园地。
后来有一个星期六我到园地里去——大约是一年后,
发现园地里所有这些奇怪的植物,小塑料袋遮盖在植物上面还有塑料西红柿。
15 [……]
所以我——我看到斯蒂夫在学校的操场上(事情就是那样),
而我——我的确去找他算账,
因为事情就是——斯蒂夫就是这德行嗯我从来就不喜欢他。

他有点儿生气，
20 我真的去找他算账，
他承认他在我的园地里种了大麻。
但他却是那样心安理得那样无动于衷。
那都是他干的。
他只是说"是的"。
25 我从他嘴里所得到的话就是"是的"
接下的事是朱迪过来了，
她实际上是来看我的，
当时我非常非常的生气。
[……]
30 我认为对我来说那是一种对友谊的出卖.

这次冲突的严重性是通过海伦用了对友谊的出卖这个短语体现出来的。朋友间这样出卖关于友谊的完美理想时——没有尊重"分享"的含义，体现了一种不同的世界观——那么她们就伤害了友谊。像许多其他讲述有关冲突的故事一样，在这个故事中，男性是破坏女性友谊的重要原因。在海伦的故事中，朱迪被描述成夹在对海伦的忠诚与对她的那个男伙伴的迷恋中间，但是，正如种大麻的事件所揭示的，她最终是把男人的兴趣放在第一位。海伦评论说："我是说她感到非常内疚，但她就是没有看到—我是说她就是被那种德行的家伙迷住了"。其结果是海伦与朱迪中断了好几年的朋友关系（但现在已经恢复了友谊）。

## 男性作为冲突的根源

有一些较年轻的参与者讲述了关于男性是冲突的真正焦点的故事。贝基描述了她和汉娜一起度假时所发生的一件事。

**贝基的故事**

你记得那次在法国度假吗？

那是——我想那个实在长得很帅的男孩迷上了你，

我想我实在是实在是很嫉妒，

嗯……我们去参加了那次实在是无聊透顶的（嗯我记得那真是无聊透了）舞会。

[……]

我们忍不住有点大喊大叫。

[……]

我记得你大发雷霆，

或者不是大发雷霆但你是很生气的，

因为我在那里坐着……觉得情绪实在是坏透了，

你说，"喂，你为什么不来跳舞为自己找点乐趣？"。

虽然汉娜和贝基成功地解决了这次危机，但贝基感到这一事件让她非常不高兴，说她尽量避免与汉娜争吵。

有一个男人也是乔与米兰达之间的关系出现僵局的焦点，僵局就出现在我采访她们的那段时间。乔当时刚刚新找了一个男人，开始建立起一种认真的关系，米兰达正好与那个男人的关系有点麻烦，从本质上说，这与那个新找的男人丹尼尔没有什么关系，但事实是他是一位社会工作者："部分原因是我为社会服务部工作，而我实在不喜欢和我一起共事的大多数人，也就是那些社会工作者，而丹尼尔却是一个社会工作者。"米兰达竭力表明她的想法："因为我的确讨厌社会服务部，但我并不讨厌丹尼尔〈笑〉因为我不讨厌—你知道的，他有权做一个社会工作者而且我和一些社会工作者是好朋友，但是他们确实令我有点烦"。这两位朋友谈论了她们是如何处置这一危机的。情况是这样的，乔在意识到有些问题时，她和米兰达提出了这一话题。下面就是乔对这件事的描述（米兰达的插话用斜体字标出）。

我是说我怕做那种事，这对我来说很生疏你是知道的。这只是因为我正在读这些书，这些书讲的都是你怎样处理这种关系的事。〈笑〉所以我想，"嗯友谊就是关系那好我也来试一试（是的）看看到底是怎么回事"。（是啊）可是不太成功因为米兰达并没有像它们所说的那样作出回应。我还是觉得很高兴我毕竟提出了这件事。我觉得还不错。

(是的,是啊)我希望已经有了些转机即使还没有……完全解决……因为我只是认为从那以后我感到轻松多了。我希望你也有这样的感觉。(是的,我也有这样的感觉。)

乔开头的评论,"我怕做那种事",这句话中的"那种事"指的是谈论出现的问题,说明了对大多数女性来说,协商解决紧张的关系或分歧是件多么难的事。她非常坦诚,对米兰达谈这件事她感到非常焦虑,但还是觉得很值得努力一试的,即使是米兰达并没有像它们所说的那样作出回应。乔在此巧妙地运用了幽默来处理对她们两人来说仍然是充满冲突的话题:在她说米兰达并没有像它们所说的那样作出反应这句话时,她是用一种自我解嘲的语调说的,强调了相信书中所写的话有多愚蠢,而且承认了真实生活中的不可预测性。但米兰达对此仍然很敏感,即使是现在问题已经公开提出来了,她仍然还必须消除自己的偏见。她很清楚地意识到倘若不这样做就得承受什么样的损失:

我是说担忧的是你不想去试一试不想去了解别人的整个生活——你不想用某种方式解决你就不能分享你的大部分生活……我真的想解决丹尼尔那件事正是因为他将会成为乔生活中的一大部分生活……看来似乎很有可能就是这样,因此我真的很想解决这件事。

以上所引用的三个例子,都是有关女性解决相互间紧张关系以及她们与男性之间的关系的。女性朋友对彼此都抱有很高的期望,但是,她们接受她们彼此之间的亲密关系处于第二位、而第一位属于与男性性爱伙伴的这一事实。有意思的是,在被问及有关最好的朋友这一话题时,许多女性认为这是个孩子气的话题,她们把这与童年联系在一起,而不是与成年后的生活联系在一起,而其中的两个女性(已婚)认为她们的丈夫是她们最好的朋友。

## 严重的冲突

虽然这些例子中有些描述的是相对琐碎的问题,例如去看哪一部电影或者聚会结束后由谁来收拾打扫屋子等等,其他的例子,如海伦讲述的关于种大麻的故事，是对忠诚的重大考验。下面我全文引述瓦尔讲述的故事，这是一个关于更为严重的友谊破裂的很好例子。由于在她的朋友卡西需要她的时候，她没有去看卡西而导致了她们之间友谊的破裂。这个故事证实，必须承认女性在彼此的生活中起着非常重要的作用，没有认识到这一点对友谊来说是个潜在的致命伤。瓦尔住在利物浦，她讲述了关于卡西的这个故事，卡西住在绍斯波特，离她20英里远。（在改写的文本中不可能标明不同女性说话的音质，但是对瓦尔而言，注意到她有很重的北方口音是重要的，因此，由于她日常的口音与她在警官面前谈吐"优雅"形成了鲜明的对比而造成了在第24行中所出现的幽默。）

## 瓦尔的故事

这很难。

在她又有了另外两个孩子之后

[……]

在她生杰克之前的那段时间，杰克现在5岁了

她怀孕了

5 太令人兴奋了。

他们显然正想着再要一个孩子。

这是在她生杰克之前。

她流产了

大约在怀孕三个月时。

10 她的父亲大约在5个月前去世了

因此这对她是双重的打击。

她从绍斯波特的家回来

我在她流产的前一周去看她

被一个交警拦住了。

15 我把车停在多克路一条，一条不能再用的弯弯曲曲的停车线上。

我带在车上的小孩坐在后座，两个

我没有驾驶证。

我开车已经20年了

我就是没有一张该死的驾驶证。

20 我没有保险

我没有车牌

我完全吓傻了束手无策。

小孩在嚎啕大哭。

所以我摆了我最漂亮的牛津口音〈模仿优雅的口音〉

25 说,"安静下来孩子们,别说话",

我自己下了车

但我知道我肯定会被重罚

假如我不从那条路上溜掉逃命的话。

我能去卡西家的唯一一条路就是就是驱车走同一条路

30 可是我就是不能强迫自己那样干。

因此我在她流产的时候而且是在她那样身心交瘁的时候我没能去看望她。

保尔刚好不在家

我就是不敢在没有驾驶证没有保险的情况下再开车出去。

所以我就没有去成。

35 噢,詹,哎,那几乎一下子就结束了我们之间的关系,太糟了。

[……]

但是只是在去年夏天

那已经是六年之后了

当时我们在一起野营大约有五天时间

40 我才开始提及那件事

说,"我当时是想去看你的卡西。

可就是没去成,我就是没去成。"

"噢",她说,"现在看来那已经是无法挽回的过去了。"

她甚至不让我插话让我像刚才向你讲述的那样作解释。

45 她就是——但那是她已经对我有些看法

因此我因—我因—你知道那让我好一阵子不高兴。

不过那还是没有毁掉我们之间的友谊，

我们又恢复了朋友关系

［……］

但那已经不再是那种互相很信任的友谊了

50 我知道我确实确实伤害了她。

嗯当—当我想起这件事的时候这仍然是块心病你知道

我仍然希望天啊我已经知道当时她是多么想我能—能**在**她那儿。

我当然没有认识到我对她来说是那样的重要。

我想是这样的—我是说如果我当时知道的话

55 假如当时她打电话说，"你一定得来"，

那么我是一定会去的。

我当时就会租一辆该死的出租车去的。

［……］

那真的是糟透了

那真的是糟透了

60 不过她现在已经原谅了我

但她还是没有忘记那件事。

听这个故事是一次有强大震撼力的经历，引发了我讲述我自己的一个故事。我讲述的轶事中，令人感兴趣的是我从来没有揭示是什么样的冲突，而是集中讲述了我和朋友如何修复损伤的友谊的方式。我讲的故事是想安慰瓦尔，让她放心，即使是在严重的冲突之后，亲密的友谊最终还是能够修复的，但这需要时间。在我的故事结束时，瓦尔又插进来讲述了另一个故事，说明她从第一次事件中学到了什么，而且强调了她对这一特殊的友谊的无条件奉献。（瓦尔的话用斜体字印刷。）

**詹的故事**

和我绝对绝对肝胆相照的朋友在一起
我发生了一件极其可怕的你知道简直是糟透了的事
花了很长很长时间才恢复相互间的信任
但是我们已经恢复了信任。
5 是通过交谈恢复信任的吗？
只是在不久之前，只是在去年我才提起这件事
而且我们设法，我们确实设法谈论这件事。
我有点更敏锐地从她的看法中洞察到到底是怎么回事
我对她的看法并不欣赏
10 我真的很感激她能够听我说。
就是在同一天稍晚些时候她谈了一点对成为女同性恋者的恐惧
我没有意识到我在干些什么
但是我笑了一下把这件事岔开或者说改变了交谈的话题
而她说，"听我说！听我说！
15 你没有在听我说的话！"
嗯，她说，"回头想想——你说你尽力在说话的时候我没有听对你来说有多痛苦"
而我——我——而她说——"而现在**你就**没有在听"。
就是那样——上帝啊，那也是很痛苦的。
但是我为我们感到自豪
20 因为我们设法摆脱了这一实在是棘手的话题
而我知道几年前我们是不可能那样做的。
因此虽然那——那不是——我并不喜欢那样
但是我知道那是真实的，那样很好，我们并非不只是在隐瞒事情（是的）
把它们抛开。
25 确定是加强了交流理解

是的,嗯已经加强了,确实加强了。

我是说后来(是的)有了结果

但当时——当时实际上是很棘手的

因为,嗯,必须知道我是怎样让她觉得我没有听她说话(是的)

30 因——嗯我想,"怎么啦?我怕什么呢?"(是啊)

嗯,我说"但是我们年轻的时候你说过你喜欢那样所以我习惯只是笑一笑",(是啊)

嗯她说,"因为那时候这样很好。

那时候我就需要你只是笑一笑,

但我现在不需要你那样笑了。

35 我要你听我说些什么。"

噢天啊!〈尖声,笑〉

因为就是那种关系你要意识到你对对方是多么的重要,

那是有点可怕,

但是呃也要意识到你让她们失望的可能,

40 那是——

是的,没错,到底怎么啦——

让我震惊的是我对这种事的理解不对,

所以我的理解就是不对,

我认为我是 | 被我自己的那些小小的焦虑 | 迷住了心窍
| 没错 | 你自己的焦虑,
| | 没错

45 对出示证件感到焦虑。

"你有证件吗?"〈模仿警官问话〉

"不完整,没有"。(天啊)

但不管怎么说没有证件,这不就得了,

事实是杰克出生之后

[……]

50 她后来又流产了一次,可怜的卡西,

这一次更是让她身心交瘁,

因为我想她认为她现在再也不能生孩子了。

皮特来告诉我们,

我们就上车去看她,

55 她见到我们高兴极了。

所有这些关于冲突的故事从各个不同的方面说明了感觉与友谊的联系是多么的强烈。它们也说明了女性用来处理冲突的各种不同策略,如从通过交谈协商、妥协、改变态度到勃然大怒和敌对等等。在这些女性讲述的故事中,只有导致愤怒和敌对的冲突才会造成友谊的终结;其他的策略都有助于成功地解决冲突,因而使友谊关系延续下去,在许多情况下,还能使友谊进一步发展。这并非是否定冲突带来的痛苦:正如这些女性的叙述所显示的那样,解决问题是许多女性感到非常棘手的事。但是,在我们必须解决问题的时候,我们为了友谊就义无返顾地解决问题。

## 男性朋友

虽然我所采访的所有女性都详细地谈论了友谊对她们意味着什么,但只是在我问她们是否有女性朋友也有男性朋友的时候,她们生活中的女性朋友的重要意义才真正成为谈论的焦点。开始时,没有几个女性有男性朋友(男性伴侣除外):

- 当然对我来说,现在我没有和任何男性有像我和女性……那样亲密或者那样坦诚和亲近的关系……我认为总是这种情形,真的。(比)
- 我想现在我实际上没有男性朋友,比如—那种以非常亲密的关系为基础的朋友。(玛丽)
- 我是说我—我认为总的来说我和男性的关系相当不好。(梅格)

那些没有男性朋友的女性强调说,找到一个能成为朋友的男性是极为少见的(这里所指的朋友是那种符合女性标准的"朋友"):

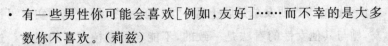

- 有一些男性你可能会喜欢[例如，友好]……而不幸的是大多数你不喜欢。（莉兹）
- 我和男性很少有友谊，而我要是和男性建立友谊，我会努力尽可能使之成为具有我与女性的友谊那种性质的友谊……但是嗯……我从男性身上发现的共同之处较少，嗯—嗯我想那就是我较少有男性朋友的原因。（乔）

安娜和莉兹说男同性恋的男性是总的规律的一个例外。两人都有男同性恋的男性朋友，而且她们宣称，这些朋友的一个优点是他们能对你讲一些其他的（女性）朋友不会讲的事。她们模拟了下面的对话：

安娜：为什么你让你的丈夫那样与你交谈？

莉兹：是的

安娜：为什么你忍受得了那样子呢？

莉兹：是的，你知道的完全没错，"**亲爱的，你必须对此做点什么**"。〈忸怩作态的声音〉〈笑声〉

这段摘录说明，女性可以容忍男同性恋男性的"质疑"和"揭露"，或许是因为他们所说的话听起来不是认真的，因此不会让人感到有威胁感。与男同性恋男性在一起感到惬意的原因之一是，"当然他们不是什么威胁，难道不是这样吗？"（莉兹）。感到有"威胁"，即感到她们与男性的关系，因为这种友谊必然具有异性恋的成分在内，女性绝不会只成为朋友，许多女性都表达了这样的观点：

- 我认为总有一股潜流，有某种意识，认为这可是男性的，不是女的。（乔）
- 我必须承认……我与一位男性有正当的友谊，完全没有性爱的成分在内，但我那段时间很难熬。（比）
- 在你与男性交朋友的时候你总是更有自我保护的意识……因为你不知道这是—这只是朋友关系而已，或者他们还有某种其他的目的？（玛莉）

瓦尔是我的实例中总是有亲密男性朋友的唯一一位女性，她明确地把男性分为她认为具有性吸引力的男性和她认为没有性吸引力的男性:她的男性朋友总是属于后一类。换言之,即使她确实有男性朋友,她与其他女性的看法是一致的,不能容忍模棱两可的友谊。这种男女关系中模棱两可的感觉显而易见是异性社会的世界观的产物,在我们的文化中占主导地位。(这里所说的"异性社会的世界观",我指的是意识形态,这种意识形态除了构建异性关系之外,还构建了一种社会结构,认为男女关系的重要高于其他一切关系,因此女性被视为是"为了男性"而存在的,而男女关系必定是有性关系的。)

有些女性特别珍视她们与女性的友谊,这是因为她们在这种(同性社会的)关系中所体验到的是没有模棱两可的关系。比说:"似乎我所想到的是嗯……女性友谊只有一个用处,而与男性的友谊可能还有另外一个用处,它可能成为某种性关系,但是与女性的友谊就是两人在一起。"玛丽说,虽然她没有积极地"出去找男性朋友",但有女性朋友是她生活中一个极其重要的部分。海伦在区分女性朋友与男性朋友之间的差别时,表达了她对与男性的关系的失望,认为在女性的关系与男性的关系之间有质的差别。这是很长的一段谈话:我进行了编辑,删除了重复的话和并非是句子开头的话,目的是让海伦的重要观点更加突出、更加清楚。

我觉得在许多方面我与女性比与男性更有共同之处……其中的关键是与女性的关系会发展。我是说她们自己可能并没有促进关系的发展,虽然我认为她们也会促进关系的发展,但她们只是留心这种发展,那就是所谓的回应[那就是女性彼此回应],那就是角色的榜样,在共同的心理结构中分享经历……那可能是我的大多数朋友都有与我相似的经历——就是说,她们都结了婚、生男育女、都有工作,她们失去了伴侣,又找到了其他的伴侣,她们的孩子都经历过世事的变迁,所有这一切本身就是标志。我是说我们都经历了各种各样的事,而且都挺过来了。我是说,我们想要和她们保持朋友关系的人都是这样挺过来的……[与男性的关系]出现的情况似乎是关系不会发展……你知道的,你可以和是你朋友的某一个人一起抚养孩子,或者与你结婚的人或者任何什么一起抚养孩子,你可以那样做,但是你的感觉可能不一样,它本身并不会对发展关系或者增强信心或者自我实现有所帮助。问题是……我们没有男性——我并不认为我拥有我所拥有的女性朋友那种意义上的男性朋友。

　　海伦想要说的似乎是，女性朋友经历了相似的经历，这些相似经历的结果使她们成长为同一类人，这种共同经历和共同成长的感觉，即使是在与男性最亲近的关系中也是找不到的。这是一种强有力的观点，但是如果这种观点有什么真知灼见的话，那它回避了这样一个问题：为什么女性一直把与女性的友谊降低到是"实际生活活动的背景"这样的地位，正如德鲁斯拉·莫德耶斯卡所说的那样？这些采访的证据表明，除了那些自认为是女同性恋的女性之外，所有的女性都把与男性的（性的）关系放在她们生活的中心地位。在那些觉得她们与男性建立了良好关系（甚至于她们会称她们的伴侣是她们最好的朋友）的女性看来，这是可以理解的，但是许多女性谈到了她们与男性的关系的质量问题，这说明女性友谊如同满足人性的关系一样具有同样的意义——或者说更有意义。理解这一矛盾的关键词可能是"性的"：在我们特定的异性条件下，大多数女性将她们的亲密生活一分为二，与男性有亲密的性关系，而与一个或更多的女性有亲密的情感关系。可以认为，对自称是"异性恋的"女性来说，女性友谊为她们提供了一个离开异性社会秩序约束的安全空间，一个绿洲。异性恋的流行理论更为清楚地说明了"异性恋行为所得到的性别答卷规定了男性占支配地位而女性处于附属地位"的方式。① 虽然这只是推论，但是从采访中（以及从有关女性友谊的其他研究中）②明确出现的一个事实是：与女性的友谊是女性生活中永恒的事物。性伴侣，不论是异性恋的还是女同性恋的伴侣，可能会来了又走，但是我们与女性的友谊是持久的。

---

① S.P.沙格特、帕特丽夏·阿切森：《同性恋的工具主义》，第121页。
② 瓦莱丽·海：《她所交的朋友》；海伦·吉尔德涅、玛丽·西蒙斯·斯特朗《友谊的言谈》；弗恩·约翰逊、伊丽莎白·阿里斯：《女性朋友的交谈》；罗宾内特·肯尼迪"克里特岛女性的友谊"；贾妮斯·雷蒙德：《对朋友的热情》；莉莉安·鲁宾：《只是朋友》。

## 女性友谊：一种同性恋的潜台词

或许我们需要更仔细地考查一下女性宣称她们与女性的友谊不是模棱两可的说法；正如玛丽所说的那样，"[女性的]友谊是为友谊本身而存在的。"对(大多数)女性而言，使她们自己成长为异性恋者，这显然是很重要的，她们也肯定了这一点，尽管比笑着说道，"我与女性建立友谊时，没有一点性的成分，或者说，如果有的话，至少也是那样的无意识以至于我真的没有意识到。"我听采访录音带时，女性在描述她们的朋友中出现的词和短语通常都与**浪漫的爱**(因而也与异性的关系)的话语联系在一起，这种方式引起了我的兴趣。女性强烈地感觉到她们的一些女性友谊是非常特殊的："对我来说，那是**如此**特殊的友谊，我想—我想没有多少人经历过那种友谊"(吉尔)。在被问及假如她们现在的女性朋友搬走她们会怎样做时，她们是这样说的，"我很可能会开始想我认识的人，并决定……玩点花样，更好地了解她们，看看会发生什么事"(玛丽)。年轻一些的女性，她们最近有过"睡过头"的记忆，说她们在就要入睡之前交谈得最好："实际上我发现交谈的最好地方是—是嗯晚上你躺在床上的时候—关了灯嗯就像那样—……那简直妙极了因为你可以就躺在床上，我们就—就海阔天空地闲聊起来，你真的不用多想。"(贝基)

她们在描述与最终成为朋友的女性见面时，她们用了诸如"我想我们互相吸引……我认为我们本能地……互相被对方吸引"这样的短语，或者更明确地说，"你知道，几乎就像爱上她了。"在上下文中这些话语读起来有更强的感染力；例如：这里所举的第二个例子，出现在讲述男性朋友皮特带他新的女朋友过来与瓦尔见面的一小段故事中：

他把她带到我家来

[……]

皮特说，"你长胖了，瓦尔·贝克"，

是这样的，喔，他是怎么知道的，

所以我说，"因为我怀孕了，皮特"，

她的脸色一下亮了起来

她就是那样热——热情

我看到她美极了简直是容光焕发。

她是那样的兴奋,仅仅是因为这位实际上是陌生的人怀孕了

我——你知道,几乎就像爱上她了。

从那一刻起她就成了我非常好的朋友。

海伦明确地比较了友谊与性关系或性爱关系的早期阶段:"它[女性友谊]的感觉,当然就像你第一次认识某一个人并与之建立关系时的那种感觉——非常让人兴奋。"

那么,把采访中这一方面的资料描述为"同性恋的潜台词"合理吗?我不想坚持认为所有女性之间的友谊都有性爱的成分。但是,认为女性朋友之间的亲密关系中没有任何性爱成分同样也是错误的。其他文化和其他时代都有确切的证据表明,女性友谊与女同性恋之间的界限是极为细微的。① 艾德里安娜·里奇重新界定了女同性恋的概念,从而体现了这一事实。她写道:"由于受女性能量的逼迫,每一位女性都有女同性恋的倾向,她们受引力的作用而绕着强壮的女性转,她们寻找着某种能表达那种能量和力量的文字。就是我们身上的女同性恋倾向驱使我们的感觉富于想像,化为语言,急切地抓住了女性与女性之间的充分联系。"② 贾尼丝·雷蒙德杜撰了女性爱慕(gyn/affection)这个新词来指亲密的女性友谊。她给它下了如下的定义:"女性友谊……两个或更多女性之间的爱慕关系……一种自由选择的联系,一经选择,这种联系就是建立在荣誉、忠诚和爱慕基础上的相互信任。"③女性/爱慕这个词最接近于表达女性之间同性社会关系的独特性,女性之间同性的社会关系通常被称之为友谊。

---

① 贾妮斯·雷蒙德:《对朋友的热情》;莉莉安·费德曼:《超越男性的爱》;卡罗尔·史密斯-罗森伯格:《女性爱与礼的世界》。

② 艾德丽安·里奇:"就是我们中的同性恋……",选自《论谎言、秘密与沉默》,第200—201页。

③ 贾妮斯·雷蒙德:《对朋友的热情》,第9页。

## 女性友谊：保守还是解放

在本章的最后这一节中，我想讨论女性友谊是一种保守的力量还是解放的力量这个问题。那些认为女性友谊是一种保守力量的人承认女性友谊的力量，但他们宣称这些友谊是那些在婚姻或与男性的伴侣关系中遭受挫折的女性的情感宣泄，而这些友谊有助于支持异性的男性统治。① 换言之，女性友谊弥补了男性—女性关系中的不足之处，有助于支撑婚姻制度，因此有助于维持男性对女性的主宰。

但是有些人认为，女性之间的友谊绝不是一种维持原状的关系，而是具有潜在的解放意义，而且许多20世纪的女作家认为，女性友谊可以成为一种抵制的形式。② 当然，女性友谊继续蓬勃发展而且最后被公开承认是女性生活中一种至关重要的关系。《高科技报道》③的证据表明，87%的已婚女性和95%的单身女性报道说，她们都有与另一个女性最深的情感关系。西方世界婚姻破裂的最新统计数据说明，传统的婚姻结构和核心家庭出现了麻烦。

一些评论者将友谊视为是未来的关系："向每一位在生活中的某个时期需要亲情和支持的女性提供亲情和支持，友谊正在成为第一位，或者正在取代第一位。"④ 友谊不像我们生活中的其他亲密关系：没有正式的契约，没有社会承认的仪式，没有与友谊相关的确认仪式。其不同寻常之处在于这种关系是以平等为基础的。甚至在存在着年龄或社会阶级或民族背景等差别的时候，只要参与者相互平等相待，坚持互惠的伦理道德——友谊就能持续下去——就能名副其实。⑤ 换

---

① 例如，多萝西·杰罗姆"好朋友"；坦辛·威尔顿"为父权服务的姐妹情谊"。
② 例如，在艾丽斯·沃克的小说《紫色》中，塞丽和夏格之间的友谊使塞丽能够谈论在她生活中发生的一些可怕的事情；通过表达对这些事情的悲伤之情，她能够进一步摆脱过去的束缚，摆脱男性力量的控制。也可参见艾丽森·卢里：《泰特一家的战争》，米歇尔·罗伯特：《夜晚的一小段时间》。
③ 谢里·希特：《希特的报道》。
④ 吉尔德涅、斯特朗：《友谊的言谈》，第150页。
⑤ 我要感谢诺玛·格瑞威提出了"互惠的道德"这一短语。

言之,友谊是一种对称关系。我们大多数的亲属关系是不对称的(父母—孩子,婶婶—侄女,甚至姐—妹,因为一个年纪较大,因此在家庭中就有不同的地位)。可以这样认为,只要社会把女性和男性构建为不平等,那么婚姻也是一种不对称的关系。

友谊的两个方面——其作为一种文化形式的流动性及其是一种平等关系的事实——使它成为21世纪关系的一种重要模式:"友谊可能代表了未来的关系样式。"①在我对海伦的采访快要结束的时候,我和她进行了长时间的讨论,我们努力解答这些问题,而海伦尽力表达了女性友谊中是什么东西使它成为人类关系的一种独特形式。(重要的观点用黑体字印刷,使之更加突出。我省略了我少量的发言。)

我认为不同的是你选——你选择了女性朋友而且你选择了让友谊延续下去,因为我们在前面说过,你也可以选择**不让它延续下去**。你没有——你没有选择家庭[……]从某种意义上说,你没有选择伴侣。看看我们前面所说过的话——你在一个层面上选择了她们,但是还有另一个层面,在这个层面上你没有选择她们〈笑声〉[……]我刚才想的是我想就像这样——我想[女性友谊的]亲密性是你进入与男性的关系时所得到的那种亲密,在你——在那种关系开始时,你知道的,在出现了所有各种自我暴露的时候,突然感觉到——这——这种奇妙的承诺,你知道的,两个人吸引在一起的承诺因为她们都有这——这些隐藏的深度,这些深度或许将成为——什么——将成为什么? 它承诺了什么? 它承诺了各种各样的事,但是它有什么——**友谊就是友谊,没有对它承担任何责任**。你对那个人有责任,因为很显然那是友谊的一部分,但是**你没有责任去——去把你自己永远托付给它而且除了你们两人所选择的方式外,也不必嗯不必用任何其他方式因此它是由——它是由双——双方在很平等的条件下界定的,而且它也没有任何规则,然而伴侣有规则**。[……]**友谊的规则比起伴侣的规则要宽松得多—宽松得多**—你可以做任何你喜欢做的事。没关系,因此没有什么好紧张的。我是说我认为它—它—它与所有这些有关—它承诺了某种东西,是的[……]它的感觉,

---

① 帕特·奥康纳:《女性之间的友谊》,第8页。

当然就像你第一次认识某一个人建立关系时的那种感觉——非常令人兴奋,但我认为**女性可以通过友谊((没有激烈的冲突))保持亲密性的那一层面**〈笑〉。

在这次讨论中,海伦挑出了女性友谊中下列的几个方面来说明其独特性:自由选择,没有严格的规则限制采用什么样的关系形式,双方平等地界定友谊,良好亲密关系的亲密性由于没有其他亲密关系那种"激烈的冲突"而得以持久保持。而且,海伦肯定地认为,女性友谊为我们提供了平等关系的体验,这也是其独特之处:"它是唯一的一种[即关系],你不必扮演父母—孩子的角色。"根据德鲁斯拉·莫德耶斯卡的观点,我在本章的开头引用了她的话,"平等、宽容和无所拘束是友谊蓬勃发展所必需的。"在我所采访的女性中,平等、宽容和无所拘束显而易见。这样的友谊为我们提供了一个"我们可以最有效地学会成为我们自己"的最好舞台。①

---

① 德鲁斯拉·莫德耶斯卡:《罂粟》,第309页。

# 第三章
## "我们从未停止交谈"：交谈与女性的友谊

**如**果说友谊为我们提供了"学会成为我们自己"的空间的话，那么交谈便是进行这种学习的方式。交谈在女性友谊中所处的中心地位已被研究者们广泛证明，但对我的问题"你跟你的女性朋友们在一起时做什么？"的回答仍然让我感到震惊。乔简单答道："交谈。"比回答："我们交谈。"瓦尔则进一步强调说："我们交谈。我们主要是在交谈，我们从未停止谈话。"汉娜想了一会儿，最后说："对我来说，关于友谊的记忆……你知道，就是我们坐在一起交谈所花的时间。"[①]让我惊讶的是，女人们完全明白交谈在她们与女性朋友的关系中所处的首要位置。一旦女人们被要求为她们的日常活动划分等级（我请她们用圆形统计图来划分她们的活动，图中大或小的部分代表不同的活动），即使她们提到其他活动，她们也清楚交谈在所有活动中所处的主要地位。以下是莉兹和苏的回答：

珍：圆形图表中最大的部分代表什么？

莉兹：最大的部分应该是—应该是交谈＝

苏： ＝是的，聚会和交谈

莉兹： 聚会和交谈

---

① 汉娜的回答使用了过去时，因为在我采访她和贝基时，她已在意大利的国际学校谋得一个职位，而贝基则继续在伦敦的学校工作，所以她们只有在学校放假期间才能见到对方。

关于女性友谊的其他研究强有力地支持了这一发现——即交谈在这些女性的友谊中处于重要地位。以下是六条简短摘要,引自近十五年出版的有关这一领域的社会科学研究。

- "我真正的朋友是那些我可以与之交谈的人"①
- "我们友谊中的主要活动是交谈"②
- "交谈是青春期女性朋友们的主要消遣"③
- "她们[处于青春期的女孩们]通过日常的交谈活动来发展她们的友谊"④
- "交谈在女性友谊中处于最重要的位置"⑤
- "我们的研究证明交谈是女性间友谊的实质内容"⑥

这些研究成果的一致性令人惊讶。而对于女性朋友们的交谈,我们又了解多少呢?女人们都谈论些什么?她们都是在哪儿与朋友们交谈的?女性的友好交谈是什么样的?它同其他类型的交谈有区别吗?如果交谈在女性友谊中处于最重要地位,它的作用又是什么?虽然研究者们确定了交谈对于女性朋友们的重要意义,然而据我所知,却没有人对此类交谈进行过语言学上的分析,尽管确实有过一些对于女孩们与朋友间交谈时所使用的语言的研究。⑦ 在本章中,我将对女性调查对象告诉我的有关她们同朋友间交谈的信息进行总结,也将引用交谈的资料来证明她们所说的是否准确。我们所做的一切记述并不一定同我们实际上所做的相一致(特别因为,就像我所表明的那样,我的报告无可避免地受到我们所得到的交谈内容的影响)。但是,就女性朋友来说,对于我们如何交谈以及谈话内容的描述同已有的实际证据非常一致(我们将在以下六章中就女性朋友之间交谈的一些特征

---

① 女性话语节选摘自莉莲·B.鲁宾:《只是朋友》,第61页。
② 海伦娜·伍尔夫:《二十个女孩》,第137页。
③ T·马克伯"女孩与休闲",第129页。
④ 瓦莱丽·海"她的同伴",第392页。
⑤ 海伦·古尔德纳、玛丽·西蒙斯·斯聪:《谈论友谊》,第59页。
⑥ 弗恩·约翰逊、伊丽莎白·阿里斯:《女性朋友的交谈》,第235页。
⑦ 佩内洛普·埃克特"青春期'少女交谈'中的合作竞争";唐娜·伊德"去给自己拿杯法国味美思酒";玛乔丽·古德温:《他说与她说》;黛博拉·坦嫩:《话题连贯中的性别差异》

作更为详尽的叙述）。

## 其他共同活动

当然，除了交谈，我们还同朋友们一起做些其他事情。我所采访的女性提到了散步、外出喝咖啡或吃饭，一起去看电影或戏剧，或者参观展览。但通常这些活动都是为了交谈或是能激发进一步交谈。玛丽说她和吉安娜有时候会去默西赛德郡的泰特美术馆看展览，而后坐下喝杯咖啡，眺望艾伯特码头。这些含蓄地说明了外出的这一部分——即坐下来一边喝咖啡一边闲聊——才是外出的核心所在。在米兰达看来，"拥有某种共同经历真是棒极了……例如，一起去看戏或是参加诗歌朗诵会或是——你知道或是一起看电影……这样你们便有了……共同的谈论话题。"与此相比，海伦的故事则有些令人懊丧，说明了交谈有时会让你忘记手头的事或身处何处，在此情况下，不是其他活动促进交谈，而是，就像事实上那样，交谈冲掉了其他事情。

**海伦的故事**
我是说，事实上这是我一生中最糟糕的一次散步——〈笑〉安娜贝尔和我在布雷肯碰面

因为我们—我—因为我们打算去峡谷小屋[一座古老的农庄]度周末。

[……]

所以我们见面了

然后我们带着—我们开车去庄园。

你们没去过那儿，但它是—那儿的美景绝对令人惊叹。

然而，我们从在镇上咖啡厅见面开始就一刻不停地说话，一直到我们到达农庄。

天气真的不错。〈珍笑了〉

我说："我们去散步吧。"

而后，便是到达农庄后开始的这次令人难忘的散步—

我们穿过果园，穿过树林，沿河而下——然后又向上走过了——走过了不同的田野

最后，来到了迈尼德兰加托克山山脚下，

然后，又返回去

这真是一次令人吃惊的散步。

这是她第一次这么做。

我们从下车开始……直到返回农庄，

足足谈了一小时四十五分钟

随后，她不断地说："天哪，这——这太惊人了，太惊人了。"〈珍笑〉

这一那一实在是**太刺激了**。

从玛丽、米兰达及海伦这三个例子中我们可以推断出，环境，在某种意义上，并不重要：当女性朋友们在一起时，无论她们身处何处，在做何事，都会交谈。我们中大多数人也许都有这样的经历：在和一个亲密的朋友分开时间稍长之后，我们去找她。当她忙着诸如烧水，准备用餐时的蔬菜，晾挂衣服等等家务琐事时，我们跟着她在房里走来走去（并且和她一起干）。但所有人都有自己特别喜爱的交谈之处。乔和米兰达一开始都说她们会在"任何地方"交谈，但稍后，又纠正说"你必须有某个让人感到舒适安全的地方"（米兰达）。女性所选择的交谈场所满足了我们对一个远离噪音，不受打扰的私人空间的需要。

## 交谈场所

我所采访的大多数女士都把我的问题"你们在哪儿交谈？"理解为"最好的交谈地点是哪儿？"或"你喜欢在哪儿交谈？"；换言之，她们考虑到了对一个"舒适安全的地方"的需要。她们提及的地点范围很广，包括户外——在咖啡店或酒吧，或是在乡村散步的时候——以及家里——在客厅或是厨房。偶尔，她们的答案会有分歧：玛丽提到她和吉安娜一起去酒吧，但比（提起她和梅格）却说："我们从不外出去酒吧碰面。"在她提到的不同场所中，有一些确实是受到偏爱的。在户外，唯一被反复提及的场所就是散步的时候。这包括在城里散步——

在伦敦北部,贝基和汉娜过去常一起走路去学校:"我们每天花一小时步行,半小时去,半小时回。**那真是交谈的好时光**"(贝基)。几位女士也提到了在乡村散步——以上引述的海伦的故事便是一个;在一个故事的结尾,米兰达说到了她和乔两人在牛津郡路上的一次散步,乔说:"嗯,你知道,散步和聊天,在我看来那是友谊的象征。"

然而家里毫无疑问是女性所偏爱的交谈地点,理所当然地被许多女性看作是与朋友交谈的一个场所,因此,她们对我的问题感到困惑,不断重复我的提问以确认她们所听无误(梅格甚至略带责备地说:"这个问题太可笑了,珍妮弗!")莉兹和苏是这样说明她们选择家里作为交谈场所的理由的:

苏:我认为在某个人家中更易于交谈,比起=    =比起外面。
莉兹:                               =外面=

家里有一两处是女性喜欢的交谈地点,特别是客厅和厨房。喜欢哪里取决于一些环境因素。在回应米兰达关于寻找一个"舒适安全的地方"的限制时,梅格说:"嗯,你到一个你——你感觉相对隐秘的地方,我想那是关键之所在。"在比看来,当孩子们还小时,厨房是个交谈的好地方,但当孩子们长大了,厨房便不是那么好的交谈场所了:

比:我想过去常在厨房交谈的原因之一是—我们以前不就是

比:设法让孩子们呆在客厅里,那儿有

比:玩具,然后我们就⎡走开,躲到厨房里去=
珍:                ⎣我们就溜了!

比: ((××))=是,那里坛坛罐罐的=
珍: ⟨笑⟩=那里坛坛罐罐=  =别
梅格:=对,完全正确=

比：=对，但是我们现在已经——我们已经回到了
珍：=别提还有杜松子酒瓶=　　　　　　我们已经——

比：　客厅=
珍：　　　　=没错/这又是我们的领地了=
梅格：　　　　　　　　　　　　　　　=是啊/

瓦尔说她和卡西喜欢在厨房交谈的原因是"因为男人们从不跟着我们进厨房。"比和瓦尔，在谈到她们喜欢的交谈场所时，都把厨房看作是女人的地盘，一个远离孩子和男人的庇护所。即使一些女人已经"收复"了客厅，许多仍然喜欢厨房，特别是坐在"厨房的桌子前"或"围坐在餐桌前"或更经常的是"围坐在桌前"。一边喝茶或一边用餐，众人围坐的桌前被看作是畅谈的绝佳地点，这与围坐在一个更为公共的场所——例如餐馆——的餐桌前的感觉完全不同：

苏：　我们[一起出去吃过饭]，但我认为那与家的感觉不一样=
安娜：　　　　　　　　　　　　　　　　　　　　　　=不一样=

苏：　=我是说你不能尖声大笑 你能吗
莉兹：=不，不像在家里那样放松=

苏：　你外出时=　=你⌈必须非常自制=　=是的，你
莉兹：=不=　　　　⌊嗯，你可以/ =你可以=

苏：你可以，但是你会被请出门去/
珍：〈笑〉

这一段摘录暗示了女性交谈的其他方面，说明了厨房受到女人们青睐的原因并不仅仅因为它是一个远离其他家庭需要的庇护所，还因为它是一个能够让女人们畅所欲言的地方。当女人们在描述她们在夜晚或是深夜（一个让她们感到能够无拘无束表达自我的时间）的交谈的优点时，也支持了这一观点。我引用了贝基关于床是最好的交

谈地点的论述:"实际上我发现交谈的最好地方是——是嗯晚上你躺在床上的时候——关了灯嗯就像那样——……那简直妙极了,因为你可以就躺在床上,我们就—就海阔天空地闲聊起来,你真的不用多想"瓦尔也强调了当她和卡西带孩子们出去野营时,她们所喜欢的一次特别的夜间交谈:"[我们喜欢在那时闲聊],当孩子们伴着电筒、书本昏昏欲睡,五个小脑袋,五个小电筒……我们拉上她们睡袋的拉链,然后坐在帐篷外的地单上,过了会儿,起身摇摇晃晃走去解手,我们抬头望着星空,我们真是喜欢那感觉,你知道,我们喜欢那感觉,我们—我们像少女一样咯咯笑着。"

我所记录的交谈,或是女性朋友们为我录下的交谈,几乎都发生在家中。只有一则来自一些少女朋友的交谈发生在当地青少年中心的一个房间里。在家中,厨房和客厅是交谈的主要地点。对于年轻一些的调查对象来说,卧室是另一个交谈的地点。这一点也不奇怪,因为卧室是一个少女所真正能称为属于她自己的空间的地方(前提是,如果她幸运地拥有自己的卧室)。由于在采访中,女人们经常同时提到食物与交谈,因此许多的录音交谈中夹杂着吃喝的声音可一点不奇怪。(有时候整理录音的文本真是让人极其头疼的一件差事!)

## 谈论话题

本书的剩余部分将谈及女性朋友们在自发交谈中所谈论的话题范围。这似乎与当女士们被问及她们谈论什么时所给出的答案极其一致。一些女士给出的答案简明扼要:
- "大多数时候谈论人"(乔)
- "我们的生活经历"(汉娜)
- "所有事,任何事"(瓦尔)

乔和汉娜把她们的答案缩小到她们认为与女性朋友们最经常谈讨的主题上,而瓦尔的答案则对"存在着某种定好的议题"这一看法提出质疑。她想强调的是友谊能使你无所不谈,尽管在采访中,她对其他问题的一些看法清楚地说明了人和个人经历同样也是她谈论的主要话题。

其他女士更为详细地回答这个问题,她们给了我一张她们认为是最重要话题的清单。以下便是其中三个例子(下划线部分是发言者发笑的地方):

我们可能谈论很多工作上的事……我们也谈论孩子,我们获取关于孩子们以及他们正在做什么的消息,以及……她[安娜贝尔]会告诉我—告诉我关于一些——一些——她为了积极地生活而<u>一直在进行的一些冒险</u>〈笑〉,而我则告诉她我和尼克的境遇……那些就是我们交谈的主题。(海伦)

我们会谈论我们与孩子、伴侣之间的关系,谈论书籍、电影、工作,嗯,我们的感受,嗯,<u>修理房子</u>〈笑〉。如果你喜欢未来的计划,我们也谈论我们想去什么地方,想要做什么,……嗯,谈论我们认识的朋友,我们那些共同的朋友。(玛丽)

我们谈论眼下的生活,然后谈论我们对生活的感受,谈论我们与伴侣、孩子之间的关系,<u>我们相互诉苦</u>。〈笑〉(比)

值得注意的是,这些叙述极为接近,彼此互相呼应。女士们谈论的中心是人(就像上文中乔的简要回答所说明的那样)——伴侣、孩子、朋友,当然,还有她们自己以及她们生活中所发生的事情。用海伦的话来说,"那些真的是永恒的主题,我是说那些话题不会有太大变化。"

虽然(在三位女士中)只有海伦用到了"获取消息"这一词组,这确实是许多交谈的内容。海伦的完整回答是这样开始的:"在某种意义上,我们可能谈论很多工作上的事,不管怎么说,我们有一些共同的朋友,所以我们也试图获取一些消息……我们也谈论孩子,我们获取有关孩子们以及他们正在做什么的消息"(斜体字为编者所加)。就像最后一章所揭示的那样,互相保持联系,与彼此的生活保持联系,是使友情得以延续所需要做的工作的一个重要方面。所以我们无需对获取消息成为交谈中的一个重要话题感到惊讶。米兰达对于"你们谈论什么"这一问题的回答则着重于交谈的这一方面:"我想与很多女性朋友的交谈是获取你所认识的人的消息的某种方式,这就像某种反馈……你与女性朋友间的习惯性交谈是某种获取消息的方式,因为与人们保持联系是一个人生活的本质。"莉兹、苏和安娜的回答相互补充,使"谈论自我"与"获取消息"联系起来了:

莉兹:我们谈论自己

苏: 嗯

安娜:我们也及时了解彼此在做的事情

苏和莉兹的话语暗示了谈论自我和获取消息可以同步完成。海伦则认为必须先获取消息,因为在她看来,"获取消息的习惯性交谈"是为了确认彼此共同享有的世界、共同的价值观仍然维持原样。她说:"那非常重要,不是吗?因为它是——我——我想在我们谈论自己之前总是会想先获取信息,这就像确认一切都好,一切保持原样,然后就可以安心地认为——一切都好。"

如果我们再回到前面所引用的三则比较详细的回答上(第60页),这些答案另一个值得评论的地方就是,在每一则叙述中,笑声使谈话内容的一部分区别于文本的其他部分。海伦笑她朋友的越轨行为(她一直在进行的一些冒险〈笑〉)。这笑声反映出她对一个拥有更为有趣、更加自主生活的女性的打趣,也许还有些羡慕。这笑声凸显了安娜贝尔的"冒险"与海伦的寻常生活——"我和尼克的境遇"——之间的对比。玛丽和比在回答中的笑声,我想,来自她们对于我以及我的女性主义者这一身份的看法,表明她们并不希望她们回答中的这一部分和其他部分一样被同等对待。当玛丽说到"修理房子"时笑了,是为了告诉我这在她所列出的一系列话题中是与众不同的一个,不那么具有女性特质。比在回答时发笑是为了应付一种不同的问题。"我们相互诉苦"可能是我们和朋友们在一起时一直会做的事情之一。但比的笑声却显示了她意识到这是一个让人担忧的领域:女人们的交谈常常被贬低为发牢骚。对女性的一个负面传统看法把我们描绘成喜欢在人背后搬弄是非、诋毁人格的群体。比可能也觉察到朋友间的相互抱怨并不被视为"明智的正确举动"。例如,杰尼丝·雷蒙德在她关于友谊的《喜爱朋友》一书中便痛斥了友谊的这一方面。她提出女性间的美好友谊不能建立在她所谓的"伤害主义"上——即女性"强调她们共同的伤痛"的关系。① 这是一种备受争议的观点：无论是人种学还是我所收集的交谈资料都证明女人们并不把所有的时间都花在向彼此抱怨或强调痛苦的经历上。此外，相互间的自我表露是女性朋友间交谈的特别之处，它使我们能够谈论一些难以交流的话题，检视自己不同于朋友们的一些观点，并且寻求支持。

## 更"女性化"的话题

作为受过良好教育，赞同男女平等的白种中产阶级女性，在谈论到与我们这一身份不相适宜的话题时，交谈中便会出现很多笑声、讽刺、自嘲。我们通常可能不愿承认我们在谈论这类有关家庭或"女性化"的话题。这些话题在补充回答时才会提到。访谈对象的答案往往分两次给出：一开始是初始答案，然后会有一个二次答案，在第二次回答中，女士们往往会对刚刚说过的内容进行修正或补充。例如，玛丽对她的最初回答进行了这样的补充："我的意思是我们甚至可能谈论烹调以及类似的事情。"可能以及甚至这两个词告诉我谈论烹饪及"类似的事情"并不是她和吉安娜交谈的重点，她是为了提供一个完整的答案才提到这样的一些话题。梅格的回答（对比前面的回答做了补充）则是："我们谈论一点家务事——烹调，嗯，服装，嗯，家居用品，你知道，像窗帘、家具等"，划线部分是她以一种自嘲的、引人发笑的语调叙述的。这类"家务"事显然让她们感到很大的压力，一些女士明确否认她们谈论这些话题：

莉兹：嗯,我们很少谈论时尚/服装/

安娜：没有,事实上,我们不─我们不─我们不关心那样的琐事
莉兹：　　　　　　　　　　　└或化妆/不谈论女孩子的事情/

---

① 杰尼丝·雷蒙德：《喜爱朋友》，第181页。

安娜：不是吗？
莉兹：也不谈—┌不大谈高档商品市场/
苏：〈笑〉　　└不,是真的/

时尚、服装和化妆,作为女性交谈的话题,在此被摒弃为"琐事"或"女孩子的事情"。但当谈论到这些话题时,女士们再次使用了一种幽默的、自嘲的口吻,这说明我们不能只看到它的表面。我意识到许多参加访谈的女性在回答中都尽力把对她们来说是"真实"的答案告诉我,但同时,又对她们所揭示的内容可能会让她们受到指责而感到些许不舒服。我无意判断这些女士的回答是"好"还是"坏",我意识到,并且对采访中的受访者所碰到的"自我陈述"的难处表示理解。所有的摘录都表明女士们竭力要为我的问题提供一个细致全面的答案,但同时,对于女性问题的不同——甚至相互冲突——的回答又使她们感到自己暴露于矛盾之下,她们试图调和这些矛盾。

## 谈论思想

女士们提到的另一类话题侧重于讨论思想。尽管在最初的回答中,没有人提到这类"严肃"的话题,一些女士在随后的回答中却加上了这些更理性,不那么具有私人性质的话题。例如,比回答:"有时候我们讨论更博学的东西,尽管不那么经常。"安娜说:"有时候我们谈论某种道德问题。"在这些回答中,有时候这个词的使用表明这些话题对于说话者来说并不是最重要的。瓦尔意识到关于思想的讨论是她和卡西交谈的一部分,但却是通过一个玩笑来说明这点的:"没有什么是我们不谈的,没有。〈停顿〉我是说,我想我们没有讨论过原子物理〈开玩笑的〉。"雷切尔明确表示她已经不再"尝试用一种理性、有趣的谈话方式去竞争",即她的父母过去通过批判那些不严肃或不理智的交谈所支持的那种交谈方式:"我妈妈会说'它们[不理智的话题]真的不重要'。"在她三十出头的时候,远离住在美国的父母,雷切尔同一些新朋友一起找到了属于女性的交谈,很明显她更喜欢这类交谈,而非她父母所推崇的理性交谈。相反,乔的一个回答则表明了对不同话题的相关价值的疑虑心理,她想知道由于女性朋友们对私人话题的关注,她们是否会"相互揭短"。我想全文引用她的发言,因为我认为她就女性朋友间的交谈提出了有一些有趣的问题。

有时候,我感到不满,我在思索"为什么我不设置某些更丰富的议题,为什么你们不认为那些议题会带来更多富有创造性的交谈,因为你知道我们需要它,并且——并且,嗯,这也是可能的,而且从某种方面来说,它让人感到轻松自在,而且你可以——你知道,如果你感觉很糟,你**可以**闷闷不乐,抱怨几声而无需说一些非常睿智的话语,因为那是允许的。这差不多成为一种——一种习惯,一种几乎可以看作是思想偷懒的习惯。我意识到,我同男性朋友交谈时,我尽力思考,你知道,'这会是一次有趣的交谈,而我真的想提出一些有益的观点,并且从中得到一些东西"。你知道,我不确定那是什么,我是说那具有两面性:一方面,你无需尽力思考就能得到一种支——支持感,这很好;但另一方面,你感觉这可能是出卖你的女性朋友们的短处,如果你没有——如果你没有表现出自己——你知道,你最富激情、最出色以及最有趣的自我。

这马上就提出了一个问题:谁能定义什么是我们"最出色以及最有趣的自我",谁来定义是什么构成了"一次有趣的交谈"?这种对自我以及我们日常活动的怀疑可能对我们所有人来说都非常熟悉。我们确实不想彼此揭短,我们可以通过对谈论的话题进行不必要的限制来做到这一点。比对于相互抱怨的嘲弄已经对这种无休止的"抱怨"的需要(不需要)提出质疑。但乔对与女性朋友某些交谈的"不满"可能源于或者再现了男权社会给予我们的影响,在男权社会中,男性文化比女性文化更受重视,男性同理性紧密相连。① 对男性及女性根深蒂固的主导观念是:思想的世界属于男性,而情感的世界属于女性。乔所说的好的或"富于创造性的"或"令人兴奋的"交谈同睿智的交谈之间也同样存在这种观念差异。

同女性朋友交谈的特点是轻松自在,你"无需说一些非常睿智的话语"。说一些"睿智的"话语似乎是指用一种机智的方式来交谈,以

---

① 有关男性与理性之间(可笑的)联系的一种颇具争议的评论,维克多·塞德勒:《男性的重新发现》。

便给交谈的其他参与者留下深刻印象。这与纯女性的交谈所具有的轻松自在完全不同。这和其他女士所说到的在一个男女混合群体中的交谈和纯女性间的交谈的区别相吻合,尽管大多数女士坚称她们更喜欢纯女性的交谈;稍后在本章中我将再次讨论这个问题。但是乔能够提出这些问题着实需要勇气,因为对我们所做一切的自满和自贬一样糟糕。

乔和米兰达是我采访的所有女士中唯一两位对她们与女性朋友的交谈感到不满的(这并不意味着她们与一般的女性不同,而是她们与我所采访的其他女士不同)。就像下面两部分将会说明的那样,人种学的资料证明一些女性非常强烈地感觉到与女性朋友的交谈所达到的理想境界是与男性朋友的交谈所无法企及的。此外,来自人种学以及交谈的资料都证明女性朋友们确实也谈论严肃的话题。然而,就像交谈资料所显示的那样,这样的交谈几乎总是把一般性和私人性话题结合在一起。通常,对于严肃话题的讨论,例如虐待儿童的起因,父母一方去世时的合适举止,或是婚姻中的顺从,都是在讨论私人事件时产生的(请看以下摘录:"虐待儿童",第八章;"葬礼",第七章;"顺从的丈夫",第六章)。

## 女性谈话的模式

我让采访的女士们描述一下她们与女性朋友们交谈的方式,并且试着概述其特点。我想这是个有点难度的问题,但女士们似乎对于思考她们的交谈并且寻求最好的方式来描述它感到十分高兴。也许因为这是她们希望我提问的一个问题,尽管当我问她们一些在我看来是简单的问题时,如她们喜欢在哪里交谈,她们却吃了一惊。我发现对这部分访谈的回答很生动:在我看来,这些女士在谈论这个话题时口若悬河,一些人在谈到她们认为非常特别的交谈形式时,自豪之情溢于言表。对于她们叙述的准确性我将在研究交谈资料时,在随后的章节内进行检验(第四章和第六章将特别关注女性交谈的建构方式)。

雷切尔用"温馨、丰富和亲密"这样的字眼来形容女性谈话的特点；乔用了一系列的形容词"亲密、探索性、临时性——我是说,自由问答式的。"这两组回答暗示了女性交谈的两个方面：它的亲密性,它所带来的女性间的联系感,以及它作为一种探索我们这个世界的合作工具的潜力。海伦则更关注交谈的模式："我认为交谈都是在有些混乱的模式下进行的,我是说在那种——你知道,话题在不断切换,陈述者也在不停改变,没有特定的结构。"海伦认为这是女性交谈的优势：她用例子证明"交谈无所不及"。关于女性交谈的这种理解同瓦尔所谈到的"所有事,任何事"相一致。瓦尔是这样阐述这一观点的："我们交谈,我们只是交流一切,我们从一个话题跳到另一个话题,从最严肃的——我们常常大叫大哭……我们大笑,擤鼻子,继续交谈,或者——或者回到原来的话题。"

瓦尔的描述清楚地说明了"所有事,任何事"是怎样涵盖一系列的话题,无论是严肃的,悲伤的还是有趣的。她还说,她和卡西"从一个话题跳到另一个话题",这同海伦认为女性的交谈无所不及的看法相符合。但是瓦尔用我们交流一切这个词组使之与另一组叙述相联系。好几位女士的回答说明了我们与朋友的交谈有着某种特定模式,这种模式与平衡以及分享的理念相联系。以下是玛丽对"你与朋友们是怎样交谈的？"这一问题的回答：

我们可能常常大笑,并且找到一些有着共同点的事物……所以你会——你会选择一件事情,然后其他人会说是的,同样的事情也发生在她们身上,或者在不同的情况下发生过同样事物,以此来强调你所说的,然后,你们会因为共同的经历而大笑起来。

她说的是我们建立共同的话题,接着轮流就此话题展开故事,这些故事互为补充,或者彼此形成对照,但都会引发共识。笑声（正如交谈录音所证明的,是女性交谈中非常重要的一个组成部分）,源于她们感到彼此拥有共同的体验。

玛丽的观点与梅格和比的看法非常接近,她们用以下方式描述女性朋友的交谈（这段摘录来自我对这两位朋友的采访中极为丰富的一个部分；为了使主要思想更为突出,我对此进行了编辑——主要是删除了梅格和比在交谈中经常用来表示对彼此的赞同的嗯）。这一节选是我让她们阐明所说的意思时,梅格将模式一词引入她们对友好交谈的描述后开始的。

珍:我们能不能详细阐述一下这种"模式"?

比:就像一个人谈论他们自己,他们的思想,他们的感觉或其他任何什么事,另一人聆听并且对**此**作出回应,然后可能说些他们自己的事,这样交谈就不会完全倾向于一个人,尽管这种情况是**可能**的如果——如果——如果我们中的一个人诉说非常非常悲伤的事情,那么很可能大部分的时间都是那个人在说话,这就不平等了。

梅格:但是如果比如说比要告诉我关于她的——((嗯,但是))比对我说了她妈妈不想到东部旅行这件事,不是吗?她会——她会——她会概述整件事情,而我会听她说,然后我会想要告诉比我与**我**的妈妈之间现存的问题[……]所以你希望——表述自己的思想,你希望某种——这是某种时间上的分享[……]我是这样看待这种模式的:比会说一些什么,我倾听,我也会说些什么,交谈就这样进行一会儿,然后我们都——我们会从中得出某种大概的结论,是——是某种哲理性的——可能是某种深刻的论断,也可能只是一个玩笑,比如"哦,天哪,我们有一天也会变成那样"。

在这段中,比首先提出了女性的交谈的一种"模式",包括一个人说些有关自己的某些事,另一个人从自身的经历出发,作出回应。梅格用她们可能会交换彼此母亲的故事这个例子详细阐述了这个观点。她和比都认为,一般情况下,她们说话的时间是差不多的,除非在某一方正遭遇危机的情况下,平时的规则便暂时失效了。梅格通过重述比开始时提到的模式来结束谈论,只是强调了这种模式可以重复,并且补充了一个细节,即在几个话轮后会有一个结束部分,这个结束部分可能由她们所说的"深刻的论断"组成,或者更有可能会是一个笑话。后者意味着围绕一个特定主题的一系列话轮将会在笑声中结束。这种模式与玛丽所说的"然后你们就大笑起来"相一致。

如果用这两种说法(玛丽的说法加上梅格和比的说法),我们可以用以下公式来表示女性朋友们交谈的基本模式：

$$(X_1+X_2+X_3 \cdots X_n+C_x)+(Y_1+Y_2+Y_3 \cdots Y_n+C_y)+(Z_1+Z_2 \text{ 等})$$

在这个公式中，X,Y,Z 代表为话轮提供基础的话题和主题，后面的 C 代表特定话题或主题的结束部分。当谈论她和贝基的交谈内容时，汉娜举了一个这类交谈的例子："我记得我曾说过的一件最愚蠢的事情，我记得我是这样对她说的：'我去洗澡时，总是最后才把膝盖弄湿'，接着她对我说：'我也是'[……]知道其他人和我拥有同样的感受真是太棒了〈笑〉。"

在这个例子中，我们看到了一个基本"模式"：汉娜告诉贝基她自己的一些事，贝基以类似的例子对此作出呼应——即说明自己也做过同样的事情（汉娜的描述为我们提供了 $X_1, X_2$，但并未说明是否存在 C 这个部分）。乔在提出"你会和谁谈论自己与伴侣间的关系"这个问题时，也采用了这个模式："和女性朋友们在一起时，你可以谈论你和伴侣间的关系，因为……这确实有益于分享，你知道，如果她们也准备说：'是的，我也有过此类经历，我也是这么觉得'，你知道，在这件事上，你们就找到某种共鸣。"在这种情况下，乔所称的共鸣，即分享这种经历的可能性也许会增进彼此的了解，并因此改善彼此的关系。这就是为什么谈论夫妻关系是"可行"的。

瓦尔在谈及她和她朋友卡西间的交谈模式时，她用乒乓球这一比喻来描述这一模式。"平衡"概念是这一描述中十分重要的一个部分。"与和其他人的交谈相比，与她的交谈更符合这一观点。彼此的交流更多，就像达到真正平衡的乒乓球平衡游戏。"雷切尔在描述交谈和友谊时，引入了"敏感"这一概念，对分享和平衡使用了同样的比喻："我认为我所拥有的友谊总是——总是围绕着，你知道，某种直截了当的交谈，敏感的交谈，它属于相互交流的敏感性交谈。就是你能诉说任何自己的所思所感，在某种程度上，你确实希望听到对于同样话题的反馈，我的意思是，话题确实是回来了。"

雷切尔的话强调了能够无所不谈的重要性，这与前文中女士们谈到的互相在一起拥有安全感，并且能够拥有自我的说法相联系（见最后一章)。从女士们选择谈论的话题——我们自己,其他人,以及我们对于他们的感觉——可以得出,在描述女性交谈时,我们似乎得加上敏感这个重要字眼。但是雷切尔所强调的是交谈中的对称性:敏感交谈是"相互交流"的——即它不是一边倒的:你说出所思所感,然后"话题回来了"(换句话说,对于每一个 $X_1$,都有一个 $X_2$ 与之对应)。

## 相似还是不同

"你与女性朋友们交谈与你同其他人,例如你的家庭成员,伴侣,算不上亲密朋友的女性等人交谈是否不同?"对这一问题的最初反应,从经过深思熟虑的回答,例如"我认为是的"(乔)或者"对我来说,它不算是完全不同的交谈"(梅格),到非常清晰明了的回答,例如"完全不同"(安娜)都有。当然,答案所呈现出来的显著特点是,她们认为两类交谈是不同的而不是相似的。

就拿家庭成员来说,与姐妹和女儿的交谈是唯一被视为同女性朋友间的交谈拥有相同之处的谈话。例如,比对梅格说:"我觉得我与我的姐妹,也许还有我女儿的交谈模式与我和你的交谈模式很像。"梅格认同了这一点。另一方面,其他人则对姐妹不像朋友那样表示出失望。雷切尔坦率地说在孩提时,她就丧失了"女性温馨的语言",因为她的父亲和兄弟们处于主导地位,因为"我没有姐妹,也没有口吐女性温馨语言的母亲"。乔和海伦都说她们与女儿们的交谈和她们与女性朋友们的交谈很相似,但是乔觉得她与儿子的交谈也可以做到这一点。梅格坚称与女儿之间的交谈和与女性朋友们之间交谈的相似之处需要得到证明:

我想你会用那种模式[即女性朋友们交谈时的典型模式]与,比如,你的女儿交谈,尽管时间没那么长,其间也会加入其他类型的交谈,比如命令,像"你不是该去洗头发了吗?"或其他什么。〈笑〉你—你使用了母亲的说话模式,所以你—所以你—整个交谈就不会与你和女性朋友交谈的模式一样,尽管它包含了我们所描述过的那些元素。

梅格开始还说她有时候也可能与同住的男士以相似的方式交谈,

但她后来又否认了这点。玛丽明确说她和她的(男性)伴侣的交谈模式与她和亲密的女性朋友的交谈模式相同,尽管她后来又纠正说她和伴侣间的交谈涉及很多日常事物,比如说房子的构造、孩子的管教等,这些明显不属于她和朋友们交谈的范畴。瓦尔在描述她和伴侣之间的交谈时也强调:"我们谈论的是'实际事物'。"海伦的看法则更具普遍性,她认为男性并不喜欢她所重视的那类交谈,她的伴侣尼克正是典型的这类男人:

让我们以尼克为例,我想这不仅仅与尼克有关,而是与男性有关,但是……我想尼克并不喜欢我真正喜欢的交谈模式,所以,很多时候——我会发现自己在房里说话,而——而得不到回应。这并非是因为我想说什么深刻的道理或者——或者什么,而是因为这种分享的过程——共同讨论和分享——只是分享任何一种能够引起反应的事物就是它的乐趣所在。

这段话的中心词是分享,海伦暗示尼克并不喜欢这种分享式的交谈(在上一部分中,这类交谈被描述为典型的女性朋友间的交谈)。她似乎也想说明重要的不仅仅是谈论什么,而是交谈是如何进行的。关于分享的话题我们随后再来讨论。

像海伦一样,我所采访的大部分女士在论及"你和谁不能以你和女性朋友交谈的模式那样交谈"时,都把男人作为例子。她们抱怨说,和其他人,特别和男人交谈时,交谈不会以我们和女性朋友交谈时所习惯的那种模式"回来"。瓦尔在描述她家里的交谈,特别是和她兄弟的交谈时,是这样说的:"瓦尔做**她的**事;唐做**他的**事。"她把这种交谈方式与她和卡西之间交谈时所具有的相互交流和平衡性作比较。她所抱怨的重点是她所讲的内容没有得到其他发言者的重视。在采访中,其他女士也提出了这一观点。玛克辛说:"他们只是敷衍你,他们说'是的,是的,那是你说的,但这是我想要说的'。"这两位女士提出了和男人交谈的结构是$(X+Y+Z)$而不是$(X_1+X_2+X_3)$;女士们要求的是下一位发言者在交谈中对她们的 $X_1$ 的认同。

苏、莉兹和安娜坚决认为在有一个男士在场的情况下,她们的交谈将会有很大的改变,尽管她们都很喜欢苏的丈夫,若他在场,情况也是一样。莉兹说:"如果约翰在场,比如坐在餐桌旁,交谈就不一样了。"随后,苏把她和女性朋友们交谈整晚后所得到的满足感与她在一个男女混合的场合中交谈整晚后所感觉到的不尽如人意作了比较:"在一个晚上的尾声,你感到,是的,不尽如人意。你可以回家,你觉得—你觉得交谈并不使人满意,你明白我的意思吗?……你无法明确指出是怎么回事,你只是一缺少了一些什么。"

梅格和比毫无保留、坦诚地同我谈论了她们和伴侣间和她们同女性朋友间(比如她们两人间)交谈上的不同之处(我再次对她们访谈的节选进行了少许编辑)。这段节选是从梅格试图解释她和迈克交谈与她和比交谈之间的差别这部分开始的(关键字句用斜体表示):

梅格:它[和迈克的交谈]并不是按照我和,比如和——和比交谈的那种模式展开的……尽管我们谈论同样的事物,以同样的模式,但无论如何它没有——我不知道你打算怎样了解这个问题,珍妮弗,因为我确定这是一种非常重要并且微妙的差异,但我不知道怎样解释它。你能吗,比?

比:我不能。我想我知道你的意思是—它—男人们并不像我们那样深入话题,并把话题进行下去。他们只是听听你要说什么,然后说:'是的,那真的很糟'或别的什么,然后话题并不继续—话题并不继续深入……

梅格:没错。其中的一个不同点在于—在于他们并不呼应。我想那真的是一个重要的不同点,因为,我的意思是迈克会耐心地兴趣盎然地专心致志地倾听—倾听我想讲的任何事情,但是他不会作出那种—我是指像我们所拥有的,我—我的意思是我—我—我一直都意识到这种平衡的,嗯—两个女人间、两个朋友间交谈中所具有的那种平衡,

比:嗯

梅格:嗯,你就是无法在我和男人的交谈经验中得到那种平衡。

这两位女士在此提供了一个她们努力要描述的例子:她们一起合作,互相说明,为交谈补充新的材料,以达到彼此都满意的一个说法。呼应和平衡是其中的关键词语。男性具有一种交谈技巧,使他们

能够以一种敏锐的关切的方式倾听,但根据这段叙述,他们没能做到以同样的自我表露对此作出回应(我把我所引用的在不同女性的谈话中出现的呼应,平衡,分享,交流和相互关系这些词解释为相互的自我表露,当然还有别的含义。正如我们在后面章节中将会看到的,相互的自我表露在建构女性朋友们的交谈中起了主要作用)。我采访的女性在她们的交谈中似乎都珍视这种有关个人体验的呼应性交流。

随后,梅格试着进一步详细说明男性的交谈模式(斜体为作者所加)。

梅格: 我发现男人们总是说:"噢,这不一样。"他们——他们在你们的经历中寻找不同之处而不是相似之处。比如我兄弟,他在军队里,假设我们在谈论采访,嗯,我说'好的,我必须采访所有这些人',而他会说'噢,嗯,我们在部队里采访'。接着我会说'嗯,能够如此这般难道不令人惊奇吗?'他会说,'噢,这是不一样的'诸如此类的话。你知道,'我们有一个固定的采访室'——嗯,但有些相同的要素,但是他——他总是寻找不同之处。迈克也是如此。

珍: 你有什么感觉?

梅格: 嗯,这——这——这——这是那样的——你知道,你感到自己与众不同,感到有一点低人一等,觉得他们的——他们的方法更好,尽管我认为你会觉得

梅格:⎡有别的方法
比: ⎣有别的——　　　嗯

比: 是的,我正在回忆我和杰弗里的谈话。我会——我会告诉他一些事,然后他告诉我一些他自己的事,但这——这完全不——这完全不是一回事。无论如何,这更不相干。

梅格: 嗯

比: 我真的不知道如何描述,但是——事情并没有混合在一起,这是一件单独的事和另一件单独的事。

珍: 你是说"混合"吗?

比: "混合",是的,混杂契合。〈笑〉

梅格：那—那是不是跟"早午餐"一样？
比：　是的，就像"早午餐"一样。
珍：　嗯，那真的—真的很有趣。你对其中任何一种模式是否感到或多或少的满意呢？
比：　我想我喜欢女性的模式，那—那是更加
梅格：嗯
比：　融会一体。

梅格意识到男性"寻找不同之处"而不是寻找相似点，这强调了玛克辛所说的"男性经常选取一种相反的论点，即使他们并不相信这一论点，只是为了—为了辩论，因为他们喜欢辩论。"注意梅格是怎样想像自己和她兄弟交谈的，这说明了即使她兄弟也有可能补充 $I_2$ 到 $I_1$ 上（与 I 相呼应的故事，即采访），他并没有选择这么做，而是"寻找不同之处"。这种模式更像是（I+非 I）。① 通过比较，比强调了男性对男女混合交谈的间离性投入——即，她利用我早先描述的（X+Y）模式得出了男性交谈的这一特点属于典型的男性交谈特征。她对男性交谈中的"间离性"与她所说的女性交谈中出现的"混杂契合"或"融会一体"进行了比较。

女性主义理论家南希·乔多罗对女性间的关系是"以联系而非间离为特点"这一观点进行了研究，特别是在她的著作《母性的再造》中。乔多罗提出，由于在所有已知的社会中，女性作为儿童主要照顾者的身份，使得女孩和男孩的性别身份有着极大的不同。男孩的成长以"不连贯"为标志，因为他们作为非女性，必须使自己与母亲不同；而女孩的成长是和母亲联系在一起的。按乔多罗的话说："基本的女性自

---

① 偶尔，在我所录制的女性朋友间的交谈中会存在一些男性的短暂插话片断——通常插话的人是丈夫或者兄弟。在以下例子中，安娜的兄弟马克回到家，进来向他姐妹的朋友打招呼。他和安娜开始谈论大米：注意这段简短对话中的（X+非 X）模式。
安娜：野生大米很好/你没吃过，所以
马克：嗯，印第安人不吃野生大米，所以为什么你就得吃呢？
安娜：他们可能吃的/
马克：他们不吃/
第七章将再次讨论这一片断。

我意识是与世界相联系的,而基本的男性意识则是间离的。"①

在此必须说明一点,尽管她们意识到了这种"间离"式的交谈在男性交谈中更为典型,尽管她们无一例外地从与女性朋友们的交谈中感到了快乐,一些女士可能会喜欢不时地采用一种更具"间离性"的交谈方式。梅格说:"你[与男性]可以拥有一种争论性的交谈,你知道,就像一种竞赛,我发现那很有趣,非常振奋人心。"也许这就是乔所指的当她与男性在一起,她会在交谈中"尽其所能"的那种交谈。

## 与女性朋友交谈有什么特别之处

我所采访的一些女士在访谈的尾声累了,但其他人在这时候却口若悬河,因为她们方才说过的事情之间的联系开始起作用了。很多人试着总结为什么与女性朋友的交谈如此的特别,为什么它对女性来说具有如此重要的意义。苏、莉兹和安娜总结了她们从相互交谈中所得到的感受:

---

安娜:是的/那就像/莉兹⎡在开始说的那样/
苏: 满足/  ⎣一种满足感/

---

安娜:支持=
莉兹:=支持/这就是—这就是我所认为的感觉

---

莉兹:它不断增长/但无论如何,对我来说/这—这非常重要

---

安娜:是的,一种轻松自如的解脱感,从—
莉兹:那一真的从未改变/

---

安娜:从我们所经历的其他任何事中
莉兹:是的/

---

① 南希·乔多罗:《母性的再造》,第169页。

安娜：⌈我们一直在做的事中/嗯/
莉兹：⌊我们一直在做的事中/是的,因为这完全不同/
苏： 你可以说任何你

苏： 想说的/

在苏比较了请朋友们来家里吃饭和同她们外出吃饭后,这种可以"说任何你想说的"观点得到了扩展:

苏： 有时候,你办了一个晚餐派对,你们四个或

安娜：　　　　　　　⌈是的,但那成了闲聊/
莉兹：＝几个/是的/
苏：　无论如何＝　　⌊那很愉快,棒极了/

安娜：你们坚持谈论安全的话⌈题/
莉兹：　　　　　　　　　　⌊是的,你们坚持谈论⌈安全的话题/
　　　　　　　　　　　　　　　　　　　　　　　⌊是的,我想是这样

苏： 是的((××))

莉兹：然而,我想我们的交谈中没有什么禁⌈忌/
苏：　　　　　　　　　　　　　　　　　⌊没有/

在好几次访谈中,都提出了这样一个观点,即可以无所不谈是女性朋友之间交谈的一大优点。尽管其他人群的交谈中存在着特定的规则,女性朋友们却认为她们之间的交谈不受规则或是禁忌的限制,可以自由地涉及任何话题。她们认为,与其他人交谈,"你得坚持谈论不会带来危害的话题",这意味着与女性朋友们在一起,就可以讨论危险的或是可能带来危害的话题(这就是为什么女性的交谈可能具有"易受攻击"的特点)。我已经引用过海伦的评论"交谈无所不及",以及瓦尔所言,她与最亲密的朋友的交谈可以谈论"所有事,任何事"。

从一个不同的角度看待这个问题,莉兹说她之所以特别重视与安娜和苏交谈在于"你对那个晚上并不存有什么期待"。事实证明这个"不存期待"恰恰是富有成效的:这三个朋友开始认同她们见面时在做些什么:

莉兹:我知道她们两个人并不期待从我这得到什么/正如我不

安娜:　　┌是的/　　　　　　　　　　┌我们接受
莉兹:期　└待从她们那得到什么/她们就是她们/└这样就够了=

安娜:各自原本的样子/我们中每一个人/
莉兹:是我们自己就好/我们接受你
珍:　＝是你自己就好了吗?

安娜:是的/
莉兹:只因为你是你,就好了=　=是的/是的/〈笑〉
苏:　　＝只要来了就行=

此处,接受这一主题把交谈的内容——任何事情——与友谊的内涵——即起支持作用以及让我们"成为我们自己"清楚地联系起来了。用瓦尔的话说,"[与最亲密的女性朋友交谈和与其他人交谈的]不同之处在于,我不必考虑我要说什么。"

雷切尔称,这种接受感,这种自信能无所不谈,并且不用担心遭受评判,使女性在表达自我时更加用心,甚至更加富于创造性。这是一种重要的观点,特别是因为她直接把与女性交谈的这一方面与和男性的交谈相比较:

与女性交谈时,我—我为能竭力表达事物而感到更加高兴,因为我知道有时候我们想不出所要表达的词,所以—而女人们也会给你时间让你努力想和男性在一起,我从未发现—如果你和男性交谈……他们就会打断你的思路。

努力思考言辞,寻找恰当的词语非常重要。如果雷切尔的评论是正确的,那么我们如此重视与女性朋友的交谈就是正确的。但是她的评论提出了一个问题:男性总是"打断你的思路"吗?在所有的语境下都这样吗?下面这则摘自两个男性关于身处男性团体的对话的节选具有启发性[①]:

  杰弗:我想,一般来说男性在私下相互交谈中都存在某种困难……过去,男性的团体以某种方式为我提供了一种情境……在这种情境中,我们彼此交谈,相互聆听,我认为这就是男性必须学会的一点。

  托尼:这个男性团体的前几次聚会,给我留下印象最深的事情之一就是你感到"你拥有足够的时间"。你可能在遣词造句方面遇到困难,你可以尝试用十七种不同的方式来表达一句话,没有人介意或者猛烈批判你或者告诉你该如何说这句话。

  托尼所说的"尝试用十七种不同的方式来表达一句话"与雷切尔的"努力思考言辞"相一致。而他描述的"猛烈批判你"听起来似乎和雷切尔所说的"打断你的思路"指的是相同的现象。他们都表示,男性特别喜欢插话,他们把这种情况与人们给予彼此时间的情况作比较。这暗示了女性朋友间的交谈具有某种独特性质。给予人们时间表达自己,这并不是男人间的交谈或者男人与女人间的交谈的特点。女性朋友间的交谈的特点是确实提供了那种让人努力考虑言辞的时间。

  我们在重新评价我们与女性朋友交谈时的一个问题是我们必须质疑男性对这种交谈的评价。海伦在回答我的问题时,思考女性的友谊以及女性的交谈使她对(一些)男性无法意识到女性交谈的重要性,或是无法理解交谈的重要所在感到愤慨(我的发言用斜体表示):

  但是你知道,我感到生活中满是可以谈论的事情,这是——这是女性写作和口述历史以及所有这一些的源泉,不是吗?这就是它的丰富所在……(这就是细节的快乐——生活的细节)是的,完全正确,你知道,那就是尼克称之为琐碎的事情,我是说有一天,他确实对我说了那样

---

  ① "'个人说来':体验一个男性团体",维克多·塞德勒(编):《阿喀琉斯脚踵的解答者》第三章,第53页。

一些话,比如:"我总是觉得你所要求的比基本的交谈更多。"(噢噢噢!〈笑〉)这真让我恼火,因为我认为这是——我认为——我说:"这是你对我说过的最重要的一件事,因为这如此意味深长(是的)。如果你将其中每一部分都分解开(是的,噢,我的天哪)你知道,这——这非常有趣……我是说,什么是基本交谈?是的,如果——我是说,毫无疑问,基本交谈就像生活的血液——任何严肃的事情从此而来(是的),你无法把它分离出去,它来自经历的细节,以及我们自己的经历,而非他人的。

虽然引入了生活的细节这一词组的人是我,把它扩展为捍卫"基本的交谈"的热情洋溢的辩论的却是海伦。远非琐碎,海伦把这样的交谈——即与我们日常经历有关的交谈——定义为"生活的血液"(海伦的立场可能与乔对女性朋友间交谈并非总是"富有创造性"或"睿智的"担忧不同;参见第64页)。海伦所捍卫的要点是她对于经历体验的执着,她深信那种"你可以忽略个人经历"的看法是毫无益处的。

## 交谈就是一种作为

我以总结女士们针对"你与你的女性朋友们做什么?"这一问题的发言开始本章。事实上,看起来,交谈是女性友谊中的重要活动。许多女士回避了做这个词。例如,以下是梅格和比对此问题的回答:

珍: 你们一起做什么?

比: 我们并不"**做**"很多事,我们——我们往往会**交谈**,我的意思是我们——我们——我们交谈。

梅格:嗯

比: 我们——我的意思是你打高尔夫球——如果我打高尔夫球,我会和你一起打,但是我没有这么做。

梅格:我知道,我们什么也不做。

比: 我们什么也不做。

梅格:我们并没有一起做果酱或——

珍: 〈笑〉

梅格"我们并没有一起做果酱或——"这一不完整的回答让人想像

到一系列"女人们可能一起做的事情"。她说她和比并没有一起做果酱,这对我问题的前提提出了挑战(实际上,她是说,"通常女人们在一起做的事情就是做果酱,缝被子,在溪边洗衣服,当然,这些不是你想要的答案?")。同时,她在幽默中寻求庇护,因为她不知道该如何回答这个问题。汉娜以完全相同的方式限定她的答案。她说:"但对我来说,我有关关系的记忆并**不**是我们在一起**做**了什么,而是,你知道,我们在坐着交谈上所花的时间。"

　　三位发言者都把交谈的概念界定在"作为"之外。但是交谈确实是作为。实际上,交谈是社会活动一种有力形式。通过交谈,我们维持或颠覆现存的社会结构,通过交谈,我们建立并且维持着社会关系。① 交谈是友谊之本:没有交谈,我们就无法建构亲密的关系,而建构亲密的关系对于我们作为人类的发展又是十分必要的。这就是本书的目的之一:即说明女性朋友的交谈就是女性所为,她们所做的就是友谊。

---

① 有关交谈作为一种社会行为的看法的进一步讨论,参见佩内洛普·埃克特、萨莉·麦克康纳尔-吉内特的《通达、实际》。

# 第四章

## "我们谈论所有事，任何事"：交谈概述

> **本**章是关注女性朋友间自主交谈的六个章节中的第一章。典型的女性社会行为涉及共同的计划、合作而不是竞争。交谈是社会行为的一种形式，在这几个中心章节中，我将尝试概括女性朋友交谈行为的特点。什么语言策略才是女性间友好交谈的特点？如何实现交谈中的分享与合作？我将把我的研究成果与访谈内容以及女性自身对我们如何交谈的描述进行比较。
>
> 在本章中，我将主要关注女性交谈的结构，并将判断采访中关于平衡与呼应的说法正确与否。我也将举例说明女性朋友交谈的话题范围，并说明这些女士关于她们交谈内容的叙述大体上是准确的。

### 交谈话题

为了使读者对女性朋友的交谈内容有个大致的了解，也为了探究女性朋友的日常交谈是怎么样的，我在此展示了交谈录音中 4 段摘录的概要，列出了这 45 分钟交谈过程中出现的主要话题（我用话题这个词来指代交谈中同时出现的大部分内容，因为它们都是关于"同样的事情"）。[①] 我选择这四段摘录是为了同时涵盖女孩以及成年女性的交

---

① 有关话题（以及话题定义标准）的概念，参见沃尔弗拉姆·巴布里兹：《赞同性发言者与合作性交谈》，第 16—26 页；华莱士·切夫：《话语，意识和时间》，第 120—145 页；安娜-布丽塔·斯坦斯特勒姆：《言语相互作用入门》。

谈，为了包含有着两个、三个、四个以及五个谈话者的交谈的情况。

### 汉娜、贝基、杰西卡和克莱尔(年龄：*14* 岁)
  经期

  体操

  假期

  爸爸、妈妈以及他们的情绪

  有关布朗尼丝的回忆

  兄弟、男孩们以及男性的身体

  在家长老师见面会上的尴尬

  梦和梦游症

### 苏、莉兹和安娜(年龄：*30* 出头)
  古董

  有关周末旅行的想像

  海湾战争

  假期

  滑雪

  兔子

  钢琴课

  乐器

  夫妻关系与平等

### 帕特和卡伦(年龄：*将近 40* 岁)
  圣诞贺卡

  卡伦最近的手术

  圣诞树

  伦敦的圣诞灯饰

  疾病

  学校演出

梅格、比、玛丽、萨莉和珍（奥斯顿团队）(年龄：40 岁左右)

  搬迁

  对别人的失败幸灾乐祸

  孩子们的竞争

  禁忌和葬礼

  虐待儿童

  对男性的忠诚

  对男性的畏惧

  梅格的伦敦之行

  火车和码头的轮船

  以上是女性朋友间交谈的四段摘要的基本要点,仅从这些要点我们就可以看出交谈话题的多样化。其中的一些话题起着"获取消息"的作用,在访谈中,女士们认为这非常重要。例如,在"卡伦最近的手术"中,卡伦告诉帕特她的体检情况,在"搬迁"中,我的朋友问我移居伦敦的计划有什么进展。"滑雪"的话题则是由苏向安娜和莉兹讲述有关约翰（她的丈夫）的最近一次假期而开始的。

  大部分的交谈都与我们生活中的重要人物有关。"爸爸妈妈以及他们的情绪"这一话题是以父母为主题的。在这个话题中,女孩们专门谈论了她们对自己使母亲心烦而感到焦虑。父母还是"疾病"和"禁忌和葬礼"这两个话题的主题。在前一个话题中,卡伦告诉帕特她对她父亲抱怨胸口疼痛感到担忧;在后一个话题中,比谈到了她父亲去世这件事,我们其他人则想到了我们父母最终也会离开我们。我们的孩子们也是另一个经常被讨论的话题：他们是"钢琴课"的主题,在这一话题中,莉兹谈到了她女儿在钢琴上的进步;在"学校的演出"中,帕特和卡伦交流了她们的孩子参加学校期末演出的故事。她们也谈论朋友、伴侣、兄弟和姐妹。例如,在"兄弟、男孩们以及男性的身体"中,杰西卡告诉她的朋友们她是怎样看到她的兄弟生理勃起;在"滑雪"中,安娜讲了她和刚与男友分手的姐妹度过一个糟糕假期的故事;在"疾病"中,帕特和卡伦讲起了她们的朋友林恩以及她那让人难以忍受的母亲;在"火车和码头的轮船"中,玛丽、萨莉和比谈论了当几艘巨轮访问利物浦时,她们的丈夫和孩子打算去看停留在艾伯特码头的"金鹿号"的故事。正如这些例子所说明的,大部分的话题都直接来源于女性的个人经历。

牵涉到自我表露的例子有:汉娜和她的朋友们分享了与经期有关的腰痛和周期性情绪波动的体验("经期");卡伦向帕特吐露了她手术后的身体状况("卡伦最近的手术");萨莉和梅格谈论了在约克郡强奸案期间害怕在晚上回家的事("对男性的畏惧")。

被梅格称作"家务类的事"也出现在话题中。在"圣诞树"中,帕特和卡伦交流了各自购买圣诞树的故事;在"兔子"中,苏对莉兹和安娜讲了她在一个周末照看学校的兔子的故事;而在"搬迁"中,我则告诉了我的朋友我由于要搬迁到伦敦而打包家具的故事。

有关严肃思想的讨论也经常出现,尽管这类话题并不突出,它们在采访中还是被提及了。毫无疑问,乔对于女性朋友们喜欢通过"抱怨"相互揭短而不是谈论更具挑战性的话题的担忧,看起来是没有根据的。例如,在上面列出的交谈中,苏、莉兹和安娜详尽地讨论了有关夫妻关系与平等的问题("夫妻关系与平等"),而奥斯顿团队则讨论了虐待儿童的话题("虐待儿童")。

相反,工作作为一个交谈话题,在采访中也被几位女士提及,但在录音交谈中,这并不是一个重要的话题。在四段摘录中,并没有出现相应的例子(尽管"禁忌和葬礼"是以梅格谈到在工作中碰到某个人——一个研究禁忌的研究生为开头的)。① 在此,也没有出现有关亲密的性关系细节——在交谈的其他地方也没有关于此类话题的讨论。这证实了女性在访谈中所说的话,尽管一些女性称男人们认为我们就讨论性。例如,安娜说:"他[比如,约翰,苏的丈夫]认为我们坐下谈话很有趣,我想他觉得我们在谈论男人和性,比较性经验或者那类事,但我认为这可能只是男性对女性们在一起交谈的想像。我们从不谈论

---

① 访谈内容与录音交谈内容存在出入的原因之一在于在我1993年开始采访时,许多女士已经返回了工作岗位。交谈录制于1983至1991年期间,在这段时间内,被采访的许多女士都待在家中,照顾孩子。

这些。"①

对于四段交谈的分析说明了朋友们交谈话题的广泛性,也证明了女性们主要的交谈话题是人,大多数时候是个人经历。这支持了关于女性交谈有关"所有事,任何事"这种说法吗?答案是"是的"。一方面,几乎任何话题都可能出现在交谈中——女性朋友们喜欢这种感觉:即并不存在一个设定好的议题。另一方面,很明显,一些话题的出现是由于特定的当地环境。比如,在这四段交谈的第一段中,"假期"这个话题的出现是源于其中三个女孩最近的一次假期。关于海湾战争的讨论(来自第二段谈话摘录)则出现在录于1991年1月的交谈中,当时海湾战争正在进行。在帕特与海伦的交谈中出现的圣诞节话题并非偶然,而是因为交谈刚好录于圣诞前夕。

这些交谈中的话题是逐渐转变还是突然转变的?海伦的评论"它[交谈]无所不及"不仅说明了交谈可以涉及任何话题,还说明了它是以一种随意的方式,从一个话题向另一个话题转化。但在许多例子中,这种观点并不正确:这些话题中的许多除了具有同等重要性外,话题之间的连接通常也是非常连贯的。拿以上第二个摘要为例,交谈的话题从钢琴课过渡到弹奏其他乐器,其中还包括了一位妻子不准她的丈夫弹奏吉他的事,由此论及夫妻间是否真正平等。然而,一些话题的转换却很突然。例如,在同一段交谈中,"滑雪"这个话题与"兔子"这个话题间就不存在什么联系:"滑雪"这个话题结束时,莉兹评价说她们正在吃的沙拉味道非常好,接着苏就告诉大家她把学校的兔子带回家过周末,这就引出了有关兔子的共同讨论。同样,在以上列出的最后一则交谈中,梅格讲述了一件事,这件事引出了"禁忌与葬礼"这一话题,她并不打算把这个新话题与前一个话题,即"孩子们的竞

---

① 在谈到有关性经验时,女士这方出现的沉默现象得到了玛丽莲·弗莱的赞同。她写道:"其他人的经验在大部分时候……对我来说是模糊不清的;她们完全不会详细谈论或描述这种经验[原文如此]。"她说,在西方世界,有关性的词语或意义对男性而非女性的经验进行编码。这意味着我们无法谈论或描述我们的经验,因为我们并不具备这些手段:我们已被排除在意义的公式化表述之外:"我一生中的大多数时候,被归于'性的'范畴之内的大部分经验通常是前语言的,非认知性的。事实上,我并不具备语言共同体、语言,因此,从一个更重要的意义上看,不具备这种知识。"参见弗莱的"女同性恋者的'性'"。

争",联系起来(前一个话题是以我讲了一个鼓励我五岁的儿子去赢得一次匙蛋赛跑比赛为结束的)。

## 话题:内部结构

对于话题的分析仅仅使我们对女性交谈的建构方式有了个浅显的概念。现在,我想要更加详细地分析以上列举的一些话题。我们可以从两个主要部分来分析女性朋友间的交谈:叙述和讨论。① 换句话说,女性朋友间交谈的绝大部分都可被称作故事或讨论;在友好交谈中,这两者之间存在着不断的变动。我用故事来指代对于发生在自己身上的事件的自传性叙述,以及对于其他人物、其他事件的叙述。被看作一个故事的叙述必须是以一种特别的方式建构的,在我们的文化中,它主要包含一个开头,一个中间部分和一个结尾。我用讨论来指代交谈中每个人都参与其中,并对某些特定话题进行反复思考的部分(通常,话题都从一个故事中产生)。故事的特点是只围绕一个发言者,即叙述者进行,而讨论则牵涉到所有的交谈参与者。下一章(第五章)将详细研究女性的故事叙述行为,而第六章将分析以讨论为基础的复杂的多人交谈的组织方式。但在本章中,我想采取一个更为广阔的视角,更加概括地分析个人话题的发展方式,以及研究在女性的交谈中,故事和讨论是如何相互配合的。

让我们更加细致地分析一些交谈。我将从一段相对简单的交谈开始,在这段交谈中,紧接在三个连续的故事之后的是一个讨论②(我

---

① 在这一方面,女性的交谈与平等双方间的非正式交谈不可能有太大的区别。对于非正式交谈的基本组成部分的研究微乎其微:正如克里斯汀·奇彭所评论的那样:"通常认为它们[如:平等双方间的友好交谈]并不存在任何形式的总体结构,除了对交谈话轮的分析,并没有任何对其进行更高层次分析的尝试。"(奇彭:《非正式会话的可预测性》,第47页)奇彭提出了四个组成部分:开场、话语行为、叙述、结语。对非正式交谈进行分析的一位语言学家华莱士·切夫研究了独言—复言的区别,这与我自己对叙述—讨论区别大体对应(参见切夫:《话语,意识和时间》,第120—136页)。其他研究这一领域的学者,对口头叙述有着特别的兴趣,则都致力于两个主要部分:叙述与非叙述(埃里克森:《话语连贯的社会构建》;奥克斯、泰勒"作为政治活动的家庭叙事")。

② 有关这一话题的详尽分析,参见我于1989年发表的论文"再探闲言碎语"。

将用分钟和秒钟来标明每个话题的持续时间)。

**例1:"禁忌和葬礼"(梅格、比、玛丽、萨莉、珍)[4分32秒]**

关于一个研究禁忌的研究生以及关于是否存在一些情况可能使你错过母亲的葬礼的故事(梅格)

关于一个母亲刚刚去世,正打算前往澳大利亚参加葬礼的邻居的故事(萨莉)

关于不打算去美国参加她的父亲的葬礼的故事(比)

对这些故事引发的问题的讨论

这是我称为话题的例子中衔接非常连贯的一个。在这个例子中,梅格一开始讲的那个故事提出了一个有趣的问题:错过母亲的葬礼是不是一种忌讳?这个故事起了确立一个新话题的作用。随后,萨莉讲了一个故事,提供了一个具体的例子:她隔壁邻居的母亲刚刚去世,所以他准备飞往布里斯班参加葬礼。萨莉明确表明她认为这很荒谬(换言之,她认为存在着某些情况使你可能错过母亲的葬礼)。比的故事又再次强调了萨莉的观点。比所说的是她个人由于一些困难错过她父亲的葬礼的事,不仅因为她无法离开年幼的孩子飞往美国,还因为她的母亲让她不要去参加葬礼。随之而来的讨论很复杂:总的来说,五个朋友对葬礼主要是为了安慰活着的亲人,还是为了向公众宣告你的母亲或父亲已经亡故,距离会不会影响是否参加葬礼等问题进行了一番争论。从个人层面看,五位女士中的每一位对葬礼以及父母去世这一需要探究和分享的问题都有自己的看法。所以讨论包括全体和个人两个部分:大家表明了整体的观点,同时,作为个体的发言者也因为表达出她们的感受而得到彼此的支持。

"禁忌和葬礼"这一话题向我们展示了一个非常简单的模式:即由一个和多个故事引发讨论。我曾提出这种模式是话题在友好交谈中展开的通常方式。① 现在我觉得这种看法使女性友好交谈的内容过于简单化了。为了说明可能出现的内容范围,让我们看两个更详细的

---

① 我在"再探闲言碎语"中写道:"话题发展的这种模式是我所记录的典型材料"(第99页),但如今在记录了更多的材料后,我想这种说法需要修正。

例子。

第一个例子来自本章开头列举的帕特和卡伦的交谈。如下面例子所示,"疾病"这个话题由七个部分发展而成。

**例2:"疾病"(帕特与卡伦)[6分13秒]**
  有关她父亲的胸部疼痛的故事(卡伦)
  有关邻居的消化不良被诊断为心脏病的故事(帕特)
  讨论——她们仔细反复思考了这两个故事
  关于朋友母亲的血压问题的故事(帕特)
  讨论血压问题以及看医生的重要性
  关于朋友的母亲在街上晕倒的故事(帕特)
  讨论朋友的母亲是多么让人难以忍受——一个"悍妇"——她不愿接受医疗帮助

这个例子与"禁忌和葬礼"的相似之处在于话题都是由一个故事引出,以讨论结束;二者的不同之处在于这个话题是由紧接着讨论的连续的一个(或几个)故事展开的。两个例子相比较,"禁忌和葬礼"的例子非常连贯,因为梅格在开始的故事中提出的主题一直是谈论的中心;而"疾病"的例子则不那么连贯:尽管所有的部分都与同一个主题有关,但每一个讨论的部分都对前一个或一些故事进行具体讨论。不存在一个探讨前面所有叙述内容的概括部分。这种话题的发展模式可能更像海伦在谈到女性的交谈"无所不及"时所表达的意思。一个话题,比如说"疾病",在建立后,源于这个话题的交谈是以一种随机的模式进行的,然后结束,在这种情况下,结束并不是因为朋友们对疾病得出了任何哲理性的结论,而是因为她们已经说出了她们对这个话题想要诉说的所有内容而后进入了另一个话题。

这两个例子显示了两种不同的模式。第一种,是一种简单的模式,以"禁忌和葬礼"为例:

  故事──→讨论

第二种,是一种更加复杂、环环相扣的模式,以"疾病"这个话题为例:

[故事 ——→ 讨论]+[故事 ——→ 讨论]+[故事 ——→ 讨论]

在这两种模式中,故事的间隙里可能还存在一个或多个的故事。让我们看看最后一个例子,看看是否可能把这两种模式应用到所有话题中去。我所选择的例子是来自苏、莉兹和安娜交谈片断中的两个连续的话题;这两个话题是"乐器"和"夫妻关系与平等"。

**例3(分析1)**

"乐器"[10分18秒]

关于钢琴老师的儿子在圣诞演奏会乐队中敲鼓的故事(莉兹)

关于钢琴老师为了独奏会练习的故事(莉兹)

讨论苏的丈夫约翰和他的萨克斯演奏

关于一个朋友的妻子不让他弹吉他的故事(苏)

讨论了婚姻以及针对"顺从"的丈夫,讨论关于顺从和反抗的观点

"夫妻关系与平等"[4分47秒]

讨论夫妻双方是否平等,以及单身是否比结婚更好。

我选择这个例子是为了说明对话题延伸拓展的选择具有多大的随意性。话题的转换是渐变的而不是突然的。① 可能很难判定交谈的某个特定部分是一个新的话题,还是对现有话题的延伸。这就是上面例子存在的问题。很明显,属于"乐器"这个话题的前四个部分都是关于人们弹奏乐器。随后的讨论部分则明显是针对苏所说的一个男人被禁止弹奏吉他的故事,所以在我看来,它属于这个话题的一部分。但在这部分讨论中,话题的中心却从乐器转向了夫妻间的关系。因此,从某种程度上说,这一部分可以看作是"乐器"这个话题和"夫妻关系与平等"这个新话题之间的一个过渡。换言之,这两个话题相互重叠,很难看出新的话题是从哪部分开始的。

---

① 研究证明,全男性的交谈是以话题的突然转换为特征的,而全女性交谈的话题转换则更为循序渐进。参见伊丽莎白·阿里斯:"男性、女性与男女混合团体的交流模式与主题";布鲁斯·多维尔:《交谈的组织与发展》,黛博拉·琼斯:《闲言碎语》;苏珊·卡尔文克:"……就像安的妇科学家或者就好像我那时几乎被强奸";艾米·歇尔顿:"荒唐话";黛博拉·坦嫩:《你怎么就是不明白》。

从我当前的划分来说,"夫妻关系与平等"这个话题看起来是反常的,因为它只由一个讨论部分组成。前一个讨论部分是以"顺从的丈夫"为中心的,以莉兹的评论"一些人的生活真奇怪,不是吗?"为结尾。对这一观点,苏笑了起来,而安娜则说:"我想知道是否有人研究过长期同居。"这就引出了关于(伴侣)关系中双方的权力平衡,以及关于与婚姻相比,独身所具有的快乐的话题的长时间讨论。

如果我想要保留这种由一个或几个故事再加上随之而来的讨论所组成的话题模式,我可以确切地说,弹奏吉他的丈夫的故事可能可以被看作是一个新话题的开始部分。那么这两个话题就能以以下模式组织:

### 例 3(分析 2)

"乐器"[2 分 5 秒]
    关于钢琴老师的儿子在圣诞演奏会乐队中敲鼓的故事(莉兹)
    关于钢琴老师为了独奏会练习的故事(莉兹)
    讨论苏的丈夫约翰和他的萨克斯演奏

"夫妻关系与平等"[13 分钟]
    关于一个朋友的妻子不让他弹吉他的故事(苏)
    讨论婚姻以及针对"顺从的丈夫"讨论关于顺从和反抗的观点
    讨论夫妻双方是否平等,以及独身是否比结婚更好。

从一个分析者的角度,在事后看这些录音交谈的文字记录,这种组织交谈的方式更加合理。但录音磁带证明,苏讲了一个被禁止弹奏吉他的丈夫的故事是为了回应先前关于约翰和他的萨克斯演奏的讨论(她觉得约翰的演奏很吵)。从文章连贯方面看,顺从的丈夫的故事是为了整理前一个讨论中的许多要点:两个故事都是以一位丈夫为中心,这位丈夫弹奏一种乐器,而他的妻子认为他的演奏很烦人。最大的不同在于苏容忍了约翰的演奏,而她故事中的那位妻子却没有。这个故事的作用在于引入对于婚姻中的行为规范以及夫妻间关系的广泛讨论,这些讨论是在莉兹和安娜开始详细阐述苏的故事后才出现的。

对这两个话题的第二种分析,所存在的问题在于我面前所剩下的两个连续的讨论部分是一种新的模式。我可以把这两部分称为对关系这个主题的长时间讨论的子部分,这就避免了提出一种新模式的需要。使用这种技巧似乎使交谈更吸引人,但我觉得让交谈尽可能忠于原样更为重要。很明显,主题与交谈的两个部分,即故事和讨论的关系,并非那么直接,许多不同的结合模式都是可能的。

## 可能的范围

为了简要说明可能性存在的广泛程度,我将以所有二十段交谈为依据,轮流考虑多种可能性中的每一种。首先,一个话题可能仅由一个或几个故事组成吗?答案似乎是"是的":"膀胱炎"这个主题就是由安娜对苏和莉兹所讲述的一个非常长的故事组成的。我们将在下一章讨论故事的一个片断(参见第122页,全篇共计208行的故事将收于附录A中)。这个话题作为一个"获取消息"的长篇大论中的一部分,是在安娜告诉她的两个朋友她一直在做什么的交谈中出现。两个话题分别是她作为一个朋友婚礼的女傧相,飞往费城的旅途,以及她在罗马的假期。她首先告诉莉兹和安娜有关罗马的事情,然后中断自己的叙述说:"哦,最糟的事是——我还没告诉你们这件事。""这件事"指的是她在飞往罗马的飞机上怎样患上了"膀胱炎"的故事。这个故事,也就是这个话题以"就是这样了"为结束。后一个话题(在某种意义上,这个话题由于安娜的自我打断而推后了)是"在罗马的假期"。这个话题是这样开始的"我们在罗马度过了非常美好的一段时光,但是罗马跟我原来想像的一点也不一样"。开头的这段话和"膀胱炎"这个话题的结尾明确显示了谈论的分别是不同的话题。

所以,一个话题可以由一个故事部分单独组成,也可能由一个讨论部分单独组成。我所探讨过的唯一一个例子——"夫妻关系与平等"具有争议性(争议之处在于,如果以一种不同的方式分析,讨论部分并不是单独的)。但是各个谈论部分确实独立出现,不是由一个故事而是由一个简单的问题或叙述引出的。例如,奥斯顿团队关于"猿人和语言"的讨论是由我对朋友的提问"你昨晚看了'视野'吗?"引出的("视野"是一个相对高品味的BBC电视系列节目,其内容有关科学发展)。比回答:"嗯,是关于猿人的语言。"然后就引出了这个话题。然而,就像前面讨论的三个例子所显示的,通常话题是由故事和讨论(依此顺序)共同组成的。

这些组成部分长短不等,有像长达208行,讲述了8分39秒的"膀胱炎"这样的长篇故事,也有像引发了"问答比赛"这个话题的只有两行的超短故事:"你知道维基星期三参加的那场问答比赛吗?她和罗宾·李打了个平手,在昨天晚上。"(我们将在第六章详细分析这个有关于"问答比赛"的交谈)。讨论部分也有长(比如,源自"顺从的丈夫"的讨论历时7分48秒)有短(比如,帕特和卡伦关于朋友母亲的讨论,即关于"疾病"这个话题的结束部分,仅持续了46秒)。此外,在许多交谈中,女性推翻了故事以及讨论的规则,创造了更为复杂的交谈形式。例如,有时候,故事是由两个或两个以上的朋友述说的,就像我们将在下一章中看到的:引出了"火车与码头的轮船"这一话题(选自本章开头分析的第四段交谈)的故事便是一个很好的例子。另一类例子就是由苏提供的关于一位顺从的丈夫的故事:莉兹和安娜中途介入使故事转到关于伴侣关系的讨论上去(对"顺从的丈夫"的进一步讨论见第六章)。

总的来说,对女性朋友交谈中话题内部结构的分析显示出随着话题的变化,话语结构也发生很大的改变,这种改变不仅存在于交谈内部,也存在于不同的交谈之间。话题是由故事部分和讨论部分组成的。这些部分的长短极为灵活,差异极大,取决于发言者的需要。女性朋友通过故事和讨论,以及通过混合了这些模式的交谈形式,探讨了广泛的话题范围。

### "一种真正平衡的乒乓游戏":平衡与分享

既然我们已经开始更有力地证明女性朋友们交谈进行的方式,那就让我们来分析一下在访谈中出现的这种说法,即在我们和朋友的交谈中,存在着一种平衡与分享的模式。就像我们在上一章中所看到的,玛丽和梅格(以及比),在不同的采访中,对女性的交谈提出了一种"模式":即一个人谈论某事,然后其他人从自己的经历出发对此作出回应。意思是话轮——以及时间——或多或少在发言者之间均衡分配。唯一的例外就是当大家感觉到某个人迫切需要倾诉:就像比所说的:"如果我们中的一个人诉说非常非常悲伤的事情,那么很可能大部分的时间都是那个人在说话,这就不平等了。"在以上列举的帕特和卡伦交谈的片断中,卡伦讲了她在手术后去医院做检查的事,对此,帕特并未以同等的故事作出回应,在这段时间里,卡伦就占用了不平等的谈话时间。在我看来,这个例子很好地说明了比所描述的意思。

在上一章中,我提出了一个公式来代表这种均衡分配交谈:$X_1+X_2+X_3$(我把这种模式同其他可能出现的模式,比如 $X+Y+Z$ 或 $X+$非 $X$ 等模式作比较)。$X_1+X_2+X_3$ 这种模式的特别之处在于交谈的参与者在他们自己相应的发言中,呼应了彼此的发言。即通过对彼此发言的细致体察,我们对自己的发言进行修改,使之符合前面的发言。

## "话题转回来了":涉及呼应话轮的平衡

呼应这种模式出现在交谈的各个层面。我将从最基本的层面,即话轮入手。"经期"(以上列举的汉娜、贝基、杰西卡和克莱尔之间的交谈)这个话题就是从一系列关于腰酸背痛的呼应话轮开始的。我将列出这些话轮并对其加以编辑,将不顺利的开始阶段、重复等删除以使说明更加清晰。

**第一轮"背痛"**

话轮1:我的背受我的经期的影响/(贝基)

话轮2:我也是/我的背这儿真的很痛/(杰西卡)

话轮3:我也会背痛/我受不了啦,我受不了啦,我只能((××))躺下休息/(克莱尔)

我们可以用 $BA_1+BA_2+BA_3$($BA$ 代表背痛)来表示这一系列的话轮。首先,我们可以发现这三个话轮是如何同分享联系在一起的:

交谈参与者所拥有的参与讨论这一交谈的亚话题的时间在三个发言者之间分配(汉娜并未加入这轮交谈)。其二,从女性发言者呼应彼此的发言这种观点来看,注意这三个话轮是怎样紧密地相互配合的。贝基引发了背痛这个话题,并且把背痛与她的经期联系在一起;杰西卡说她也有同样的体验:她的简要回答我也是相当于重复了贝基的发言我的背受我的经期的影响。而后,她说明了她背痛的部位。克莱尔也说自己有同样的体验——我也会背痛——并进一步说明背痛是如何使她感到不适的。所以第二、三个话轮直接复述了贝基的开篇主题——即这两个话轮很明显地呼应了贝基的话。

紧接着这一系列话轮的是四个朋友共同参与的另一系列话轮。在这一系列话轮中,呼应非常紧密,以致四个话轮中有三个话轮都是以热水袋这个词开头的,而且所有四个话轮都使用了有用这个词。

### 第二轮"热水袋"

话轮1:但是热水袋会有用(杰西卡)

话轮2:热水袋会有用(贝基)

话轮3:热水袋对我也有用(汉娜)

话轮4:非常有用(克莱尔)

我们可以用 $HWB_1 + HWB_2 + HWB_3 + HWB_4$(HWB 代表热水袋)来表示这一系列话轮。在这两个系列的话轮中,这种精心设计的语言学上的平衡是为了使四个朋友达到最大的一致:她们分享了非常私人的体验,并且通过进一步确认自己也拥有相同的体验来肯定彼此的经历。这些例子非常清楚地说明了在采访中一位女士说到的"女人们喜欢唱相同的调调"这句话的意思。

这些话轮都来自"经期"这个话题,现在,就让我们来看看未经修改过的交谈片断。注意,四个朋友并不仅仅通过使用相似的言语来相互肯定;在建构交谈的方式中她们也采用了呼应和平衡,这使得一些话轮和另一话轮在时间上非常好地衔接在了一起,而其他一些话轮则是同时进行的。

贝基：　　我的背—我的背受我经期的影响/因为我((××))

贝基：　　　　　　是的/
杰西：我也是/　我的背—背的这儿真的很痛/

克莱尔：我也会/背痛/我受不了啦/我受不了

贝基：　　　　　　　　　　是的/
克莱尔：啦/我只能((××))躺下休息/
杰西：　　　　　　　　但是，热—热水袋

汉娜：　⌈热水袋对我也 ⌈有用/
贝基：　⌊热水袋会有用/ ｜
克莱尔：　　　　　　　｜非常有用/
杰西：会有用/

注意，贝基在引出了"背痛"这个亚话题后，是怎样用是的来回应杰西卡和克莱尔的发言的。她的第二个是的与杰西卡的但是，热—热水袋会有用这句引出热水袋这个主题的发言交叠在了一起。同样，也要注意，克莱尔所说的非常有用紧接在贝基所说的热水袋会有用这句话的后面，这就说明它与汉娜对这个意思稍微详细的阐述有所重合。这一简短的片断非常清晰地说明了平衡与呼应的模式：交谈是通过话轮发展的，很明显，这些话轮针对刚说过的话，并且通过语法模式、关键词和词组的重复与刚说过的话相呼应。因此，几系列的话轮就是对同一主题的不同叙述，这就是我尝试用 $X_1+X_2+X_3$ 这个概念所要表达的意思。由于不同的发言者通常都与这些系列性的话轮联系在一起，这种模式也可以作为分享的例子。

这个来自汉娜和朋友们交谈的片断也说明了比所说的"混杂"和"契合"——即女性朋友们作为发言者联合起来以达成一个共同的立场：我们在交谈的建构过程中共同分享，这使得个人的声音失去了其重要性。每个人对谈话都作出了自己的贡献，谁说了什么并不重要。

这意味着有时候我们甚至在同样的时间说出同样的话语(就像汉娜和贝基在上述例子中那样)。在这里,我不想对这一现象多做评论:这一章和其他章节中的许多例子都说明了这一点。混杂和契合将是第六章具体的关注重点。

让我们看看另一个 $X_1+X_2+X_3$ 模式的简单例子,这次我们将从我和海伦交谈的开头部分开始,在交谈中,我以"我累坏了"开始交谈。

**"疲惫"**

话轮1:非常累/(珍)

话轮2:哦,是吗?—我—想知道那是否也是我一直以来的感觉/(海伦)

话轮3:我头痛/(珍)

话轮4:是的,我也是/我的眼睛/你知道,我眼睛最先开始疼/(海伦)

话轮5:是的/(珍)

话轮6:我的眼睛非常疼/(海伦)

话轮7:哦,实际上,这不是一种疼痛/只是某种疲惫的表现/(珍)

话轮8:恩,没错/是某种病毒—通过病毒感染/(海伦)

话轮9:哦,天哪/(珍)

话轮10:你知道,这周围所有的骨头都会痛/(海伦)

在这个片断中,海伦和我告诉彼此自己的感受,特别是自己感到多么的疲惫。这种呼应的过程持续了10个话轮,从感觉劳累这个比较宽泛的话题转换到一个相对具体的话题,即眼睛的感觉。这个例子并不如前一个那么直接,因为一方面——当我说哦,实际上这不是一种疼痛的时候——我并没有呼应海伦的话语。这时,海伦利用关于眼睛的叙述使她的发言与我保持一致,这显示了朋友们为了保持同一立场所作的努力。① 换句话说,话题就从我们两个一致觉得我们感到疲

---

① 根据对于正式交谈行为的研究发现,人们尽可能避免意见不和;换言之,发言者遵循"试图同意"的原则。安妮塔·坡密朗兹:"对评估的赞同与反对";杰弗里·利奇:《语用原则》。

急转到我们一致觉得我们患有头痛,再到关于眼睛的状况的一次更加艰难的协谈。当海伦说她的眼睛"非常疼"时,我说我的眼睛只是感到"某种疲惫",对此海伦说是感染了一种"病毒",而对她的这种说法,我(用哦,天哪)表示赞同。以下是这一交谈模式中的例子:

珍: 我累坏了＝ 非常累＝
海伦:＝真的?〈同情的〉＝哦,是吗?〈同情的〉

珍:
海伦:我—想知道那是否是—是我一直以来的感觉/

珍: ┌我头痛＝
海伦:因为└嗯 ＝是的,我也是/我的眼睛/

珍: ＝是的＝
海伦:你知道我的眼睛最先开始疼＝ ＝非常疼

珍: 哦,实际上,这不是一种疼痛/只是某种
海伦:我的眼睛/

珍: 疲惫的表现/
海伦:嗯,没错/是某种病毒—通过病毒感染

珍: 哦,天哪
海伦:的方式/但 你知道这周围所有的骨头都会痛/

  这类交流是一种(相对琐碎的)例子,就是比在说到"我们相互抱怨"时所提到的那种类型。毫无疑问,这代表了乔所描述的那种典型的女性朋友间的交谈:"你知道,当你感觉很糟,你可以闷闷不乐,抱怨几声。"乔认为这是女性朋友谈话中令人轻松的一个方面,但她也对此感到矛盾,因为有时这意味着我们无法"表现出……最富激情—最出色以及最有趣的自我。"以上我和海伦的交谈片断,在我看来是典型的

朋友间交谈的开始阶段。就像我在采访海伦时她所说的:"我觉得我们一开始总是那么做……这就像是想确定一切都好,一切保持原样。"这种交谈起了一种重建相互联系,重新肯定友谊的作用——无论话题是什么,呼应代表着我们的联系。

确实,我和海伦在此交谈中的连续谈话与相互抱怨很不相同,我们的交谈内容包括海伦在当地继续教育学院开办课程时遇到的困难,我成功地(作为家长协会理事)说服这所当地学校的校长应赋予他的一个职员同等的负责监督的机会,交谈的内容还有我们最近一个晚上参加了学校一次公开课的共同经历。

### 涉及呼应彼此叙述的平衡

通常,平衡和呼应都是通过讲述相互配合的故事达到的。在"经期"这个话题中,在我们所看到的一系列呼应性的话轮之后,朋友们轮流针对与经前紧张有关的情绪波动进行了更详细的交谈。她们的叙述全都选择了相同的主题,这四个朋友还通过证明她们自己也有过相同的情绪体验来支持彼此的发言。这一系列叙述可以概括如下:

"经期"
经前紧张1:如果我情绪不好,我妈妈总是认为我是经前紧张(贝基)
经前紧张2:我也常常感觉快要哭出声来(克莱尔)
经前紧张3:我在浴室里抽泣——好像一切都不对劲(汉娜)
经前紧张4:我在就业指导课上大哭,因为我感到背痛而没人注意到我(贝基)

这个概述并没有充分地显示出这一系列长篇叙述中所采用的呼应,因为"叙述"给我们一种感觉,即有连续四段独白。实际上,所有四个女孩都加入了"经期"这个话题部分的讨论,发表侧面评论,共同参

与讨论了特定的观点并加入极简短的回应(是的和嗯)。①

如果我们回头看本章稍前部分的例1("禁忌和葬礼"),我们会发现开始这个话题的三个故事符合 $X_1+X_2+X_3$ 这一模式:梅格讲了个故事,萨莉用自己经历过的一个故事——即有关她邻居的故事——对此作出回应,而后,轮到比用她经历过的故事——关于她爸爸的故事——作出回应。

**"禁忌和葬礼"**

    禁忌和葬礼1:我遇到了一个学生,他研究的问题是:错过母亲的葬礼是不是一种忌讳?(梅格)

    禁忌和葬礼2:我隔壁的邻居打算飞往澳大利亚参加他母亲的葬礼。(萨莉)

    禁忌和葬礼3:当我父亲去世时,我并没有飞往美国。(比)

每个故事都呼应了前一个故事,保留了关于父母和葬礼这一主题,但是每个故事又彼此不同,因为它们来自故事叙述者的个人经历。

"疾病"这个话题同样说明了女性朋友们通过呼应彼此的发言,使故事得到平衡。这个话题是由卡伦提出的,她讲了她父亲以及他最近腹部疼痛发作的事。尽管故事中有些部分给人幽默诙谐的感觉,但很明显,她对父亲的病痛表示担忧。以下是这个故事的第二部分:

**"疾病",故事1(卡伦)**

    不管怎样,多丽丝周五打电话给我

    在过去的两周里他的病只发作了一次

    然后她—我说:"他告诉我只是肠胃气胀。"

    她说:"嗯,我知道你会觉得这不切实际,

    但自从他装了新牙后,他的病痛只发作了一次。"

    我说:"什么?"

    她说:"嗯,你想想,如果你装的牙齿不适合,你就不能咀嚼食物。

---

① 我已在一篇关于少女交谈的论文"性别、话语与主观性"中详尽谈论过这个话题。

所以你——"

你知道当你不能咀嚼食物是什么样的情况，

由于他装了新牙，他的病痛只发作了一次。

帕特用一个故事作出回应，这个故事不仅与卡伦的故事相呼应，而且是用来打消卡伦的疑虑的，即使她确信她父亲的病是由消化问题而不是心脏问题引起的。以下就是帕特讲的一个呼应故事。

**"疾病"，故事 2（帕特）**

你知道鲍勃·帕里，那个在诺顿路曾经住在我们隔壁的屠夫，

他有——哦，许多年前，他有过两次或者三次严重的病痛发作，使他失去了知觉。

第一次发作的时候是在半夜。

他因为胸部难以忍受的疼痛而在床上醒来，

他摇摇晃晃下了床

倒在地上，

然后失去了知觉，

他和他妻子都认为他得了心脏病

[……]

但那——那是消化不良。

帕特的故事同卡伦的相呼应，像卡伦的故事一样，它也是关于一个年长的男性主人公，他在胸部/腹部也感到了剧烈的疼痛。在帕特的故事中，诊断结果知晓了：这种疼痛是由于消化不良引起的，而不是心脏病发作。

## 话题的发展和呼应

话题的讨论部分也显示出平衡和呼应，因为交谈参与者对讨论的发言很好地互相配合。在此，我想要说明话题是如何通过一系列相互呼应的故事以及通过讨论部分发展的，其中，呼应是发言者探索问题的方式的一个重要手段。在帕特和卡伦围绕"疾病"这个话题的讨论

中,就有这样一个简单的例子(因为这个例子只有两个发言者)。以下是关于疾病的一系列故事中的第四个故事,故事之后是她们两人讨论的开始部分。

"疾病",故事4(帕特)

有一天,林恩和她[妈妈]一起出去购物。

她在一小时内两次购物。(卡伦:哦,我不喜欢那么做)。

她脸朝下跌倒在——在韦尔温或者是她们当时所在的一个什么地方,

在街道上,

林恩说,当时她正自己一人走着,

突然听见这撞击的声音

一时间她不知道发生了什么,

她左右环顾,

看到了她妈妈倒在了她身后的地上。

她过去扶她起来,

当然,她妈妈就责骂她

说:"哦,该死的,别大惊小怪,

嘘,别人都在看着我们呢",而且还胡言乱语一通。

林恩说她们进了一家商店

她妈妈再次摔倒了而且又说——

"别大惊小怪",以及诸如此类的话。

讨论

卡伦:我想如果我是她,我会打那该死的电话,马上叫救护车来/〈笑〉

帕特:嗯,是的/.我不会再四处闲逛/

卡伦:我不这么认为/不会的/我是说——

帕特:不会和一个有高血压病史的人一起/

卡伦:不会/

帕特：和她那样年龄的在一起/

卡伦：即使这样，我想如果你的同伴突然脸朝下摔倒了/如果没别的什么事，你应该到一家餐厅或是其他可以坐下的地方/

讨论部分一开始，话轮就变得简短，两个朋友小心翼翼地使彼此的发言互相配合。对帕特所讲的林恩和她母亲的故事，卡伦的回应是自己若处于林恩的位置会怎么做（含蓄地对林恩受母亲支配提出了批评）。帕特用是的，我不会再四处闲逛这句话对此表示附和。卡伦对帕特的相同看法表示赞同，而后帕特补充了一条理由来说明她们的立场：不会和一个有高血压病史的人一起。卡伦对这条理由表示了肯定，接着帕特又补充了一条理由，即林恩母亲的年龄。针对这一观点发表了各自不同的看法后，卡伦对她们的立场进行了总结，声称无论情况如何（即使事件中的主人公并不是上了年纪或者患有高血压）你至少应该找一个能够坐下的地方。

"对别人的失败幸灾乐祸"这个话题从故事层面以及从对讨论的贡献方面，为话题发展过程中的呼应现象提供了另一个绝佳的例子。此处，我只想重现梅格所叙述的开始故事，比所讲的呼应故事，以及随后讨论的一部分。（第一个故事中的关键语句取决于对英国大学中学位名词的理解：一级或一等学位，是所授予最高层次的学位；2.1 或二等中上学位，属于非常好；2.2 中下学位，则属于平均水准，因此不算是取得很大成绩；三级或三等学位，则属于平均水准以下）。

## "对别人的失败幸灾乐祸"

**故事1（梅格）**

[斯坦是]那些少数人中的一个——是世界上让我深感厌恶的少数人之一

这与他儿子和我儿子有关。

我的儿子比他儿子的年纪大一点，

但当他们都是14岁左右的男孩时，

他对我说："嗯，你知道，雅各布和麦克斯不在一个层次，

麦克斯是/一个/天才〈语速缓慢清晰〉
呃,你知道这—只有少数人才在孩童时期幸运地具有天分。"
[……]
但麦克斯确实是一个具有惊人创造力的孩子,
他简直能做任何事,
他会—他会做非常好的组合玩具模型,
在他所在的—预科学校,他是他们所见过的最聪明的孩子,
他进了伯肯黑德学校((拿到了))奖学金。
[……]
可是不管怎样,麦克斯只取得了2.2中下学位!

**故事2(比)**
对我一个住在纽约的朋友,我也有同样的感觉
她是—嗯,她把她的儿子称为自己的小明星,
但那没有用。
当我到—到—到她公寓做客,
她和她丈夫都在外忙于出版业的紧张工作,
而这个孩子,大概七—七岁或八岁,让我进了门,
并问我要不要喝些咖啡。(萨莉:哦,他真是个小明星)
你知道,他是个小明星,
他实在是太棒了,你简直想跳上去把他扑倒
看看他会不会压扁,你知道的
[……]
我真希望发生一些不可思议的事情
然后他就会跑出家门
然后—或者,你知道,一些事情会击垮这个……

由于玛丽的到来(她迟到了),比的故事被打断了。我们向她解释了我们正在交谈的内容,她也加入了讨论。以下是一个简短的摘要。

### 讨论

玛丽：但我不喜欢那样的感觉＝

梅格：＝不，我不喜欢那样的感觉/

珍：＝哦，这真吓人/

---

玛丽：你知道/⌐但我确实那么做了/ ⌐经常/

梅格：但，嗯，⌐(我想这是 ××))　　　　是的/　＝是的/

比：　　　　⌊嗯，好像　我们都有　　　　那种感觉＝

萨莉：＝是的/

---

玛丽：是的/

梅格：哦，我经常有那样的感觉/我最经常有那样的感觉—比我没有感觉的时候多

其他人：〈笑……〉

---

这一话题引出了这些朋友的自我表露，其坦率令人惊讶——此处的两个故事便是很好的例子。随后的讨论是关于我们一起努力尝试理解这些在我们看来令人困惑的感觉。对别人的失败幸灾乐祸不好；而对他人孩子的失败幸灾乐祸则更糟。我和梅格理解玛丽所说的我不喜欢那样的感觉。梅格重复了玛丽的发言，一字不差，而我则是阐释(并且强调)了她的发言，这是呼应的一种更为微妙的模式。通过承认我们都沉溺于这种愿望，这一系列的发言得到了平衡：玛丽和比以相同的语句表达了这种看法，梅格呼应了她们的陈述，并且以一种毫无戒心的坦率补充说明自己时常幸灾乐祸。这引起了其他人的笑声。

### "交流中的敏感交谈"：平衡、呼应和自我表露

在许多这些例子中，呼应性话轮或者故事都涉及呼应性的自我表露。在访谈中，雷切尔把女性朋友交谈中的呼应性自我表露描述为

"交流中的敏感交谈"（一个非常恰当的词组）。她是这样详细说明她的意思的："你可以诉说你所想所感的任何事，然后你……希望别人也有一样的经历……而后你便如愿以偿：话题转回来了。"上述例子非常清楚地说明了这一观点，特别是自我表露这种方式让我们容易受到攻击。承认自己对别人的失败幸灾乐祸会将你暴露于批评之中：说明了你是个可怕的人，说明了你必须学会控制自己的感受。但是在彼此家里这样一个安全的环境中，使得我们可以冒险让自己置身于一个易受攻击的位置，因为只有在那个时候，我们才会发现朋友们是否能够分享我们的经历和感受。

如果我们回头看本章中的其他例子，我们会发现雷切尔的叙述是多么恰当。譬如在讨论"经期"这个话题时，汉娜、贝基、克莱尔和杰西卡表述了与经前紧张有关的背痛以及情绪波动。这么做使她们得到了彼此的支持，并且明白了自己并不反常。她们的自我表露让彼此联合在一起，增强了大家的团结。我们看过的其他例子，特别是在"禁忌与葬礼"、"乐器"以及随之而来的"夫妻关系与平等"这些话题中，交谈参与者都有大量的自我表露。这是因为话轮和故事彼此呼应，因为参与者之间保持了一种平衡状态，这使得从自我表露中产生的易受攻击性获得了相对的安全感。从个人叙述层面以及完整的故事层面来看，女性诉说她们的所有感受，而通过互相呼应的发言或相互呼应的故事这种形式，"话题转回来了"。

## "我们从中得出某些共同结论"：结束讨论

现在，我们已经从不同的层面研究了呼应的例子，我想要举例说明女性朋友们结束特定主题的方式。梅格（在采访中）评论到，通常紧接在一系列相互呼应的谈话后的，是她称为"结论"的部分，她似乎用这个词来指代讨论的最后阶段，而不是指一般而言的讨论。在几次呼应性的话轮后，她说："我们从中得到某些共同结论，这是—是某些哲理性的结论，某种深刻的论断，或者也可能只是一个笑话，比如'哦，天哪，我们有一天也会变成那样'"。毫无疑问，资料证明了她对于相对

哲理性和相对滑稽的结尾的区分。以下的前两个例子都更具哲理性：第一个来自"对别人的失败幸灾乐祸"这个话题。比对她们交谈的感觉进行了评论，并且概括了它的基本部分。随后，梅格试图为这种感觉冠名，五个朋友中的三位一起尝试为其定义：

比： 你**确实**对某些人存有不满，这难道不糟糕吗？/你—你—你确实感到高兴—不是为他们孩子的成功而高兴/……你感到"太好了/她失败了/真是太好了！"/〈气恼的语气〉

[……]

梅格：汤姆[……]说有一个德文词语可以描述那种/[……]那些

梅格：复杂的德文名词中的一个可以描述那一事实，即你

梅格：从他人的成功中感到一种有悖常情的不悦/[……]

珍： 哦，恰恰相反((我觉得))/这是某种愉悦

珍： 在其他人—
比： 一种有悖常理的愉悦，在＝　＝是的＝
梅格：＝在他们陷入低谷时＝　＝是的/

第二个例子出现在关于"夫妻关系与平等"的长篇讨论中的一个部分的结尾，在这个部分中，苏、莉兹和安娜辩论结婚是否比单身生活更好（所有三人都已结过婚，但是安娜和莉兹都已离婚，单独居住）。莉兹和安娜以这样一个玩世不恭的评价结束了这一讨论部分，她们认为男人在一段关系终结时，无法做到洒脱。

莉兹：这些男人到底怎么了？他们—他们为什么非得那样做？
安娜：

莉兹：我是说┌他们不—他们—  他们特别—  ┌他们并不
安娜：　　　└这就是男人做事的特点,尽管他们—└他们—

莉兹：特别需要你/他们已经做了─┌我的意思是他们已经
安娜：　　　　　　　　　　　　└不,但是他们也不

莉兹：决定了─　┌不,他们不希望其他人
安娜：希望其他人拥有└你/

莉兹：拥有你/但是他们还是希望继续拥有你=
安娜：=是的/

　　然而,女性们通常选择一种更为简洁的、玩笑式的总结。例如,在关于苏的丈夫演奏萨克斯这段讨论的结尾(来自"乐器"这个话题),苏是这样结束讨论的:

莉兹：我觉得—觉得你不应该挑剔,因为我觉得这真的

莉兹：挺好的,┌他有这个爱好/
苏：　　　　 └这是  挺好的  可是  为什么不能安静点？

　　注意一下她的笑话,通过一个表示伤心的问句为什么它不能安静些呢？她含蓄地批评了她丈夫的弹奏,而通过引发一阵笑声,寻求对于她这种含蓄批评的支持。在下一个玩笑式的结尾的例子中,卡伦谈论的主题是一些医生看起来真是不可思议的年轻,帕特对此加以润饰(这个例子来自"卡伦最近的手术"这一话题中,出现在卡伦关于自己的身体检查的叙述之后的一个简短讨论的结尾处)。

[谈论医生与年轻]

卡伦：我想要是你病了,也不会介意的,是吗？
帕特：我想不会/

卡伦：是有的/
帕特：但有一嗯,有一些限度,不是吗?

注意这些玩笑式结尾是如何使用一个或几个问句来结束交谈的。一般来说,问句期望要引出一个回答,然而这类的问句却引发了一阵笑声,或是引人同情的眼神交换,或仅仅只是简短的语言回答,而不是任何一类完整的回答。这两个例子中的笑话可以看作是通过询问一个无法回答的问题来结束讨论的成功案例。在第一个例子中,苏和她的朋友都知道期望一个乐器安静无声确切来说是不可能的。在第二个例子中,帕特接受了卡伦的看法,即病人不能介意他们的医生是否年纪很轻,但是她却发表了一句无法回答的陈词滥调,即有一些限度,不是吗？这句话作为一个笑话的成功之处在于它使我们想像到了一个世界,在这个没有任何限制的世界中,也许医生们的年龄可以在12岁以下(早些时候,帕特说过:"林恩对我讲了这个[关于一位新医生的]笑话/我们说,他看起来……非常年轻/然后我们一起说'大概五岁'/"这个发言让她们俩都笑了)。

有时候,玩笑以及更富哲理性的评论交织在一起。下面一个片断来自关于一个不被允许弹奏吉他的"顺从的丈夫"的讨论的结尾("乐器"这个话题的一部分)。这个讨论部分属于一系列长篇大论的一部分,就像我在前面说过的那样,出现在关于"夫妻关系与平等"的交谈中。有趣的是,此处的玩笑与早些时候的话题"兔子"有关。

安娜：=是的　　　　　　　　　　　　　=(他
莉兹：哦,┌上帝保佑他=┌他　缺┐乏活力　=
苏　：　└他是　　　　└((他就是))┘　　=他

安娜：是没有活力　┌听你的┌口气/
苏　：的确没有活〈笑〉力/　└((这有点))像一只**兔子**/

莉兹：　　　　　　　　　┌他是这样,不是吗？┌她应该
苏　：((是的))〈咯咯笑〉我想└我应该带他——└我想我应该

安娜：

莉兹：让他——〈咯咯笑〉 ⎡我想知道为什么她不 ⎡介绍介绍/
苏： 带他回家 ⎣度周末〈笑〉 ⎣带他去

安娜：介绍他们＝
莉兹：花园里溜达溜达〈咯咯笑
苏： ＝((那样你就能带

安娜：
莉兹：⋯⋯→ 给 ⎡他一些
苏： 他回家))过周末,并且让他出去溜达溜达/ ⎣是的/

安娜：
莉兹：莴苣叶/他就会很高兴的/ ⎡'谢谢你,吉妮'/
苏： ⎣哦!〈惊讶〉哦,不/

安娜：
莉兹：真奇怪,这不是一些人所拥有的家庭生活吗/
苏： 可怜的家伙/〈吃吃地笑〉

关于顺从的丈夫的讨论到此结束。安娜的下一次发言,我想知道是否有人研究过长期同居,引出了一个新的讨论部分(也许不是一个新的话题——见前面的讨论)。此处的玩笑由莉兹富有哲理性的评述构成:一开始,她说,他缺乏活力,而讨论以她这句话为结束:真奇怪,这不是一些人所拥有的家庭生活吗。注意此处的呼应性发言:譬如,莉兹的开场评述(哦,上帝保佑他,他缺乏活力),同时安娜和苏所呼应(安娜说:他是没有活力,听你的口气;苏说:他的确没有活力)。而后,苏引入了兔子这个主题,三个朋友共同合作使这个玩笑持续下去,她们提起了早些时候讨论中提到过的关于苏从学校把兔子带回家过周末的讨论。

## 结 论

这一总体概述将起着一个介绍交谈资料的作用。在此，我检测了采访中的一些说法。我特别分析了这样一种说法，即女性的交谈在一系列精心呼应的段落中发展，每个段落都反映了前一个谈话中的主要观点，同时，对于一般的主题进行了新的补充。这一逐步建立交谈的过程使发言者得以更为容易地表达自我：朋友们在过渡到新关系的过程中，保持彼此的步调一致。交谈证明平衡与呼应是女性朋友交谈中极其重要的组织特点。看起来我所提出的"互惠规范"在女性对于友情的概念中十分重要，而且对交谈建构的模式也具有深远意义。

# 第五章

"你知道我母亲最近做什么吗?":讲述我们的故事

**前**几章已经清楚地说明,交谈在女性友谊中具有特殊的作用:当女性朋友们见面时,她们交谈。而当女性朋友们交谈时,她们彼此讲述故事。对大多数人来说,无论她们的背景如何,讲述故事在女性间的友好交谈中起着重要作用。作家厄休拉·勒吉恩指出"语言的主要功用是叙述"。她也宣称叙述是"一种绝对灵活的技巧,或者生活策略,如果熟练机智地使用,它将向我们每个人呈现出所有连载小说中最吸引人的一部,可起名为《我生活的故事》。"①对我来说,她的评论非常正确。我认识最久的朋友和我总是以这样的问话开始我们在一起度过的周末(我们的住处相距六十英里,我们每隔两三个月见一次面):"谁想先说说他们的故事?"我们用"故事"来指对于我们自上次见面分别以后几周或几个月里所有发生在我们身上的事情的自传性叙述。我们分别期间都有电话交谈这一事实被忽视了。重要的是一种面对面,细致入微的陈述。换言之,我们向彼此讲述《我生活的故事》的最新篇章。这位朋友对我来说之所以如此宝贵是因为她真的想要倾听我的故事,就像我真诚地想要聆听她的故事一样。通过交流彼此的故事,我们一起分享了对个人身份,即我们的"自我"的建构与再建构。这就是作为一个朋友所需要做的一部分事情。

我意识到故事在我们的生活以及我们的友谊中具有重要的作用。

---

① 所有的引文来自厄休拉·勒吉恩的文章"关于叙述的一些看法",收录于文集《在世界边缘舞蹈》。

在采访中，女士们的发言使我更加确信了这一点。用汉娜的话说，她和她的朋友们所讨论的是"我们的生活经历"。女人们明白保持彼此间的生活联系十分重要。就像梅格所说的："你—你想要把交谈引向某种共同的经历上。如果你们没有相互见面，你知道，你就得不断重建友谊，但重建的不是你们这样的友谊而是……你在做什么。你经常会忘记告诉别人一些非常重要的事情，然后说：'噢，难道你不知道那件事？我以为你知道'，嗯，那类事情。"讲述故事包括谈论"我们的生活经历"以及告诉人们"你在做什么"。

交谈资料也证明女孩子们及女人们都意识到她们在讲述故事，就像以下引文所说明的那样：

- "我告诉过你这故事吗？"（安娜，30多岁）
- "我正在把这事当作一个有趣的故事向她讲述"（珍，40多岁）
- "无论如何，继续—讲述你的故事"（莉兹，30多岁）
- "讲述那让我吓坏了的关于狗和鲜血的故事"（杰西卡，13岁）
- "我现在能开始我的故事了吗？"（贝基，13岁）

她们是这样描述故事的："不可思议的故事"，"有趣的故事"，"倒霉的故事"。她们周围世界的其他方面都以故事形式被提到——例如，她们提起她们看过的电影时说："这是一个令人喜爱的故事"，她们在报纸上读到或电视上看到的新闻消息被描述成："库尔德人的故事"。

本章是研究我所录制的交谈的不同方面的六个章节中的第一章。我之所以选择从故事入手是因为它们介绍了女性交谈的一些重要主题，同时还因为，像我说过的那样，它们在使朋友们保持对彼此生活的了解以及在建构我们的身份（主观感情论）中具有重要作用。但在结构方面，它们与所在交谈的其他部分有着很大不同。当一个人开始讲故事时，我们以一种非同寻常的态度听他诉说。想想在幼儿园里，当老师说："从前……"时全班所陷入的沉静。威廉·拉波夫研究的是纽约市处于青春期的黑人男性对语言的应用。他对叙述在控制注意力时所显示的力量感到震惊："它们[叙述]以一种非凡的方式控制了听众的全部注意力，创造了一种在学术或政治讨论中所从未出现过的深

沉的、聚精会神的安静。"①这段评论的中心词是听众。在友好交谈中，认为交谈的参与者在某个人发言时只做一个听众的想法在大多数时候是荒谬的。我所录制的交谈最显著的一个特点就是所有人一起参与交谈时的嘈杂声（这将是下一章的主题）。讲述故事则是一个例外。当某人开始讲述一个故事时，其他的交谈参与者暂时从积极参与中退出，给予讲述者绝对的优先权。

## 一个典型的故事

女性朋友们相互讲述的故事是关于她们自己或是与她们关系密切的某个人的经历（在前面的一些章节中，我们已经看过一些例子了：第二、三章收录了一些女士在采访中被问及友谊时所讲述的一些故事；在第四章中，有关呼应那部分内容所关注的是帕特和卡伦讲的有关"疾病"的故事，以及奥斯顿团队讲述的关于"对别人的失败幸灾乐祸"的故事）。以下是一位女士对她朋友讲述的有关购买裙子的一个典型故事。我依据分析交谈叙述时的惯例，用编号的字行来展示这个故事。每一行都与叙述者的一个换气组或语调组相对应。②这就是说，字行的特点是它由一个语法词组或子句构成。句号代表结尾的降调，问号代表结尾的升调（我对这些故事中的一些故事进行了少许的编辑，以便使它们更易于阅读，并且使故事的长短易于处理。我用符号[……]来标示删节的部分。）

帕特是从她和卡伦开始交谈她们的新裙子这部分开始讲述这个故事的。

**背心裙**

嗯，我是星期三到那儿时看到那些[裙子]的，嗯，

然后我妈妈打电话给我说：

"噢，我想要两条我在沃特福德看到的这些长裙"，

---

① 威廉·拉波夫所著的《老城区的语言》中的"叙述句法的变化"。
② 华莱士·切夫的"叙事过程中意识的展开"。

因为她打算几周后去美国
[……]

5 然后她说:"我想要几条背心裙,
你能去帮我买吗。"
所以我说:"好的,我自己看到过的,"
我说:"在你去约翰·刘易斯百货商店买之前
到圣奥尔本市场看看,
10 因为我在那看到了剪裁好的长裙,
很多。499元。"
接着她说:"噢,我没时间去圣奥尔本市场。
无论如何,我在约翰·刘易斯百货商店百货商店里看到了我
想要的裙子。
我想它们在价钱上没有多大差别。"
15 所以我——她正在和我谈论那些裙子,
并且说它们是多么的好,
我说:"好吧,我都想给自己买上一条了。"
后来我爸爸昨晚打电话给我,
他说:"去给你自己买一条,
20 我们会给你钱的。"
[……]
无需多问。
然而当我到了那儿,
我真的很高兴,
因为在——那儿剪裁好的长裙都是印花布做的
25 我打算买一条。
[……]
上帝,二十年来我一直想要一条单黑色的背心裙。
现在我有一条了。

　　任何故事实际上都是由一系列叙述句构成——即包含了一个一般过去时动词的句子。这个故事以动词看到(saw)和打电话(phoned)

开始,但中心动词却是说(said):她说……所以我说……然后他说。故事的叙述中心首先是叙述者与她母亲的对话,然后是与她父亲的对话。这一对话由一个开始事件,即叙述者在市场看到长裙,以及最后买到长裙现在我有一条了建构而成。叙述者省略了重要句子然后我买了一条背心裙——我们需从22—25行的信息中推断出她的所为。故事的结构属于典型的口头叙述:句子按照现实事件发生的时间顺序组织。换句话说,故事的基本结构是 a 然后 b 然后 c……在故事的开头,为了提供背景信息,行动被一再延缓。帕特告诉卡伦故事开始的时间——星期三——地点——那儿(第①行)。她介绍了主要人物——她自己和她母亲——并解释了为什么她妈妈要她去买长裙——因为她打算几周后去美国(第④行)。拉波夫把故事的这部分叫作介绍,他用这个词来指代叙述中回答了谁,哪儿,什么时间的部分。对于所描述事件的评述,如无需多问(第⑳行),则告诉听众叙述者打算如何呈现这些事件(此处,帕特使卡伦了解到,她对她父亲的主动给予感到非常高兴)。最后两行起了某种结尾的作用,让故事结束并使我们回到现在。①

口头叙述的语言较其嵌入其中的交谈更为简单。大部分句子是由一个简单句组成,例如,后来我爸爸在昨晚上打电话给我,或是由一个以直接引语作为直接宾语的简单句构成,例如,他说:"去给你自己买一条。"句子由简单的并列连词(并且及所以)连接,有时也用诸如何时和因为这样的连词来引出一个从句。句子以时间顺序排列,这与真实事件发生的顺序相同。女性的故事中充满细节——叙述者介绍了人物以及地点的名称(如沃特福德,圣奥尔本市场,约翰·刘易百货商店(一家百货公司))。女性的故事中也充满了各式人物的声音:在帕特的故事中,我们听到了帕特自己,她母亲以及她父亲的声音。每个人所说的话都用直接引语来展示。这些人物是否真的说了这些话并不重要,重要的是在讲述故事的创造性活动中,叙述者使人物的个性特征更加鲜活。如果仅仅转述说话者的言语,就会失去直接引语所

---

① 这些术语都来自拉波夫的"叙述句法的变化"。

拥有的即时性。比较原句他说："去给你自己买一条。我们会给你钱的"和可能使用的转述句他叫我去给我自己买一条，还说他和妈妈会付钱的。巴巴拉·约翰斯通在对美国北部印地安纳州一个中型城镇中男人及女人所讲的故事的研究中，提出女人所述的故事的特点是向人们展现发生了什么，男人的故事则不是这样："很典型的，女性的故事创造了一个故事世界，里面住满了有着各自名字彼此联系的人们。而男人们的故事世界则更经常是无声的，人物也常常没有自己的名字。"[1]就像本章中其他故事所展现的那样，再现交谈是女性故事的主要部分。这再一次证明了交谈在女性亚文化中的崇高价值。

## 日常生活的事务及程式：女性故事的主题

"背心裙"这一故事讲述了什么？事实上，这是一个含有两个故事的故事：第一，叙述者讲了一个同意为她妈妈做一些背心裙让她带去美国的故事；第二，她讲了在她爸爸给她钱后，她为自己买了一条裙子的故事。这个故事证明了家庭关系的重要性：例如母亲向女儿寻求帮助；父母为女儿购买裙子。这个故事也肯定了日常生活的重要性——像去市场，做衣服，在电话中与父母交谈。故事的这一方面——即它的日常性质——值得关注。就像我在介绍中所说的那样，人种学的一大长处便是它肯定了日常经历。这个故事以及将会出现在这一章中的大多数其他故事关注的多是"日常生活的事务、节奏及程式"。[2]

相比较而言，社会语言学家及民俗学研究者在权威报告中所描述

---

[1] 巴巴拉·约翰斯通：《故事、社团和处所》，第68页。
[2] 黛安娜·贝尔：《想像中的女儿们》，第298页。正如玛格丽特·约孔在"女人对女人：现场调查与私人领域"中提出，家庭是女性讲述故事的语境，讲述故事经常发生在女士们一起工作时。约孔将男性讲述故事的竞争性公共场所与女性讲述故事的背景，即发生于私人领域亲密的场所进行了比较。

的男性发言者的口头叙述则与危险和暴力、矛盾和征服有关。① 事实上,威廉·拉波夫宣称,如果小心使用,他著名的"死亡的危险"的问题是展开口头叙述的有效方法。他(或他的一个同事)会问:"你是否曾经身处危及性命的巨大危险中,在那时你会对自己说'我就这么完了吗?'"② 女人们在与朋友们的交谈中不会谈论危险的或反抗死亡的事件。也许这就是女性交谈被贬低的另一个原因:研究男性传统的民俗学研究者可能认为女性的故事乏味平淡。③ 但不言而喻,如果女性朋友发现故事不再有趣,她们就不会年复一年地继续讲述它们。我们发现这样的故事不仅仅是有趣的——它们吸引了我们。瓦尔在访谈中告诉我她看重她的朋友卡西的一点是卡西讲述故事的能力:

她是我所见过的最生动的交谈者……通过她所知道的一件事比一比亲眼目睹这件事更为有趣。她懂得使用语言的技巧。她实在是个妙趣横生的人,这是千真万确,毫无疑问的。她拥有一个巨大的朋友圈,因此知道谁总是忙于邪恶的事……我得以知道每个细节,这就像拥有一架——一架看得到一个完全陌生的世界的望远镜……她会向我转述所有发生的事,什么人做了什么,什么人的兄弟和什么人的姑姑私奔了。我就好像在现场亲眼目睹一样。

女性的个人叙述与男性叙述的区别在于其背景及主题事件上的日常性,及其英雄主义的缺失。女人们讲述的故事往往集中于对出事的叙述,而不是讲述成就。但就像"背心裙"的故事所显示的,并不是所有的故事都是这样的。帕特的故事,就其本身而论,是一个关于成

---

① 罗杰·亚伯拉罕姆斯:《西印度群岛男人的词汇》;理查德·鲍曼:《故事、表现和事件》;拉波夫:"叙述句法的变化";约翰斯通:《故事、社团和处所》以及《社团和竞争》。鲍曼将他在美国德克萨斯收集的有关恶作剧的第一人称叙述称作"支配、控制和展示中的玩笑运用"(第36页)。

② 拉波夫的"叙述句法的变化",第354页。但值得注意的有趣之处在于彼得·特鲁吉尔在英国诺里奇进行调查时,必须改变他的社会语言学访谈的这一部分,因为"大多数的诺里奇人似乎过着一种比纽约市居民更为安详宁静的生活……"(特鲁吉尔:《诺里奇英语的社会分化》,第52页)。他替换了一个询问被采访者是否曾身处一种有趣的场景中的问题。所以,故事话题不仅同社会现象,如性别有关,也同社会文化相联系。

③ 罗森·乔丹与苏珊·卡尔西克(在她们的《女性民俗,女性文化》中)提出,民俗学家注重男性的、社会性的言语行为,"忽略了更具协作性的,出现在家庭的私人场所中或是作为日常交谈一部分的传说"(第 ix 页)。

功的故事——二十年后,她终于拥有了一条黑色背心裙。她的故事让她的朋友得以分享她的成功。对于成功和失败的分享,无论从世俗(或男性)标准看来是何等的微不足道,在女性的友谊中却是十分重要的。然而女性故事中的成功或成绩往往被限制在家庭范围内:她们会让朋友一起庆祝成就,例如买了一条裙子,擦亮了厨房的餐桌,买了棵便宜的圣诞树,或是分享她们亲近的人的成绩——一个女儿在会考中取得了好成绩,一位父亲做了一个兔笼(所有的例子来源于交谈中的故事)。这些事件在女性生活中的重要地位在于,通过这些故事,女性们显示了为何朋友们对她们来说是如此珍贵。当玛丽在叙述为什么喜欢她的朋友吉安娜时,她讲了下面这件事。故事的背景是,由于吉安娜是个意大利人,玛丽认为她会做一手好菜。一天下午,她来到吉安娜家,却发现她"把剩余的馅饼塞进一个糕点箱,因为她把它擀平,整个馅饼都破了,所以她想'哦,让它见鬼去吧',然后把所有的馅饼皮都塞进了一个糕点箱里"。让玛丽喜欢的是吉安娜"并没有意识到,任何一个英国人都不会把剩下的馅饼皮塞入糕点箱做一个蛋奶火腿蛋糕的底……我发现那很招人喜爱"。这个故事的重要性在于说明为什么玛丽要与吉安娜做朋友,但很明显,它围绕着一个家庭事件可能被其他人认为是琐碎的。

## 成　功

与背心裙的故事不同,下面这个故事是为数不多的讲述一个发生在家庭之外的成功故事。但取得成功的是叙述者的母亲而非叙述者本人(所以与本章中引用的其他故事不同,这个故事是以第三人称叙述的,以她而非我作为故事的主角)。

**"我母亲和慢跑者"**

　　她带着——她有两条德国短毛猎犬,它们真的很难控制,但非常可爱。

　　一天,她带着它们在海滩散步,

当时大家都极其害怕罗特韦尔狗(德国种黑色短毛猛犬的一种)。

有一个慢跑者正沿着利物浦的海滩跑步，
5 索菲，她管不住的那只狗，
　　想追着慢跑者跑
　　并咬了他屁股一口。
　　这个男人非常生气，
　　而我母亲一开始就对他和颜悦色
10 说："我非常抱歉，她只是只小狗，她只是闹着玩儿"等等，
　　但他更生气了，
　　所以她越是尝试着要安抚他，
　　他越想去警察局大吵一番。
　　所以她说："让我看看"，
15 她大步走过去，拉下他—〈笑〉拉下他的运动裤，
　　然后说："别傻了，先生，你一点事也没有，一切都好"。
　　这时候，那个慢跑者非常尴尬，只好跑开了。〈笑声〉

　　这是一个有关成功的故事：它赞扬了一个显示力量，处于支配地位的女性。此外，这个女性改变了事情的常规，因为在事件的结尾，是那个男人感到了尴尬，而这个女人取得了成功。这就是这个故事让人觉得有趣的原因之一：它颠覆了一般的期望。但这位也出现在其他故事中的母亲，却被描述为一个怪人——一个会有惊人举动的女人：她并不是一个榜样。故事中所出现的笑声也并非出于好笑或赞赏，而是惊讶。

　　下面这个典型故事有关女性与其在外面世界所取得的成功。这个故事深深根植于家庭世界，这是一个女性可能拥有一些权力的世界。请注意叙述者的主要情感是某种惊讶：这真的真的很奇怪，她在结尾这样评述。

"寻找家园"
　　哦，我还没告诉你我去德比郡的旅行，是吗？

"你知道我母亲最近做什么吗？"讲述我们的故事

上周我是和希拉姑姑及杰西一起去的。

这真是一次有趣的旅行。

这是—我带着我姑姑，就是我爸爸的妹妹，去德比郡。她是我们活着的亲戚中我唯一认识的。

5 因为那是她和我父亲长大的地方。

[……]

然后，怀着一丝希望，她带着我去了一个叫做费尔菲尔德的小村庄。

现在我爸爸总是习惯谈论费尔菲尔德庄园

那是我爸爸还是个孩子时，我曾祖父居住的地方。

[……]

所以我们去了费尔菲尔德，

10 接着我们去寻找费尔菲尔德庄园。

[……]

我想这样描述这座庄园：它是坐落在山顶上的一所漂亮的大房子，前方延伸出一条砂石车道，而它一点也不像砂石车道。

它是座非常非常漂亮的—非常大的乔治王朝时期风格的，带有一条相对较短的砂石车道的乡村房屋，

就是这样。和我所能想像的一样。

15 我们看了看，

认为这非常有趣，

然后我们都回到了车里，

[……]

接着，希拉姑姑说："你不想去敲敲门吗？"

我说："不。"

20 "不，我不想这么做。"

然后我想—但我想："等一等，为什么不呢？"你知道，

可能发生的最糟的情况就是他们可能非常粗鲁，甩上门并大喊："走开。"

所以我说："好的，我们看看去。"

[⋯⋯]

所以我们走到了前门,

25 然后我⋯⋯我按了门铃,

一个年纪大约和我姑姑差不多的男人来应了门,

我说:"很抱歉打扰您,请问还有拉姆家族的成员住在这儿吗?"

那是我们家当时的姓氏,

他看着我问:"为什么你要问这个?"

30 后来,他看着我的姑姑问:"你是特姬吗?",

特姬是我姑姑还是个小女孩时的昵称。

这是对特雷杰的简称,听了真让人讨厌。

你能想像得到。

她,她是个30年代穿着那些边上系有大蝴蝶结傻乎乎的(((××))裙子的小女孩。

35 那位男士恰好是布鲁诺。

似乎是我的舅公。

他的名字是布鲁诺·希金纳。

他认出了希拉姑姑,

然后他说:"进来,进来",

40 接着他把我们带进了屋。

[⋯⋯]

我觉得坐在这个房间里感觉很奇怪,我们家族拥有这所房子可能已经快一百年了,

想着我爸爸小时候在那儿玩过,

想着我的祖父和所有这些人——所有这些我在照片中见过的人,

我只在零星的故事片断中听说过他们的生活。

[⋯⋯]

45 这真的真的很奇怪。

就像你们所注意到的,这个故事并非以一种成功的方式叙述,尽

管它的内容是关于找到一个失去联系很久的亲戚。通篇下来,故事的介绍不是立足于"事情发生",而是"我做了这件事"。部分原因在于我们可以从两个角度来看待这个故事:一方面,这是一个有关一位老年女士的故事,希拉姑姑被带到了她的老家,并被她自孩提后便再没见过的舅舅认了出来。同时,这也是安娜的故事,她发现了她父亲过去的部分经历,并把现在的房子与以前住在那儿的所有亲戚联系起来。叙述在这两个角度间以及希拉姑姑和安娜的经历间转换。安娜的陈述在以自己为支配者(例如,我带着她,第四行)与以希拉姑姑为积极角色,即自己为体验者而非行为者的部分(例如,她带着我,第六行),之间转换。这就是为什么本该是关键的一句话——布鲁诺舅公说的"你是特姬吗?"——显得有些不显眼。因为舅舅认出希拉/特雷杰这件事转化为安娜对坐在从前只出现在她想像中的房子里的奇怪感觉的叙述。所以尽管这是一个有关成功的故事,它是以一种惊奇的而非英雄主义的语气呈现的。这个故事同样聚焦于家庭,这与女性朋友们所讲的其他故事并无不同。重要的是,这是一个有关身份的故事:安娜把这个故事作为有关自己的一系列故事的一部分告诉她的朋友们,很显然,这一故事为"我是谁?"这个问题提供了答案。

## 灾 难

女性的故事更为显著的一个特点是它们是以出事时的情况为主要内容的。以下的摘录来自一位女士在飞往罗马的飞机上突发急性膀胱炎的长篇故事。[①] 叙述者在起飞的当天早上感到不适,怀疑自己患了膀胱炎。她叫同事雪莉到医药师那里拿了点药,带到了机场。她喝了很多水,因为她记得如果得了膀胱炎,多喝水很重要(关于"膀胱炎"的完整故事长达 208 行,收录在书末的附录 A 中。女性朋友们讲述的故事在长度上有很大的差异,从 2、3 行到 100 多行的都有。它们

---

① 安娜也讲述了这个故事。我录音中的所有女士都讲述故事,一些女士比其他人讲述的故事更多,每个小组都有自己的一个或多个中心故事叙述者。安娜就是这些中心故事叙述者中的一个。

当然不是"一种必然的即兴变化,故事的讲述者详细地叙述一些已发生过的事件……其目的是为了表明与正在进行的交谈有关的一个观点",就像一些口头性的故事叙述所主张的那样)。[1]

"膀胱炎"

     我们在机场候机时——我们的飞机晚点了——我居然喝了三升水。
     我们在那等了大约一小时十五分。
     我只是不断地喝啊喝啊喝。
     我们上了飞机,当然,我不断地去洗手间。
5 后来,情况越来越糟糕。
     在飞往罗——罗马的旅途中,我把所有时间都用在了洗手间里。
     在四分之三的航程中,我——我真的无法离开那儿,我疼得不行。
     雪莉过来砰砰地敲门。
     "你还好吗?你还好吗?"
10 她试着叫空姐过来看看我
     阿莉塔莉亚,我再也不会坐飞机了
     她们太可怕了。
     她不断地去找这些空姐,对她们说:"我的朋友正在洗手间,她病了。
     你们能做些什么帮帮忙吗?"
15 然而她们什么也没做。
     终于,我们即将降落,
     到那时为止,我一直在排血,
     我真的被吓得发了狂,
     因为我不是一个体弱多病的人,我从未生过病,
20 所以如果发生了那样的事,会把我吓坏的。

---

[1] 利维亚·波兰伊"日常叙述中文字表达的复杂性",第155页。

我是—我不知道如何是好。

所以我必须出去并坐下，因为我们就要降落了，

但是差不多每两分钟我就想："我要去—去洗手间，
我要去"

25 我几乎发狂了。

最后我们坐下，准备着陆，

在过道的另一边靠近我坐着一个女孩，

一个非常漂亮的意大利女孩，

一个飞机的乘务员正弯腰同她说话，

30 其实主要是一个男乘务员正同她闲聊，

然后他朝我看过来。

他说："你怎么了？你感觉不舒服吗？"

我想："终于注意到我了"

我说："是的，我不舒服。"

35 然后他说—然后他说："怎么了？"

他几乎说不出一个英文，

所以我想要试着解释，

所有的乘客都在听着。

所以我告诉了那女孩，

40 她为他翻译，

后来他对我说："你想要在我们降落时看看医生吗？

如果你想，我可以为你安排。"

所以我回答："嗯，好吧，

但我不想让一辆救护车或诸如此类的车子拉走，

45 但如果你能安排一下，打个电话，然后，然后为我安排

一个医生，那就太好了。"

他说："好的，没问题。"

他说："不会有救护车或者什么的。"

三分钟后我们降落了，

50 然后一些人从过道向我跑来。

他们——他们把我从座位上抬走,

飞机外,蓝光闪烁。

我无法相信。

这个故事属于非常传统的、有趣的故事,女人们彼此讲述发生在她们身上的可怕事情——确切地说,故事的幽默之处在于将自己置身于深不可测的力量的支配之下。在安娜的案例中,深不可测的力量是,第一,她自己的身体(对于女性来说,一个有效的幽默来源),其次,一点忙也帮不上的机组人员。发生在故事中的事情都发生在她身上,而且不在她的掌控之内。第一,她的病让她把旅途中的大部分时间花在了飞机上的洗手间里。这种难以忍受的丢脸及尴尬细节占了女性关于灾难的叙述中非常大的一部分。第二,飞机乘务员糟糕的英语以及普遍不懂变通使安娜不得不在知道周围所有乘客能听得到的情况下描述她的症状(故事这一方面的幽默来自我们的文化,我们的文化让我们心照不宣,人们不对陌生人谈及尿道疾病的细节)。最后,尽管乘务员保证不会叫救护车,救护车却风驰电掣地带走了她,因此丢下了她的行李和同伴。在以上的摘录中,当安娜讲到第 49 行时,她的两个朋友已经笑得全身无力了。安娜朋友们的笑声并不是麻木不仁的:她们的笑声来自于她们衷心地认同安娜所描述的世界,一个让女人们感到她们完全处于陌生力量掌控之下的世界。这类故事强调了这么一个信息,即女人们很少选择英雄主义:独自行动常常以灾难告终。(安娜被迫与雪莉分开被描述成是造成摆脱不掉的可怕处境的重要原因。)

### 骇人的经历

对个人叙述的性别差异的研究发现,女性的故事更经常的是有关尴尬的或者骇人的经历而不是有关个人的技能或是成功。[①] 这确实也是我在女性与朋友们的交谈过程中所讲的故事中发现的。关于膀胱炎的故事与尴尬和害怕有关,所以这个故事给人的印象特别强烈。下

---

① 约翰斯通:《故事、社团和处所》,第 66 页。

面也许是关于骇人经历的一个更典型的故事,在这个故事中,一位女士描述了她在夜间从塔尔博特酒吧走回家的经历。一群朋友一直在谈论(最近一段时间发生的)约克郡奸杀案件,以及谈论女人们害怕单独一人,特别是在晚上。

**"独自走回家"**

  前天晚上,我一个人出去喝酒,是,
  遇上了珍妮特和保罗。
  嗯,我出来的时候经过塔尔博特酒吧走进那条僻静的路,
  有个男人在停车场朝—朝我喊叫,
5 他说:"你有车吗?"
  嗯,我说:"呃,怎么了?"
  他说—他说:"你有—能让我搭车到那儿吗?"
  我说:"我没车。"
  我急忙离开那条僻静的小巷—走上了塔尔博特路,
10 我一路上老想着他快追上来了,
  因为,他走另一条路上到罗斯芒特,
  我认为他会抄,那条叫什么的近路赶上来,
  在波普拉路上,我一路上吓得心都快跳出嗓子眼了。
  我只好靠右,紧挨着房子走。
15 正常情况下,我是—走马路另一边的,
  当时心想:"要是呃—有谁朝我走来,我就跳进这房子,
  然后不停地敲打其中一扇门,
  喊'让我进去!'"〈笑〉
  但是,就在这路的尽头出现了一条小沟,有—
20 你必须跳过去,
  我认为自己这下子惨了。〈笑〉

这个故事的有趣之处在于什么也没发生——梅格,故事的叙述者,安全到家。但故事的重点(另一个由她的朋友萨莉讲的关于同样主题的故事也说明了这么一点)在于外面的世界是危险的,特别是在

晚上,独自一人是令人害怕的。即使什么也没发生,在回家的路上,你仍然必须克服各种想像中的危险。我们再次注意到直接引语使这个故事栩栩如生。在停车场的对话向我们介绍了那个不知名的男人,他的请求让叙述者觉得是一种威胁。在对她走路回家这个故事的描述中,不仅详细提及了地点的名称(塔尔博特路,罗斯山,波普拉路),而且对她的想法以及她想像中如果任何人靠近她时她会喊出的话进行了戏剧性描述("让我进去!")。值得我们注意的是她的朋友们在她讲述内心思想的那两个地方笑了。笑声,就像我们在后面所会看到的,并不代表打趣而是认同。通过她们的笑声,梅格的朋友们表示出一种共同的世界观:她们也体验过她所描述的感觉。

## 尴 尬

尴尬,像害怕一样,是女性故事的一个常见主题。在女孩们彼此讲述的故事中,这一主题特别常见。这不奇怪,因为紧张和窘境伴随着人生进入一个崭新阶段的艰难历程,这一时期在英国文化中被称为青春期。女孩们的交谈中充满了笑声:大多数笑声是因为她们感到愉快,但有些笑声则来源于她们向彼此讲述尴尬故事时的场景。笑声起了缓解紧张的作用。贝基,在这些故事的第一个故事中,说明了一个她描述为"有趣"的片断。这个故事很有趣,不仅因为它发生的时间,还因为当它被当作一个故事叙述的时候,这一事件引起了所有女孩的狂笑。但很明显,这也是一个关于尴尬的故事。

第一个故事是贝基在克莱尔的帮助下讲述的(克莱尔的发言用斜体表示),讲的是一个发生在贝基、克莱尔以及一个学校图书管理员之间的故事。故事发生在学校,当时汉娜并不在场:

### "短裤上的污渍"

  这太有趣了,那天你不在那儿。

  嗯,我们当时在图书馆,是吗?

  3 我们在那个,呃,放着所有图画书的角落。

克莱尔正在涂口红，

我正在涂口红，

6 然后他们说："哦，你们在那个角落做什么？"

接着她回答我们在抽烟（（××））

不，我是说我们正在检查有没有人在抽烟，

9 然后他说——然后他说："你们确定你们自己没有抽空吸一口？"

我说："有，我必须承认。"

我原是想说："看我的尼古丁斑。"

12 我像这样举起我的手指，

然后我说："看我短裤上的污渍。"

（（××））我们笑得绕着桌子打滚。

这太有趣了。

注意这个故事以一个评述句"这太有趣了"作为故事的框架,这个句子作为故事的序幕以及结束出现。故事的主体由第6、7、9、10、12、13行的叙述句组成。其中每个句子都包含了一个简单过去时态的动词(说(said),举起(held up)),并且这些句子按时间顺序排列(我们从接着,然后可以看出)。紧接着这个故事的是杂乱的讨论以及笑声,杰西卡说她把这个故事告诉了她妈妈,让她妈妈也狂笑不已,但补充了一句评论："她说我们不是很好的图书馆检查员或者其他任何我们想扮演的角色。"这是一个延宕的结尾,代表着这个话题的结束。

这个故事是关于一个有趣的(或令人尴尬的)失语。这种效果取决于贝基告诉了我们她没有说的那些话,即看我的尼古丁斑。关键句,即她事实上说的是,看我短裤上的污渍,这句话只有在我们知道她想说什么的情况下才具有这样的趣味效果。很明显,她的朋友们把这当作另一个她们可以笑话的荒谬的故事——这与我前面提到的关于一个女性主人公发现自己身处一个不可能的或丢脸的或是令人尴尬的局面时的习惯相符。但我觉得,认为这个简短的故事揭示了她们笑声下面所隐含的内容的论点也并非没有道理。这些女孩正处于她们生命的转折点,有意无意地,她们正从女孩向女人的阶段转变。当她们年纪更小一些的时候,像短裤这样的词汇是日常用语的一部分,就

像流浪汉,浅薄的新创词语,总是让她们感到好笑。现在,由于社会压力迫使她们注意到自己的身体,她们的身体成为成年男性注意的对象,这时,像短裤这样的词语就带有性暗示的涵义,失去了原有的单纯意义。短裤上的污渍是一个不同寻常的失语,它揭示了女孩们对自己变化中的身体感到焦虑,害怕失去对她们生活各方面的掌控。这个失语的效果也被与它同时出现的直接命令词看加强了。一个像贝基这样拥有相对小的发言力的发言者,向一个拥有更大发言力的发言者,例如文中的男性图书管理员,发布命令是不合适的。贝基原先的要求,即看我的尼古丁斑是可接受的,因为它强调了她作为一个学生以及一个违反了学校规章的人所处的无力局面:通过举起她有着尼古丁斑的手指,她想要暗示自己违反了纪律。这些话本是承认错误的一部分——她本打算承认她的过失,确认图书管理员具有对她进行相应惩罚的权利。但是这个指令的宾语从尼古丁斑转变为短裤上的污渍把贝基置于一个完全不可接受的境地:她向一个地位比自己高的男性发布直接指令,而且是命令他做一些带有强烈性暗示的事。因此,女孩们通过大笑掩饰尴尬一点也不奇怪。很难想像还有其他任何能从这样一个引起强烈反应的场景中逃脱的方法。

下一个故事,是克莱尔在两年后讲述的,那时女孩们十五岁了,这个故事讲述了一个被明确描述为"令人尴尬的"经历。克莱尔到一个朋友家拜访,看到她的哥哥一丝不挂。

**"我什么都看到了"**

我告诉过你关于一
记得我—我是—我去了斯蒂芬迪斯家,
你知道,当你进去那个—在楼上的房间里,他们放着一面镜子,
我进去了,
5 我向镜子里看去,
梅姆正赤身裸体地站在那儿,
〔……〕
而吉娜正在帮他剪脚趾甲,〈尖叫〉

我走了进去，

他正——他把腿架在——架在沙发上，

10 我什么都看到了。〈笑〉

[……]

我跑了出去。

我是——嗯，我真的尴尬极了。

实际上，克莱尔在遭到其他人的一些嘲弄后才说出了故事的结尾（第11、12行），特别是汉娜，她说："你就喜欢那个。"所以，从中我们可以看到15岁的女孩们显示了一些可能的反应，从我喜欢那个到我真的尴尬极了，她们相互合作，选择了一种更合适的，更被社会所认可的反应。这一事件的主题——一个女性看到了一个赤身裸体的男性——向我们提出了许多问题。展示裸露的女性身体在我们的文化中司空见惯。无论是过去还是现在，女性的身体都是素描或油画的主题；她们也经常出现在像汽车和洗发水这样完全不同的广告里，更不用说许多色情或半色情的出版物，明显从裸体女性图像中获利。克莱尔的故事让我们联想起一种相反的场景——一个男性的裸体被暴露在女性的注视中的场景——有着另一种截然不同的意义。男性拥有注视的权力，而女性则处于被注视对象的位置。这体现了一种根深蒂固的不平等，这就解释了为什么当一个女人或女孩看到一个裸体男人（或男孩）时就是如此不合常规的：克莱尔感到她必须拒绝这种注视的权力——我跑了出去，我真的尴尬极了。然而，她故事的细节，特别是我什么都看到了这一句暗示了这只是她所有反应中的一种，说明了青春期时女性对于男性身体的好奇是另一种起作用的强大力量。

值得注意的是，在像这样一个相对小型的收录中，我发现了一个成年女性向她的朋友讲述的另一个类似的故事。在这个故事中，伴随的情感更为复杂，而尴尬只是诸多感觉中的一种。卡伦对帕特讲了这个故事（帕特的话用斜体标示）。

"一丝不挂"

一两周前，

我忘了是哪一天,

3 我当时正坐在客厅里

不经意间,我向花园看了看

我直接就看到了利弗家里,

6 他家就在本特利小街的拐角那里

我看到他一丝不挂呆在他家的客厅里。

只要你愿意,你当然可以一丝不挂呆在你家的客厅里,(是的)

9 我想:"我的天哪"(是的)

"如果我能看到他",

他也能看到你,

我又不总是在客厅里一丝不挂的。〈笑〉

我们再一次听到叙述的中心"事件"是关于一个女性看到了一个没穿衣服的男性。请注意,卡伦,像克莱尔一样,放弃了所有权力:她说她不经意间向花园看了看。换句话说,她拒绝了注视的权力。此处,更复杂的一点在于,卡伦显示出她最主要的焦虑不在于她对利弗家隐私权的(无意)侵犯,而是担心自己的隐私被侵犯。她推断出如果她能看到他,那么他就能看到她。这把焦点直接转换到了作为男性注视对象的女性身上。卡伦想要避免这种处境。卡伦的故事是关于自己刚刚在花园里种了一些树的交谈的一部分。当她告诉帕特她种了十九棵树,帕特开玩笑地问:"你在做什么?培植自己的森林?"卡伦的故事起了解释的作用:树木要起的是一个屏障的作用,是为了避免她被窥视。当卡伦采取了要求隐私权的谨慎态度时,她在第12行所作的评述,我又不总是在客厅里一丝不挂的暗示了一种更为复杂的(有关性爱的?)行为,并且在一个更为成人的,更有底气的框架中重塑了她对于隐私的要求。

## 故事叙述中的合作

在本章的开头,我陈述了讲述故事从一开始就给予一个发言者特殊权利这一论点。这完全属实,但女性朋友们喜欢重视协作精神的交谈模式,她们对个人唱独角戏持有反感。所以虽然故事讲述者被赋予特权,这种特权仅在故事开始时持续一段短暂时间。克里斯汀·奇彭在她所录制的交谈中发现了这种现象,她把这种更具协作性的故事叙述形式称为"对话体的"叙述形式:这种对话形式的故事叙述模式意味着"故事讲述者"和"听众"之间的差别模糊了,因为在这种情况下,发言者们在讲述故事的过程中相互合作。① 本章中所有引用的故事都经过编辑,这种编辑在很大程度上是为了减少其他声音,使故事更具"故事性"。我并不认为这种做法歪曲了我的分析,但我现在想要确认女性朋友们的交谈具有合作性,从现在开始,故事里都将包含其他的声音。

为了向读者显示女性朋友们在讲述故事时是如何合作的,这儿有一则上个故事"一丝不挂"的更长更完整的版本(帕特的话仍然用斜体标示)。(另一个通过共同合作完成的故事,即"顺从的丈夫",将在下一章讨论,全文收于附录 B 中)。

### "一丝不挂"

　　因为你知道我们是怎样说我们被窥视的

　　那一那天,我坐在那儿,(是的)

3 我想:"去它的",

　　另一天,我是—

　　因为那就是唯一出状况的地方,不是吗?

6 是的,嗯,我—一两周前,

　　我忘了是哪一天,

　　我当时正坐在客厅里

9 不经意间,我向花园看了看

　　我直接就看到了利弗家里,

　　他家就在本特利小街的拐角那里,

12 我看到他一丝不挂地呆在他家的客厅里。

---

① 克里斯汀·奇彭:《非正式会话的可预测性》,第54页。

只要你愿意,你当然可以一丝不挂地呆在你家的客厅里,(是的)

我想:"我的天哪"(是的)

15 "如果我能看到他",

他也能看到你,

我并不总是在客厅里一丝不挂的。〈笑〉

18 你知道,我的意思是一切都好,我确定他没有偷窥偷窥或别的什么,

但是他——但这只是——

你碰巧看到他

21 没错

哦,我并没有责备你

我想你房子周围需要屏障林。

　　帕特没有任何插话,让卡伦讲述故事的叙述中心(6—12行),但一进入主要的叙述句——我看到他一丝不挂呆在客厅里——她就加入了交谈。从13行开始,这个故事是由两个朋友共同建构的。在一定程度上,帕特说出了偷窥这个动词以补全卡伦的话我确定他没有……,是帕特对主要观点进行了总结:你碰巧看到他,并且提供了一个结尾:哦,我并没有责备你,我想你房子周围需要屏障林。这个结尾非常有趣:帕特现在意识到卡伦种植树木的原因不是玩笑。她先前关于培植一片森林的评论就不再是得体的了——她想要强调她支持卡伦的举动,并且认为她的行动是保护自己隐私的明智之举。她不再把树木称作一片森林,而是屏障林。

　　在故事中,女性展示了一个平凡的世界,在这个世界中,她们赞美自己的日常活动,分享彼此的困难与忧虑。她们并没有把自己描述为英雄,她们通常是被动地而不是主动地去做一件事情。我所提过的巴巴拉·约翰斯通在研究中提出,男性和女性的故事中所描述的故事世界有着巨大的差异。她写道:"女性的故事倾向于'重视他者',贬低了主人公个人作用的重要性,强调了社会团体以及相互依靠;男性的故

事则'重视自我',起了一个塑造叙述者个人形象的作用。"①明确地说,女性关于自己只身一人的故事都是令人沮丧的:当梅格沿着黑暗的街道走回家时("独自回家"),她的唯一希望是住在房子里的人们会对她的呼救作出回应;根据安娜的描述("膀胱炎"),她无法得到所需的帮助,并且与朋友分开。除了"我母亲与慢跑者"这个故事中的母亲,在其他有关女性采取主动行动的故事中——如"背心裙","寻找家园","一丝不挂"——她们的行动并未被突出。此外,所发生的一切被描述为被动反应的而非主动反应。换言之,在所有这三个故事中,主人公采取的行动都是为了应对其他一些行为。在她爸爸叫她这么做后,帕特给自己买了条背心裙;安娜在来自希拉姑姑的压力下拜访了老家;卡伦在意识到她可能被窥视后在花园里种了些树。甚至在"我母亲与慢跑者"的故事中,那位母亲的行动也是被动的:她只是在慢跑者拒绝接受她为她的狗所做的道歉后才拉下他的运动裤以证明他安然无恙。

### 分享愉快的经历

女性讲述故事的一个主要目的是为了分享经历,她们除了利用故事分享一些痛苦的体验,还分享彼此的愉快经历。我想用玛丽的一个故事结束本章,这是一个女性回味日常生活细节的经典案例,显示了女性朋友们是怎样一起建构故事的。基本的故事非常简单,可以用一句话来概括:"昨天我被一辆火车堵在了码头。"故事的叙述中心由五句话组成:

我被一辆火车堵住了。
你以前曾被火车堵在码头吗?
我昨天在码头被火车堵住了
以前,我从来没有被火车堵在码头。
这很有趣。

---

① 约翰斯通:《故事、社团和处所》,第66页。

前四句都是对开始的陈述我被一辆火车堵住了的不同说法。这是对故事的一种概括或是摘要,①告诉听众即将发生什么。第二句将陈述句变为了一个问句,这个问句补充了一些重要信息,说明了叙述的事件发生在码头。这一问句又将叙述引入了一个重复的陈述句中我昨天在码头被火车堵住了,在这句话中,她加入了副词昨天介绍了故事发生的时间。第四句显示了她的怀疑语气,通过这句,她告诉朋友们这样的事情从未发生在她身上。四句话的每一句都使用了相同的动词:被堵,紧跟着同样的词组被一辆火车。四句话中有三句都把我作为(语法)主语。这类重复经常出现在女性讲述的故事中,也通常出现在她们的交谈中(我们将在第九章中详细讨论重复这种手法)。第五句打破了这种模式。这一句——这很有趣——说明了叙述者的观点,并且显示了前四句的意义。听众们现在明白怎样评价这个故事了。

当玛丽问她的朋友中是否有人曾被火车堵在码头时,萨莉回答是的(玛丽继续讲述她的故事)。当玛丽详尽阐述了她的故事的基本情节时,萨莉加入,这两个朋友一起建构了剩下的故事,其他人则作出了极简洁的回应(嗯或者是)。完整的摘录如下(萨莉的话用斜体表示;我省略了其他交谈参与者的一两个嗯和是)。

**码头的运粮火车**

1 我被—我被—我被火车堵住了。
2 你以前曾被火车堵在码头吗?
3 ⎧我昨天在码头被火车堵住了
　⎩是的,是的,经常
4 ⎧以前,我从来没有 被火车堵在码头。
　⎩是的　　　　　　是
5 这很有趣
6 因为它—它要穿过,嗯,杜克街的大桥

---

① 拉波夫:《老城区的语言》,第363—364页。

7 中⎡间的那座桥
　　⎣没错　是的

8 有个家伙刚好下车

9 ⎡没错，　　⎡并且走着
　⎣((××))　⎣而且((停下))

10 那个家伙就走在火车前

　　　　　　　是的　　　那是
11 你可以听到⎡当当声
　　　　　　⎣是的

12 因为其中一个链条正在当当作响—
　　是的

13 听起来非常浪漫
　　　　　　　是的

14 就像，就像遥远的—西部

15 你知道这种当啷的声音

16 它完全是—是—是这一小段金属拖着地面发出当啷声〈笑〉

17 但我⎡没有意识到
　　　⎣哦，这很**有趣**—

18 但我见过所有这些铁轨

19 它是辆运粮的火车，⎡它是运粮的火车，⎡是的
　　　　　　　　　　⎣我想　　　　　　⎣开往—是的

20 它是辆货车
　　　是的　　是的

玛丽开始的叙述讲述了一个单独的经历，使用的是过去时态。萨莉"经常"在码头看到火车，她用有个家伙刚好下车(and the guy just gets off)这句话继续这个故事，玛丽接着加上并且走着(and walks)。故事不再是关于一个过去的单独经历，而是变成了一个不受时间影响的现在时态，使用例如下车(gests off)，走(walks)，听起来(sounds)这样的动词。在第19行，两个叙述者对她们所描述的经历进行了总结：它是辆运粮的火车(it's the grain train)，在最后一行，玛丽又让听众

回到了一个特定的过去,即她昨天的经历:它是辆货车(*it was the bulk carriers*)。最后一句话标志着故事的结束,不仅因为它把故事重新放到了过去,从现在时(is)转换为过去时(was)以与开始的语句相呼应,还因为它同时阐释了前一句的意思,因而把(绝大部分的)中间部分与其余叙述相联系。

## 结　论

在本章中,我们已经看过了九个故事,这些是我所收集的交谈中所出现的故事的一小部分。对于女性朋友来说,讲述故事具有许多作用。从交谈组织的层面上看,女性经常利用故事引入新的话题(就像我们在上一章中所看到的那样)。但更重要的是,讲述故事通过创造一个共同的世界,将这些女性朋友联系在一起。"从更重要的意义上说,一个发言者的团体是分享从前故事……并且共同讲述新故事的一群人。"①女性朋友们组成这样一个团体,并且通过讲述故事,在一个亲密和信任的环境中塑造并重塑我们的身份,尝试可能的自我。交谈叙述是我们撰写关于我们生活的小说,并让他人进入其中的主要方式。然而,讲述故事也让我们"排列并且再排列特定的经历",尽管故事毫无疑问地进一步加深了主流文化,但也提供了"一个相对安全或无害的环境,在此环境中可以对起支配作用的某种特定文化进行批判"。②就像我们在本章中所看到的,女性朋友们相互讲述的故事强调了我们把自己看作客体,看作无助的一群,看作被动者而非主动者的地位。但是这些故事也暗示了女性的其他存在方式,即作为行动者,除了作为被观察对象也作为观察者,把我们看作是通过共同的认知和共同经历结合起来的强大联盟。

---

① 约翰斯通:《故事、社团和处所》,第5页。
② J·希利西·米勒"叙事",第69—70页。

# 第六章

"**女性气质**形态……**更加**融为一体":组织友好交谈

> **比**是这样总结她对女性交谈的看法的:"女性气质形态……更加融为一体。""融为"(meld)一词的定义是"合并,混合;组合,包含"(《简明牛津英语词典》),该词是20世纪由"融化"(melt)和"焊接"(weld)合并而成的美式英语。比也用"混合"(blesh)一词描述女性如何交谈。该词也由"混杂"(blend)和"相合"(mesh)合并而成。合并、混杂似乎是"混合"和"融为"的中心意义(这两个词本身就是混合和融为的例子)。比认为某种方式的合并或混杂是女性的交谈风格,甚至是女性交谈风格的关键特征。

这种观点很有意义,我所录制的交谈例子就可以证实这一点。总体上说,女性朋友交谈的最为鲜明的一个特征是,建构交谈是一种共同努力:所有参与者在建构交谈中都强烈意识到她们并非是孤立的发言者。换言之,团体先于个体,不同女性的声音结合(或融合)建构为一个共享的交谈文本。为了更明确地说明这一点,我们拿音乐作为比喻:女性朋友间的交谈就好似一场爵士音乐会。词典对爵士音乐会的定义是"音乐家通常为自娱自乐而自发即兴演奏的聚会,特别是指爵士乐的演奏"(《企鹅麦夸里英文词典》)。其中的关键词—自发、即兴和娱乐也是描述女性交谈的关键词。事实上,我们可以把该定义改写为:"爵士乐—(交谈的)女性朋友为自娱自乐而自发即兴交谈的聚会"。

前一章专门介绍了独奏,其中,女性朋友通过叙述这种交谈方式讲述彼此或他人的经历。所有的爵士音乐会—无论是音乐的还是交谈的—都包括独奏和合奏。但对女性朋友而言,尽兴交谈的关键是聚众聊天,这样,谈话者就典型地"融为一体"了。下面,我将通过分析两位女性朋友交谈中的两种典型现象,用语言学术语准确阐述什么是融为一体所必需的。这两种现象是:共建话语和重叠话语。

## 共建话语

在我录制的交谈录音中,交谈发生在两三个或更多的女性朋友间,因此她们的声音会混合起来,共同形成单一的一句或多句话语。①在前一章中,已经列举了许多关于女性朋友在接受采访和交谈时,她们的声音混合起来如同一人的例子。我将通过引用那些例子和一般性交谈材料来论证自己的观点。

首先来看一些非常简单的例子,这些话语中的最后一个词是由不同的交谈者补充的。

1 [苏和莉兹谈论她们喜欢的谈话地点]

苏:我是说在谁家里聊会更自在比起在=

莉兹:　　　　　　　　　　　　　=外面/

2 [卡伦担心邻居在偷窥她]

卡伦:我是说好吧我肯定他没有=

帕特:　　　　　　　　　　=偷窥/

3 [海伦和珍在思考个体的缺失对集体的影响]

---

① 遵循正常的语言学规则,我应该使用言语一词来指代交谈中发言者所表达的大量交谈内容。用句子一词来描述口头语言是不合适的,因为从本质上说,它指代的是书面语言上的一个单位,首字母大写,以句号结束。我所说的共同建构的言语这一现象有各种各样的说法,如"共同完成"(约翰·雷"劝告性交流中的共同完成"),"合作句子的建构"(吉恩·莱涅"论进行句的句法")以及"相互句子的完成"(费利克斯·迪亚斯"问题化交谈中的共有惯例",第4章)。关于这种现象的进一步讨论可以参见本人1994年的"无差距,多重叠"一文。

海伦：他们不会如此＝

珍：　　　　　　＝类同／

4［谈论班上捣乱的学生］

安娜：讲师没打算说任何事

莉兹：　　　　　　＝成年人／
安娜：因为他们被当作是＝

　　以上四句话语都是由两人共同建构而成的，其奇妙之处在于它们如同同一交谈者所发出。换言之，在每一情形中，两位交谈者融为一体，用融合的声音发出同一话语。如果我将这四个例子单独写下来，并且用 // 表示交谈者角色的转换，将会显得更加明白一些：

　　1 我是说在谁家里聊会更自在，比起在//外面
　　2 我是说，好吧，我肯定他没有//偷窥
　　3 他们不会如此//类同
　　4 因为他们被当作是//成年人

　　只有当交谈者彼此在语言的各个层面都非常专注时，才会达成这样的默契。例如，在上述三个例子中，当其中一位女性正在言语时，另一位必须是在专注于言语者话语意义的前提下才能补全最后一个词，同时，也必须专注于话语的语法结构。而且，她的调型和节奏常能和言语者相一致。

　　共建话语不仅仅指话语的最后一个词，如例 5—8 所示。

5［谈论当地学校的开放性联欢晚会］

珍：　　他们说他们总是碰到形形色色的＝
海伦：　　　　　　　　　　　　＝他们认识的人／

6［谈论当地小学的圣诞演出］

卡伦：尤其每当那些照相机闪光时

卡伦：孩子们=
帕特：　　＝它使他们分散注意力／

---

7〔谈论受害者和归咎责任〕

梅格：那些作为强奸受害者的女性总是被认为是，嗯，她们自己的原因

梅格：不知为何
玛丽：　　　　　　哦导致了强奸／

---

8〔谈论儿童遭受性侵犯〕

比：　我的意思是为了接受那种观点你

比：　不得不
玛丽：　　嗯／彻底回顾一下你对你丈夫的看法／

　　在以上例子中，两位女性共同建构一句话语，完成了相当复杂的语法结构的建构。例如，海伦为名词人补充了一个关系从句他们认识的；帕特用（前指）代词它替换每当那些照相机闪光时，然后再加上谓词使他们（孩子们）分散注意力。例7中，玛丽面临一个复杂的时态问题：她选择了导致了强奸，而不是导致强奸，因为既然是受害者，那么就表明已经遭受了性虐待或性攻击。例8中最值得关注的是听者根据谈话者话语意义而表现出的一种理解力：比和玛丽宛如同一人，从遭受性侵犯的孩子母亲的立场，说出了玛丽想要说出的话语。所有以上例子表明，交谈者彼此跟踪对方谈论内容，直至共建共享话语。女性朋友的这种交际能力使得她们的交谈比那些缺乏亲密感的交谈群

体更加显得融合。①

## 包含同声话语的共建结构

共建话语除了两位交谈者一前一后共同建构一句话语外,还有另一种情形,即两位交谈者同时说出一句话语中的一部分。以下 9—11 列举了一些最简单的例子,其中两位交谈者一同说出了一句话语的最后一个词。

9 [安娜描述她的朋友雪莉对她去罗马的旅途中膀胱炎发作时的反应]

安娜:如果她处于我那种情形之中的话,我想我是会

安娜:有更多┌的同情心的/
苏: └多的同情心的/

10 [帕特告诉卡伦有关她邻居患急性消化不良症的事]

帕特:显然他和他妻子都以为他得了┌心脏病/
卡伦: └心脏病/

11 [谈论学校演出]

帕特:他们表演的每一句台词都是为了逗大家发笑┌引发了笑声/
卡伦: └引发了笑声/

正如下一例子所示,在同一时间说出的同样的话不仅仅指一句话的最后一个词。这个例子选自两位女性——我和海伦——之间的一次交谈,我们谈论的是一起彼此都了解的当地政治危机事件(简·布是我

---

① 与混合群体中的朋友们一样(见沃尔夫拉姆·布利兹:《支持性的同伴发言者与合作交谈》;卡罗尔·埃德尔斯基"谁有话语权?"),已婚夫妇也常以更加融合的方式进行交谈(见简·福克"会话中的二重唱";安东尼·约翰逊:《夫妻交谈》)。实际上,没有研究可以证明男性群体会以这种方式交谈;这表明男性群体偏爱一次一个的话语权(见柯茨"一次一个")。

们话题当中地方委员会的领导)。

*12 [海伦和珍谈论当地政治危机]*

珍： 嗯,显然⌈简·布((xx))
海伦： ⌊呃,事实上简·布是非常有威胁性的/

珍： ⌈召开了文法学校的
海轮：因为你听说—你听说 她⌊召开了文法学校的—

珍： 会议/
海轮：是的/

  在该例中,我首先开始谈论简·布,而海伦接上我的话题说道简·布是非常有威胁性的。当海伦开始解释简·布为何具有威胁性时,我参与到她的话语中和她一同说她召开了文法学校的会议,我用会议一词结束了该句话。这是一个体现话语共建程度的很好的例子。这些话语不能被认为是属于我们任何单独一方的:我们是根据对当地事件的相同看法而合作完成谈话的。从该例句中可以清楚地看出,交谈的主要目的不是为了信息交换,因为我们都了解事件的真相,而且都意识到对方也是了解的。

## 非完整性话语

  对交谈者而言,如果存在话语共建的可能性,那么我们就可以预知话语经常是非完整的,言语者知道听者能够预测话语的后续内容,听者也不期望言语者完整地说出所要表达的意义,于是通过点头或微笑或说是的表明他们的理解或会意。这正是我们从女性朋友间的交谈中发现的一种现象。在下面的第一个例子中,梅格在总结一次关于幸灾乐祸的谈论话题:

*13 [关于幸灾乐祸]*

梅格:真好笑,如此卑鄙—显然是出于嫉妒,难道不是吗?

梅格没有具体说明哪些（或谁）人是如此卑鄙，她把答案留给了她的朋友，让她们自己去回答。她接着运用反义疑问句——显然是出于嫉妒，难道不是吗？——似乎表明她前面所说的话在意义上是非常连贯的；也就是说，她认为她的朋友已经完全领会了她前面所说的话。（请注意，这里的反义疑问句用降调，而不是升调：梅格没有期待别人的答复。在第8章中将会专门讨论这种问句。）

下面例句中，玛丽在谈到关于你是否曾有不愿参加葬礼的情形时，她没有依据上下文把自己的话说完整。

14 ［谈论葬礼］

---

玛丽：但是如果没有配偶的话我是说/嗯,那样的话就几乎没有什么亲人了/

---

玛丽：那样的话就显得似乎没〈笑〉
萨莉：　　　　　　　　　　呃/
珍：　　　　　　　那的确显得—
梅格：　　　　　　　　　　　但是那的确—

---

玛丽：　＝呃/
珍：＝呃＝

---

这个例子的特别之处是其他交谈者的评论话语总是不完整的：当听到玛丽似乎在说"那样的话就显得似乎没"时，我说的解释性话语那的确显得—可能是指那些"似乎显得没有意义"的事。梅格重复了我的话语，但却省去了显得，随后我和玛丽又都做出了一些反应。关键是我们都非常清楚大家在说些什么，即使话语没有完整地说出来。

非完整性也是访谈语言的一种特色。例15引自汉娜和贝琪之间的访谈。

15 ［汉娜和贝琪谈论她们的友谊］

---

贝琪：我想我们也许会像那样在我们的有生之年里/
汉娜：

贝琪：⌈像我们也许好**几年**没有见面了／那么—
汉娜：⌊是啊我是说你可以—　　　　　　　嗯

贝琪：⌈　　　　　　是啊／我想那将会真的很美好／
汉娜：⌊那么正如同—

  贝琪的话语我们也许好几年没有见面了那么—是不完整的。汉娜接上话题补充道那么正如同，但仍然没有使得话语变得完整。此时，贝琪说道是啊，我想那将会真的很美好，表示对他们的（非确指）境况的认可。
  在以下例子中，帕特和卡伦接着"一丝不挂"的故事（见前一章节），继续谈论有关隐私和屏障林的话题。卡伦提到她最近驱车路过她的老屋，数年前她曾在那里植过树。

16 [屏障林]

卡伦：前天我们驱车到金山／那里的针叶树真好看

卡伦：到——到那前面／它们都长高了／[……]

帕特：是啊我想那是值得去做的／[即植树]

卡伦：　　　　　　　　　　　　　　　　对／
帕特：因为正如你说的那样你的邻居有隐私／

卡伦：　　　　　　　　　　　　是啊嗯
帕特：因为那些你种的树／多么烦恼啊／

卡伦：没关系的是不是？毕竟他们的确为那房屋支付了四万—
帕特：

卡伦：五千七百五十英镑／因此我

帕特：

---

卡伦：应当觉得我那价值十二先令的树—〈笑〉

帕特： 〈笑〉

---

其中，海伦所说的我应当觉得我那价值十二先令的树是句不完整的话语。当海伦刚说完那句不完整的话语，她们俩就一起发笑，这表明她们都意识到了她的话语所隐含的幽默感。从我们有权选择不去完成的话语中预知其结论，是我们的心智所具备的一种很有意义的附加感受能力。

## 共同斟酌恰当的语词

到目前为止，我所列举的几乎所有例子中仅有两位交谈者（即使有那么一两个例子中有更多的交谈者，她们也是处于次要位置的）。这里我要列举三个例子，其中的交谈者都多于两人。在每个例子中，交谈者都尽力斟酌恰当的语词。在第一个例子中，凯特（16岁）断言同性恋流行乐团更为流行：

17［谈论同性恋流行组合］

---

凯特：我是支持同性恋流行组合因为我不

---

凯特：赞同这个．种族—我是说那是什—什么事［……］

---

凯特：如果你想—反对同性恋？⌈那是什（（意思））？⌈同性恋主义者/
格温： ⌊同性恋/ ⌊反对同性恋/

---

凯特：⌈你是同性恋主义者/ ＝有偏见的/
萨拉：⌊你是（（xx））—你是怀有偏见的＝
艾米莉： ＝有偏见的 ＝对/

---

在上述例子中，四位交谈者中有三位先后使用了由萨拉首先说出

的有偏见一词。这种重复的方式(在该例中,是对单个词的重复)是女性交谈的又一重要特色,在第九章还将就此做专门论述。

下面例子中,苏、莉兹和安娜一边吃东西,一边谈论色拉的品种。莉兹和安娜帮助苏斟酌交谈中需要的恰当的语词。

18 [谈论食物]

苏： 你知道吗在托尼家托尼爸爸做这种可口色拉所用的原料是

苏： 意大利干奶酪和. 你知道那种意大利传统的一还有一种叫什么

苏： 那叫什么奶酪？巴尔马干酪— 不是/〈啧啧声〉柔软的
安娜：　　　　　　　　　　　　　　　　　甜干酪？

苏： 是— 　　不对是那种他们涂在比萨上面的黏糊糊的东西/
安娜：戈贡佐拉干酪？

苏：　　　　　　　　　=莫泽雷勒干酪/ 莫泽雷勒干酪嗯—嗯
安娜：莫泽雷勒干酪⌈呃/　　　　　　　对啊/
莉兹：　　　　　　　⌊莫泽雷勒干酪=　　　　　　是啊/

苏： 那真的是最好吃的啊/

三位交谈者都参与到这一交谈中,当一旦搜寻到所需要的语词时,她们都用语气词(比如嗯、啊)表明各自都积极地参与在谈论当中。在该例中,三位交谈者都记得莫泽雷勒干酪那个单词。而在例19 中,梅格、比和我却都想不起幸灾乐祸那个单词(如同在例17 中,凯特、萨拉和艾米莉都想不起同音词那个单词一样),但我们一同斟酌其含义。

19 [题目:从别人的失败中享受快乐]

梅格：汤姆 [……]说有一德语单词是指/[……]是个

梅格：复杂的德文名词用来描述你

梅格：从.他人的成功中感受到的不合时宜的不自在/[……]

珍：　噢恰恰相反((我觉得))/那是一种快乐

珍：　⌈对他人的—
比：　⌊一种不合时宜的快乐从别人＝　＝是的＝
梅格：　　　　　　　　　　　　＝的失意当中＝　＝是的/

　　这三位女性朋友协作说出了那是一种快乐//一种不合时宜的快乐//从别人的失意当中这样一句完整的话语。在完成这句共建话语后，三位交谈者中有两位又补充说道——是的——表明她们为自己所说的话语以及这种话语的共建方式感到高兴。(像是的这种表示认可的话语标识是交谈文本中的一种一贯特征，在后续章节中还将予以详尽论述)。

　　在接下来的例子中，共有五位交谈者，她们从更广泛的角度彼此协作斟酌所需的恰当的语词。该例引自一次题为"猿与语言"的交谈中，那次交谈是因我询问她们是否在前一晚上观看了题为"猿与语言"的电视纪录片而引起的。交谈的主角依次是从玛丽到我，从我到比，再从比到梅格。我们一同完成了描述语言对于猿的作用的共建话语。

20 [猿与语言]

玛丽：我是说它们能够说出一些词来⌈表示不同的意思/
比：　　　　　　　　　　　　　　⌊得出结论来

2 比：　((xxx)—
珍：　　　　　　　它们把两个单词组合起来　形成一个复合词/
梅格：　　　　　　　　　　　　　　　　　是的/

玛丽：　　　　　　　　　　　　　　　⌈没错＝
比：　　　　　　　　　　　　　　　　⌊＝嗯/
珍：　来表达某种事物但它们还没有一个 现成的词汇来表达/

4 玛丽：⎡是的/　　　　　　　　　　　　　　　⎡巴西坚果
　比：⎣　　　把石头和果浆两个词组合在一起⎣指一个　巴西坚果
　珍：⎡那是—
　海伦：⎣　　　　是的/

---

　珍：　　　　　　　　　　　　　　　　⎡嗯　它—它们**不可**能〈大声地〉
　梅格：是啊/⎡嗯 把洗液和果酱组合在一起指⎣呕吐物/
　海伦：⎣呃/ ⎣哟/　　　　　　　　　　　　　　　　　⎡((是吗？))

---

6 比：　　　　　　=洗液和果浆指什么？
　珍：　模仿它们的驯兽人=
　梅格：是啊/　　　　　　　　　它因—它

---

　梅格：它因—它在清晨呕吐因为那酸乳酪里面可能会有

---

8 梅格：葡萄干/ 嗯它说((那看起来))—它们

---

　梅格：问它呕吐物是嗯是什么/嗯它回答说

---

10 梅格：洗液和果浆/
　比：　　　　　啊哈/
　海伦：　　　　　真有意思/

---

　　可以看出为了互相配合，我们适时说出各自的话语，这表明我们一直参与在交谈当中，而且对彼此的话语表示认同。尤其是1—5例中，四位交谈者合作表达了一个抽象的观点：玛丽开始说到我是说它们能够吐出一些词来表示不同的意思；我接着解释道它们把两个单词组合起来合成一个复合词来表达某种事物但它们还没有一个现成的词汇来表达；比在玛丽的协作之下举出了这样一个例子用石头和果浆指代巴西坚果，然后梅格补充上了第二个例子用洗液和果浆指呕吐

物。以上所有例子都表明女性朋友是如何协作完成谈话文本的共建的。

## 重叠话语

重叠话语是女性朋友交谈的一个重要特征,如果听听女性朋友的交谈录音,这种特征会立即引起人们的注意。在交谈过程中,女性朋友会融合起来,因此我们常听到两组或更多的声音同时说出一句话语。这种重叠话语不是为了竞争,而是为了取得话轮,因为大家都是就同一话题进行交谈的。我们已经知道了当两位女性同时说出同样的一句话语时,她们的共建话语是怎样包含同声话语的。而重叠话语的产生,其更典型的特征是,两位交谈者说出同一句话语,但在时间上稍微有先后之分。下面是例8更全面的一个版本。

8a [谈论受害者和责备]

比: 我的意思是为了接受你那种观点

比: 不得不．⌈彻底
玛丽: 嗯/．彻底回顾一下你⌊的看法

比: 改变你对你丈夫的看法/
玛丽：对你丈夫/

比除了用改变替换了回顾之外,她用自己的话语重叠回应了玛丽要说的彻底改变你对你丈夫的看法。换言之,两位交谈者完成了话语为了接受那种观点你不得不……但她们并不是同时说出后面的话语的。

当两位交谈者同时完成一句话语,但所说话语不同,也是一种重叠现象。如下面例子所示。

21 [谈论年迈的父母]

莉兹：嗯我是说那真的是一种奇怪的情形因为所有

苏： ⌈你成为母亲／ 对啊／
莉兹：突然间那种⌊角色都相反了

22〔谈论刚油漆过的房门〕

帕特：如果门在房子的中间的话，就不至于如此糟糕／
芭芭拉：

帕特：你知道如果它⌈的两旁都有窗户／
芭芭拉：　　　　　⌊是啊，那样就显得对称／ 是啊

还有一种话语重叠现象与上述情形稍微不同，如当其中一位交谈者在提问，而另一位在叙说时，就会发生这种现象（见例23—24）。

23〔题目：禁忌与葬礼〕

萨莉：嗯她生活在布里斯班／（（他们在布里斯班））／

萨莉：因此他正经过那儿—＝ 澳大利亚／ 因此他正在
玛丽：什么——澳大利亚？＝

玛丽：葬礼／

24〔谈论剑桥学生凶杀案〕

莉兹：是她男朋友／ 对她躺在那
安娜：　　　　　　　　他被

莉兹：地板下面　＝是啊／
安娜：起诉了吗？＝
苏：　　　　　　＝喔／

例23中，玛丽核实萨莉谈论的是不是澳大利亚的布里斯班，而在

例 24 中,安娜就那个男朋友是否被起诉的提问和莉兹就尸体所在位置的陈述正好重叠。当交谈中的朋友评价彼此所言时,也出现话语的重叠。如例 25—7 所示。

25 [谈论双子峰]

安娜:都是有关这个的  你了解一些加拿大边境小镇/

苏:  ⌈我觉得那是部很不错的凶杀小说/
安娜:那里的⌊每个人都和蔼可敬嗯那些/

26 [贝琪谈论学校里的哭闹]

贝琪:  嗯我哭闹  的时间不会很久/ 我—只是⌈流—点点
杰西卡:      呃/          ⌊我感到讨厌

贝琪:  眼泪/ =我懂/
杰西卡:如果没人理会的话=

27 [成熟的大学生]

苏:  那儿有一位成熟的学生/ 嗯她住在那里/⌈嗯
安娜:              ⌊噢天啦/

苏:  对她来说她们真的好可怕/
安娜:是啊住在大厅里肯定很艰苦了/

一般的评论往往要比上述三例所示的范围更广,而且会引入其他的参与者一并展开详尽的评论。下面列举的是个比较长的例子,交谈的话题是顺从的丈夫。

28 [谈论顺从的丈夫]

苏:  她把他推到⌈那—
安娜:    ⌊他也许会刺她用

| | | |
|---|---|---|
| 苏： | 她把他推到绝路上了／是啊　我 | |
| 莉兹： | ＝是啊吱〈恶毒的声音〉 | |
| 安娜： | 面包刀总有一天＝ | 她直到死 |

| | | |
|---|---|---|
| 苏： | 认为他会／ | 我认为他会反抗的／ |
| 莉兹： | ＝"好吧珍妮"／〈笑声……〉 | |
| 安娜： | 才会醒悟＝ | 〈笑声……〉 |

　　该例节选自一次很长的交谈,其中莉兹和安娜对苏的谈话进行添枝加叶。注意,单独分析莉兹和安娜的话语会发现,她们的话语没有重叠:俩人彼此协调,对苏的话语进行轮流持续地评论。同时也要注意苏在谈论过程中,是如何回应另外俩人的评论的。她连续说出的两句话她把他推到绝路上了／是啊我认为他会／是无法理解的,除非我们把第二句解释为是对安娜所说的他也许会有一天用面包刀刺她的话语的回应。我在后面还要就此例子加以论述。

　　在女性朋友的交谈中,最典型的重叠话语发生在当交谈者同时谈论一个话题,在同一时间说出不同但却相关的事物时。下列例子中,交谈的话题是安娜的母亲。大家一致认为,往往在她偏执的时候,却会变成一位出色的厨师。苏和安娜就此在同一时间说出了不同的话语。

29〔安娜偏执的母亲〕

| | | |
|---|---|---|
| 苏： | 但她做得一手好菜＝ | 你知道　她做得非常有创意／ |
| 安娜： | 哦 | 她是一位—她是一位真正的好厨师／ |
| 莉兹： | ＝是啊／ | |

　　例30非常简单:安娜和莉兹在谈论同一话题—男孩多米尼克。她俩通过选择组织各自的话语,使得各自就多米尼克的话语不是按次序出现而是重叠发生。

30 [谈论在钢琴老师家里的一位害羞的男孩]

安娜：我确保 ⌈每周跟他谈一次话/
莉兹：　　　⌊他才仅仅达到一级/

下面例子选自安娜和莉兹的一次交谈，她俩在证实各自都认识这个男孩。交谈中出现了几次简短的话语重叠现象：

31 [钢琴课]

安娜：走在我前面的是个可爱的小男孩名叫

安娜：多米尼克＝　　⌈他长着红色头发/ 你看见他了吗？他真的
莉兹：　　＝多米　　⌊尼克 对/　　⌊他太漂亮了/

安娜：⌈好可爱/ 噢,他还那么害羞/ 所以我 ⌈确保
莉兹：⌊是啊/　　　　　　　　　　　　⌊他才仅

安娜：每周跟他谈一次话/　⌈是的/
莉兹：他才仅仅达到一级/ 是 ⌊不是？

以下是有关重叠话语的最后一个例子,该例表明交谈者都非常注重彼此间的协作；也就是说,对于同一话题,两位交谈者可以同时进行谈论。

32 [谈论当地综合性中学历史课的教法]

海伦：他们真的要求他们把现在的生活同19世纪相比较/

海伦：这的确是种好方法用以介绍 ⌈历史本身/
珍：　　　　　　　　　　是的/ ⌊他们有新闻

海伦：⌈对很好/ 并且他们还去公园参观/ 嗯进行
珍：　报纸和⌊资料/ 嗯((那是))—并且 他们 使用 ((目录))

海伦：各种活动/　　我对此的感受真的很深刻/
珍：　原始资料/是啊/

此例子中的海伦和我都熟悉当地学校历史课的教学方式，并且对之很钦佩。对于这个话题我们俩都有很多要说的，而且，我们选择在同一时间说出来。这个简短的例子显示，在对历史课的教法发表的一系列看法，同时又是对对方观点的回应：例如，我用是的一词表示对海伦所说的把现在的生活同 19 世纪相比较是一种介绍历史的好方法这一观点的认可，而海伦也用对很好表示对我所提的他们使用新闻报纸这一看法的赞同。该例表明交谈者在同一时间即听又说是很容易的一件事。像这种同声交谈不会对理解带来困难，相反，还会为所谈话题提供更多层次的发展空间。

按照我在本章开始时用爵士音乐会做的比喻，那么共建话语可比作不同乐器共同演奏的交响乐，而重叠话语就如同不同乐器演奏不同曲调但彼此默契和谐。按古典乐的术语，后者可被称为复调音乐。① 该部分关于重叠话语的所有例子（例 21—32）都示范了在复调交谈这一模式中，两种或更多的但却彼此关联的不同事物可以被同时谈论。

## 合作话语权

为了论述女性朋友在交谈中"融为一体"的方式，我需要对交谈组织的理论做一简短阐述。如布道、演讲或体育评论等仅有一位谈话者的言语行为属于非交谈言语。描述这种言语者和话语文本之间的关系是很容易的，因为这是一种一一对应的关系。而一旦当一个言语行为涉及两位或更多交谈者时，情形就会变得复杂起来（同等的交谈者之间的非正式交谈是一种涉及两位或更多交谈者的典型谈话）。你仍仅有一个文本（由两位或更多交谈者产生的），但你还是没有明显的方

---

① 复音："[音乐]不同部分的同时混合。每个部分形成各自的旋律，同时又彼此和谐"（《简明牛津英语辞典》）。华莱士·切夫也用这个暗喻来描述"不同的声音同时表达不同旋律"的交谈。见切夫的"复音话题的开展"和《话语、意识和时间》，第 120—136 页。

法区分交谈者(众多)和话语文本(唯一)之间的关系。它们不再是一一对应的关系,而是一种多对一的关系。

交谈中的这一情形——交谈者有秩序地合作参与,而非杂乱的交谈方式——通常被当作话轮来论述。话轮研究者试图找出能用以描述交谈的秩序管理的潜在规则。① 毕竟,我们参与的大多数交谈都成功地接纳了所有参与者,并能进行连贯地交谈。我们何以做到这一点呢?分析家运用交谈的话语权这一概念来解释交谈者是如何在谈话过程中做到彼此合作的。这一抽象概念指的是交谈者可以拥有的谈话空间。在这里话语权一词的独特意义源自传统的惯用法;例如,短语"拥有话语权"是指一位交谈者如何在某个特定时间占据谈话空间。"夺取话语权"是指一位交谈者打断别人的交谈而插入谈话的行为。

卡罗尔·埃蒂尔斯基(Carole Edelsky)在她引起轰动的《谁拥有话语权?》一文中对话语权这一概念重新做了界定,她认为我们需要区别两种不同的话语权,既她所说的单一(或单一发展的)话语权和合作(或协同发展的)话语权。② 单一话语权的主要特征是只有一位谈话者在某个时间谈话。换言之,单一话语权就是交谈者是依次谈话。相反,合作话语权的主要特征则是该话语权被认为是对所有交谈者同时开放。

埃蒂尔斯基的文章是基于对大学委员会的五次会议进行分析的基础之上的。与会人员包括七位女性和四位男性。除了同事关系,他们有些还是很亲近的朋友。她通过观察发现,这些会议都会在严肃的议事交谈和偏离议程的随意交谈之间来回摇摆。委员会会议的主要任务是商讨解决既定事务。在此类会议发言中,与会者是在一定时间内依次发言的,有的发言占据的时间还很长,因而属于单一话语权的交谈。但会议同时还有另外一种目的,与会者都是同事,其中有些还是朋友,因此会议也是维系他们之间社会关系的一种纽带,这种人际

---

① 大部分的语言学家都接受了话轮转换的模式。该模式由哈维·萨克斯提出(见萨克斯:《关于会话的讲座》)。萨克斯、伊曼纽尔·斯格洛夫和盖尔·杰弗逊共同发展了这一模式——特别参见他们1974年发表的著作"一种最简单的组织会话话轮转换的体系"。

② 卡罗尔·埃德尔斯基"谁拥有话语权?"。

关系的维系是通过合作话语权实现的。

单一话语权从属于交谈话轮这一概念：发言者依次占据话语权。我们所有人都经历过单一话语权的交谈，因为这种交谈模式是我们的文化理念的体现。① 我们从小就被告知不能打断别人的谈话，而是"等待你的发言机会"。我们在学校还培养了一种如何参与单一话语权的交谈的技能，因为学校把按次序发言作为一种行为规范。② 其实并不奇怪，如果一种文化认同个体优于集体，那么这种文化会孕育出一种使得交谈如何进行的个人主义模式。但这种模式只能适合非对等谈话（交谈者在身份地位上的非对等），如成人—孩童，医生—患者，或者是非常正式的谈话（通常指在公开场合的），如商务会议。在交谈者地位平等的非正式交谈中，谈话者常形成一个合作话语权，作为个体的交谈者从而显得微不足道，因为交谈是所有参与者合作完成的。

在本章中，我介绍了女性朋友是如何经常运用共建话语和重叠话语的。这两种话语模式都是合作话语权的经典组成部分。从埃蒂斯基的描述中可以看出，合作话语权中的话轮显然要比单一话语权中的短，而且多重叠话语，多重复，也多嬉笑成分。这意味着合作话语权中的一些特征总会或多或少地在单一话语权中发生。但我要强调的是，合作话语权与单一话语权相去甚远，因为不论在数量上还是在质量上，它都与按次序发言是有区别的。这正是因为合作话语权是一个共享空间，因而交谈平台是由所有参与者而非某一个体所共建的。

### "猜谜"：一个较长的例子

为了证明合作话语权在实践中是如何运作的，我们需要再看这样一个较长的例子。其实我们已经碰到过此类例子—第五章（第131页）中的共建事例"一丝不挂"。该例中仅有两位交谈者，但它的特别

---

① 这也是语言学家假设的一种交谈模式，形成于萨克斯、斯格洛夫和杰弗逊所著的"一种最简单的组织会话话轮转换的体系"。

② 假设所有的交谈只涉及个人话语权（也许更准确地说，是缺乏合作话语权的知识），这意味着新近建立的英语公共考试中口试的主考人在嘉奖运用交谈策略，尤其是合作话语权的女孩们时会遇到麻烦。见切舍、詹金斯/詹金斯、切舍"普通中等教育证书英语口语考试中的性别问题"第1、2部分；项恩·威尔林"合作和竞争交谈"。

之处在于两位交谈者在发言时间上彼此配合的默契感：她们能使得叙述和评论同时进行而没有间歇。（注意，在该故事的合作讲述中没有出现重叠话语—重叠话语在仅有两位谈话者的交谈中比较少见，但有时候确会发生，比如在例 32 中。）

下面我要列举的例子中有六位女性朋友（奥克斯顿）。珍妮特首先发言，她简要地讲述了她女儿维基在一次猜谜活动中的表现，其中有这样一句叙述句：维基昨晚和罗宾·李取得一样的成绩。该故事之所以有趣是因为罗宾·李是当地综合性中学的教师，我们的许多孩子都在那里上学。珍妮特显然对自己十六岁的女儿在猜谜活动中和成年的老师取得同样高的成绩而感到骄傲。但在这里，该故事本身主要还是引发了大家就猜谜的一次一般性讨论。下面是讨论的开始部分，其中珍妮特在讲述她的故事（她讲了两遍，因为她想通过重复澄清她谈论的是何种猜谜活动）。

33 [话题：猜谜]

珍妮特：呵，我必须告诉你们/ 维基—你们知道那次猜谜维基参加的

2 珍妮特：是在星期三？= =她和罗宾·李取得了一样的成绩= =昨晚上/
　梅格：　　　　　　　= 呃 =
　玛丽：　　　　　　　((xx 没想到))
　海伦：　　　　　　　　　　　　　　　　　　　　　　=喔=〈笑声〉

珍妮特：〈笑声〉　　　　　　　　　　　((她
玛丽：　〈笑声〉
海伦：　　这个想法也是很有利的/　不仅它—
萨莉：　〈笑声〉((xxxxxxxx))你说什—
珍：

4 珍妮特：获得))2 比 50/　那是一个—那是一个酒吧—
　梅格：　　　　　　　　　〈吃吃的笑声〉
　海伦：在一次⌈在一个酒吧
　珍：　　　⌊你说那是—那是—是什么意思

| 珍妮特：他们进行了这个小测验／ 哦 显然李先生显得 |
|---|
| 海伦： 〈笑声〉 |

6 珍妮特：现在／ 而维基显得太高兴 她战胜他了／
　海伦： 〈笑声〉

| 珍妮特：是啊，她的确战胜他了／ ┌她竟—她打成平手／ |
|---|
| 梅格： └你会喜欢那些詹妮弗／ |

当六位朋友都明白珍妮特讲的故事是一次酒吧猜谜后，我们便结合想像中自己曾组队参加猜谜的情形，就此话题展开了谈论。

8 珍妮特： 是啊／ 他们在
　梅格： 我在一个 一个猜─┌谜社团／ 我们度过了一个美妙的时刻／
　珍： └对我知道／ 我曾经在─

珍妮特：就是在今晚在塔尔博特酒吧正在举行一次＝
梅格： 呃／
珍： 失败— ＝哦劳—

10 梅格： 我们自己能
　珍： 你们还记得劳动党曾经有一／ 我就是

| 珍妮特： ＝是啊我们能够／ 奥克┌斯顿女士队 |
|---|
| 梅格： 组成一个队＝ └一个女士团队 |
| 玛丽： 〈喷鼻息〉 |
| 海伦： 呃／ |
| 珍： 队员和唐·弗雷泽一起／ |

12 珍妮特：〈笑声〉
　梅格： 是啊为什么不呢？
　玛丽：

海伦：　　　　　　　　　〈笑声〉

萨莉：〈笑声〉

---

在交谈的开始阶段，注意有些话轮是同时出现的（但在语义上是平行的）：梅格所说的我在一个猜谜社团/我们度过了一个美妙的时刻/和我所说的对我知道我曾经在一形成重叠话语，而且也和珍妮特所说的他们就是在今晚在塔尔博特[酒吧]正在举行一次相重叠。其他话轮均是合时依次地出现的：梅格做出提议我们自己能够组成一个队，珍妮特便接上说道是啊，我们能够/奥克斯顿女士队。关于我们假想团队的称谓的玩笑是由珍妮特和梅格两人一同说出的，尽管在称谓的表达上略有差异，但她们俩还是在同一时间说出了"女士"一词。（萨莉、海伦、玛丽和珍妮特的发笑和喷鼻息显示大家都认为这只是开开玩笑而已。）就在此时，梅格就我们想像中的猜谜团队发表了她的看法，而玛丽通过问句又引发了一个新的话题：

---

梅格：⌈((那是很意思的是不是?))
玛丽：⌊猜谜活动中都问了些什么问题啊?

---

在合作话语权的交谈中，交谈者谈完一个话题后又转换到另一话题，通过这种方式他们能够在同一时间内建构交谈。合作话语权中的参与者不会因这种转换而感到迷惑：在我录制的交谈录音中，没有人对这种重叠谈话表示过不满，话题的连贯转换表明，参与者是能够轻松适应这种多管弦的复调式交谈的。玛丽的问话引起了大家的自由论战，每个人都对猜谜表现出了兴趣。下面列举一个简短的例子：

14 珍妮特："最大的金字塔在哪里?"是他们昨晚被问到的＝
　　玛丽：　　　　　　　　　　　　　　　　　　＝"最大的金字塔

---

珍妮特：　　　＝"最大的在哪里?"＝　　＝金字塔/ 哪里/
玛丽：　叫什么?"＝　　　　　　　　＝ 在哪里? ＝
萨莉：　　　　　((惊愕声))

| | | | | |
|---|---|---|---|---|
|16 珍妮特：|⌈是在墨西哥=| | | |
|梅格：| |=是吗？|哦,是阿芝台克的其中之一.| |
|玛丽：|在埃｜及|=喔在墨西哥？| | |
|萨莉：|((在对的—xx?))—=是的/| | |呃/| |

| | |
|---|---|
|梅格：|数字/|
|珍：|((xx))是专门捉弄人的一种=|
|玛丽：|　　　　　　=天啦我对此没有信心/|
|海伦：|呃/　　　　　　　　呃/|

第16组的重叠交谈起因于玛丽和萨莉对最大的金字塔在哪里这一问题的冒险猜测,珍妮特说出了答案,接着梅格、玛丽和萨莉对珍妮特的回答做出反应。挑选的这个关于地理和文学的问题使得交谈稍微延长了一点时间。这是次很有意义的交谈,六位谈话者(算得上多了)设法维持一个话语权(而不是分裂成两个或更多的)。然而交谈有时显得比较杂乱无章,显然,这属于合作话语权:交谈者能清晰地意识到彼此的作用,而且,所有话语都围绕同一话题,某些环节是依靠大家共同维系的。

**访谈情境中的合作话语权**

我已经就朋友间交谈的合作话语权做了论述,接下来论述访谈情境中合作话语权的作用。到目前为止,我从访谈材料中仅采用过一例(例1,共建话语)。下面两组例子更为简短,其中都含有重叠话语:

34 [贝琪和汉娜在思考谁是她们可以与之坦率交谈的人]

贝琪：我是说我有朋友那—……有时候我感到

贝琪：像是我不得不伪装一下—你知道比如说那—

贝琪：你知道 ⌈说出一些恰当的话和事你知道/
汉娜：　　　⌊说出一些恰当的事/．对/

## 35 [晚宴]

苏： 有时候你举行一次晚宴而且你们四人或

苏： 无论怎样＝ 嗯┌那是令人愉快的嗯非常好
安娜： └是啊可那会变成一次闲聊啊

莉兹： ＝几对是啊/

例 34 中，当汉娜在说说出一些恰当的事的同时，贝琪说道说出一些恰当的话和事：这个例子表明重要的是话语所要传达的意义，而不是用词是否准确。几位交谈者合作进行交谈，因此出现了重叠话语。例 35 中，苏和安娜在同时发言：她们的话语都表达了对晚宴交谈的不满意。

这是一个有关合作话语权的典型例子。它们发生在一个特定情境—访谈中—交谈者不是对等的，但各自都扮演特定的角色：采访者或被采访者。但当采访中的被采访人不止一位，并且访谈是在相对随和的气氛中进行时，发言者常充当被采访者，和被采访者一同回答采访者提出的问题。在以上两例中，我们可以看到有两到三位交谈者通过共建话语来回答我提出的问题。一般认为，像这种合作交谈模式常出现在访谈情境当中。① 但对于若干被采访者合作起来如同一人回答提问的现象和朋友知己在交谈中建立起的合作话语权之间的关系，人们尚且没有分辨清楚。在访谈情境中，被采访者能够选择建构合作话语权，这样，合作话语权（两位或更多被采访者共享该话语权进行答问）是嵌入在单一话语权（采访者和被采访者依次发言）之中的。这种情形在我录制的访谈录音中经常出现。换言之，当我同时采访两到三位朋友时，她们几乎总是合作起来，如同一个声音在答问。

更值得关注的是，在我的采访过程中，由采访者—被采访者共同建构的单一话语权有时会被彻底抛弃，代之以显明的合作话语权。这

---

① 简·福克：《会话中的二重奏》。

种情况常在以下情境中发生：一个特殊问题引发大家的谈论，而我无法插话；或者是答问涉及发生在过去的一些事件，而我是当事人之一。以下例子属于第二中情形：我曾参与过比所描述的事件，因此我也跟着她们一同回答问题。

36 [比解释为什么当孩子还小时她和女性朋友交谈的地点是厨房]

比： 我想过去常在厨房交谈的原因之一是—我们以前不就是

比： 设法让孩子们呆在客厅里，那儿有

比： 玩具/ 这样我们就可以 . ⌈避开他们躲进厨房 =
珍：                              ⌊我们溜了

比： （（xx））         = 是啊那儿盆盆罐罐的 =
珍： 〈笑声〉 = 那儿盆盆罐罐的 =         = 不要
梅格： = 的确是 =

比：           = 是啊,但现在我们已经—我们已经回到
珍： 提还有杜松子酒瓶=                我们已经

比： 客厅=
珍：   = 对它又是我们的地盘了=
梅格：            =是啊/

　　该例中，比、梅格和我一同阐述回答我提出的"你们在哪里交谈？"这样一个问题。这显然是合作话语权：我们合作共建话语——（我们可以）躲进厨房//那儿盆盆罐罐的和但是现在我们已经//我们已经//我们已经回到客厅—而且我们是就同一话题在同一时间交谈；我们可以避开他们以及我们溜了！都是同时说出的话语。

**认可性验证**

　　在我收集到的交谈和访谈材料中，没有人对合作话语权这种交谈

模式表示过反对,这是一个很重要的证据,表明人们是赞同合作话语权这种观点的。没有人曾经说:"先让我说完吧"或者是"不要打断我"。单一话语权的交谈规则是在同一时间内只能由一人发言,因此,任何重叠话语或任何企图替代他人完成话语的行为都会被当作是在抢夺话语权。但在合作话语权中,"插嘴"并不是一种不合事宜的行为:"抢夺话语权"的想法显得没有必要,因为这一话语权已经被所有交谈者占领。合作话语权是一个共享话语权。

事实上,在合作话语权的交谈中的女性朋友非但不反对,而且明确表示欢迎所有交谈者共建话语。以下例子在前面已经出现过。如果我们再对其更完整的形式做一番考察的话,就会发现朋友间是通过彼此合作从而形成一种话语语流。这似乎是一种习以为常的融合方式。

1a［两位朋友谈论她们喜欢的谈话地点］

苏：　我是说在谁家里聊会更自在比起在＝　＝外面／
莉兹：　　　　　　　　　　　　　　　　＝外面＝

2a［卡伦担心邻居在偷窥她］

卡伦：我是说好吧我肯定他没有＝　＝偷窥或其他什么／
帕特：　　　　　　　　　　＝偷窥＝

3a［海伦和珍在思考个体的缺失对集体的影响］

海伦：他们不会如此＝　＝是的是的／
珍：　　　　　＝类同＝

5a［谈论当地学校的开放性联欢晚会］

珍：　他们说他们总是碰到形形色色的＝
海伦：　　　　　　　　　　　　　＝那些他们

珍：┌他们喜—他们认识和喜欢的/
海伦：└他们认识的人/ 是啊/

6a［谈论当地小学的圣诞演出］

卡伦：尤其每当那些照相机闪光时

卡伦：孩子们＝　　　　　　　＝它使他们分散注意力＝
帕特：　　＝它使他们分散注意力＝　　　　　　　＝是啊/

在例 1a、2a 和 6a 中，彼此间的合作是通过重复合作话语的结尾部分而实现的，而在例 3a 中，则是在话语结束时通过认同标识是的表示认可。例 5a 中，我把他们喜欢的改成更为复杂的认识和喜欢的，以便和海伦所说的他们认识的人相协同。对于合作的认可往往是明确地通过是啊来标识，如在例 5a 和 6a 中。

交谈者还对彼此的话语相互补充，这样也可以协同共建一个话语文本：

37［阅读小说］

苏：　我可以说是跳到最后一章的/ 想知道
莉兹：　　　是啊/　　　　　　　是啊/

苏：　我是对的＝　　　　＝嗯我是/
莉兹：　　　　＝你是对的＝

例 12 中，当海伦从正在共建的话语中抽出身来后，她又通过是啊和没错表示她依然参与在正在进行的交谈中。

12a［海伦和珍谈论当地政治危机］

珍：　　　　　　　　　　┌她召开了文法学校的
海伦：因为你是否—你是否听说└她召开了文法学校—

珍： 会议 ＝ 嗯那是个惨败的下场＝

海轮：是的／ ＝ 你说的没错／ ＝对／

---

当交谈者参与到一个具有合作话语权的交谈中后，且当所谈话题是双方都很熟悉的时候，那么谁说的是什么并不重要。例12中，海轮本来是可以独自说出她召开了文法学校的会议，或者她和我也可以把整句话一同说出来。重要的是把想要说的说出来。交谈中的朋友是以此来证明她们彼此之间是如何"依次"交谈的。

**简短的回应**

在合作话语权的交谈平台上，简短的回应占据了相当的数量。这些简短的话语——是啊、嗯、对的——在各种形式的交谈中都会出现。但同单一话语权相比较，在合作话语权的交谈中出现的频率更高。这是因为，当话语权在同一时间内一旦被所有交谈者占据，交谈者就有义务显示她们在共享话语权的交谈中的持续存在和对该话语权的认可。因此，简短的回应是一种显示交谈者的存在和专注的信号。这些看起来较小的形式却在两种话语权的交谈中发挥着非常重要而又不同的功用。如果交谈是正式的（如在公开场合进行的大多数交谈），而且是单一话语权的话，那么，简短的回应传递的信息是："我在听——并且对你占据话语权的权利表示认可。我等待着我的话轮。"如果交谈是非正式的（如朋友间私下的交谈），且其话语权是合作式的话，那么，简短的回应就意味着："我一直在这里，这也是属于我的话语权，而且我正在参与着共享的交谈的建构。"

我们已经注意到简短的回应对于显示交谈者认可彼此为交谈所做出的努力具有重要价值。我们看看例8的完整形式，下划线部分是简短的回应：

8b［谈论儿童遭受虐待］

---

比： 我的意思是为了接受那种观点你

比： 不得不

珍： 是啊/ ⌈彻底

玛丽： 嗯/彻底回顾一下你对你 ⌊丈夫的

比： 改变⌉ 你对你丈夫的看法=

玛丽：看法⌋ = =没错/

萨莉： =是啊/

梅格： 对/ 嗯/

该例选自五位女性朋友间的一次交谈,她们都参与在交谈当中。比和玛丽扮演了主要角色,而其他三位表示这些话语也代表了她们的立场。简短的回应可表示不同意义:如我在上述例中所说的"是的"不仅仅是表示赞同—通过对比正在叙述的话语的赞同,和玛丽一样,同时表明我是能够预知尚未叙述的话语的。

许多研究者注意到女性交谈中经常出现简短的回应。[①] 同时也注意到女性对使用简短的回应具有很强的敏感性。[②] 如果再回头看看本章中列举的一些例子,会发现交谈者通常如何适时地在交谈话语的末尾(如在短语或分句末尾)补充上她们的回应。这明确显示,交谈的"主旋律"的节奏并未受到侵扰。例38—40是关于简短的回应适时运用的典型例子。

38 [谈论当地市场销售的布料]

卡伦:那是我曾经见到的最漂亮的布料=

帕特: =嗯/

39 [谈论为自己录音]

---

[①] 例如,见唐·齐默曼、康达斯·韦斯特"会话中的性别角色、插话和沉默";帕梅拉·费什曼"会话中的不稳定"。

[②] 詹尼弗·柯茨"回到闲聊",第105页到107页。齐默曼、韦斯特在他们著的"会话中的性别角色、插话和沉默"一文中争论道,男性发言者推迟了——即,有意算错时间——简短回应,以此标志对所说的话缺少兴趣。

克莱尔：比记日记好多了＝
贝琪：　　　　　　＝是啊/

----

40〔谈论调查研究中的男性偏见〕

----

玛丽：真的难以置信是不是？＝
梅格：　　　　　　　　＝嗯/

----

例41相对较长，表明简短的回应不仅仅局限于话语末尾，而且可用以表示对别人的鼓励。

41〔儿童遭受虐待〕

----

梅格：你还记得那个小男孩〔……〕那个嗯．被拐
萨莉：　　　　　　　　　　　　嗯/

梅格：走＝　＝然后遭受性虐待＝
萨莉：　＝对＝
比：　是的/　　　　　＝是/

----

该例中，萨莉在梅格有些犹豫时说出了嗯，使得梅格重新把话说完。该例同时显示多方交谈是多么复杂：交谈者不仅要全身心地跟踪、支持彼此的谈话，而且要适时地表达各自的简短的回应。我们在该例中可以看出萨莉和比如同积极主动的听众在配合梅格。

当一位谈话者讲述一个故事时，简短的回应出现的频率明显下降。如同第五章所述，讲故事会赋予讲述者一种特殊优势；听众通常只是静静地聆听，简短的回应仅仅出现在故事末尾或接近末尾时。交谈中，讲述奇闻逸事常常是为了引入一个新的话题；简短的回应则表示听众对新话题的认可。通常，所有交谈者在此时都会参与进去（而例38—41中，在交谈中的某个时候，由一位交谈者说出的嗯代表了所有人的态度）。下面例子中，当贝琪讲述完她的故事后，她的三位朋友都做出了简短的回应，从而缓解了由贝琪独自讲述故事造成的紧张状态，同时也表示对贝琪引入的新话题的赞同（对男生的感觉）。

42［贝琪承认她过去对达米安的迷恋］

贝琪：　喔，我突然间发现他竟如此可怕并且

贝琪：　恐怖＝
克莱尔：　＝是啊／
杰西卡：　＝是啊／
汉娜：　　是啊／

简短的回应作为显示交谈中所有交谈者积极参与的一种方式，在交谈话语文本的协同建构以及对合作话语权的维护中发挥着极其重要的作用。

## 笑　声

笑声是女性朋友交谈中的重要组成部分。它是对交谈中的各种情形做出的一种回应：比如在独自讲述完一个悲伤的故事后，或在交谈中出现有趣或愚蠢情形时。笑声可作为对某人所说话语的回应，或者，发言者可在话语末尾甚至话语过程中发笑，表示快乐、惊讶、恐惧、同情或宣泄等各种情绪反应。我们接着看例42的后续部分：

贝琪：　喔，我突然间发现他竟如此可怕并且

贝琪：　恐怖＝　　　　　（尖笑声）
克莱尔：　＝是啊／像是嗯—　　　他们还是
杰西卡：　＝是啊／　　　　（笑声）
汉娜：　　是啊／　　　　　（低声吃吃地笑）

克莱尔：些傻瓜啊是吗？

贝琪独自讲述完自己的故事后，其他三位朋友做出了表示赞同的简短的回应。但就在她爆发出尖笑声，以释放在讲述曾痴迷于达米安的故事的过程中造成的紧张感时，杰西卡也报之以大笑，汉娜则以沉

思状的吃吃笑声予以回应。而克莱尔却在为贝琪的尴尬寻找开脱理由,并且也为她们的笑声辩解:你怎么可能会"迷恋"那样的小男孩啊?他们当时还是些"傻瓜啊"!

"猜谜"的开始部分充满了笑声,比上述例子中贝琪和她的朋友们的笑声要轻快得多。猜谜这一话题的确定就意味着这是一次有趣的交谈。珍妮特的故事主要讲述的是一种反常行为,即老师竟被自己的学生打成平手。这种出于人们意料之外的事是经典的喜剧模式。因此,这是一种戏谑性的交谈情境。对于一些重要观点,如成立奥克斯顿女士队的提议,交谈者也会报之以笑声;另外,嘲弄、滑稽也会引发笑声,如玛丽说的我对提出那样的问题感到滑稽以及萨莉表现出的悲观我今晚听到了〔即电台中大西洋彼岸猜谜比赛的问答节目〕但仍然不知道。

和简短的回应一样,笑声在具有合作话语权的交谈中发挥着特殊作用。交谈者可以用以显示自己对交谈的持续参与和在合作话语权的交谈中的持续存在。如果我们假定一个合作话语权一直对所有交谈者开放,那么交谈者即使没有说出任何话语,也需要一些策略显示她们的存在。如同简短的回应一样,笑声也要完全符合这种要求。人们可以用笑声不断显示自我的存在,而不必使自己一直处于发言者的地位。

下面这个较长例子,选自三位朋友的一次交谈。其中笑声大量出现。我在论述重叠话语时,已经引用了其中一小部分(例28)。即使在那一小部分中,我们也能看到当莉兹和安娜在谈到顺从的丈夫可能会对妻子做出暴力而荒谬的反应的高潮部分时,她们是如何一同发笑的。该例作为一次长谈的节选样本,给人们留下的总体印象是,所有三位参与者几乎一直在没有间歇地交谈,但这一印象很大程度上来自于参与者在彼此发言的同时,发出的大量的笑声。[①] 该例的完整形式具有以下几方面的意义。第一,这是一个合作话语权的很好范例。第二,它违反了故事讲述的标准,因为,苏原以为听者会专心致志,可相

---

① 我要感谢参加1993年11月瑞士性别与话语分析研究生研讨会的与会者(尤其是珍妮·切舍和彼得·特鲁德吉尔)。他们使我对这段交谈中笑声的作用有了更确切的了解。

反,当她刚刚描述完故事的大概轮廓时,就不得不对付莉兹和安娜喧闹而详尽的评论,她俩协同起来,对苏正在描述的"顺从"的丈夫做出了一系列的评头论足。第三,叙述(唯有苏一人知道故事内容)和谈论(故事的核心部分——妻子不允许丈夫弹吉他—变成了对婚姻意味着什么这一问题的广泛探讨和思考)之间频繁切换。

以下是苏向莉兹和安娜叙述故事的开始部分。

**顺从的丈夫**

我告诉过你们我有一次去了一位朋友家里,他有过((一把))吉他。

[……]

妻子对了——他妻子不让他有。

她说了不〈嗯发笑〉

而他是那么地顺从。

她是——她说了,"你不许有吉他",

所以他一直都没有,

从此他也就没有弹过。

圣诞节的时候她终于允许他买了一把

只要他不当着她的面弹。

故事的开始部分就为三位朋友提供了许多话题,而她们也都抓住了这些话题。第一,妻子"不让"丈夫拥有一把吉他这一说法引发了对夫妻关系中权利结构的谈论。第二,对"顺从"这一相关主题的探讨,尤其对顺从是不是丈夫应有的品质予以讨论。第三,乐器成了交谈的一大话题,因为苏的丈夫约翰会演奏萨克斯管,因此大家知道苏对此有着复杂的感受。

"顺从的丈夫"这一例子的完整形式可在附录B中找到。这里,我仅列举其中一部分,用以说明笑声在朋友间的交谈中是如何发挥其作用的。当苏讲述完故事梗概后,三位朋友便开始一起交谈,合作话语权也因此建立起来了。

**顺从的丈夫(1)**

  苏： 他真的很和蔼/ 他觉得她很好/ 而我
  安娜：
  莉兹：

2 苏： 如果是她的话我会担心．你们知道=会—会把他逼向—
  安娜：
  莉兹：　　　　　　　　　　　　　　=什么/ 你没有

  苏： 她—她把他逼向⌈绝—
  安娜：　　　　　　　⌊他可能会刺她用
  莉兹：协调好？/

4 苏：　　　　　　　⌈她把他逼向绝路/ 是啊我
  安娜：面包刀总有一⌊天=　　　　她才会醒悟
  莉兹：　　　　　　　　=是啊吱/〈恶毒的声音〉

  苏： 认为他会/　　　　　　我觉得他会反抗=〈笑声〉
  安娜：到死的时候=　　　　〈笑声……
  莉兹：　　　="好吧珍妮"/　〈笑声……〉=把那—

6 苏：　　　　　　　〈笑声……〉
  安娜：
  莉兹：刺破喉咙/〈砍掉鼻子〉〈笑声〉

  苏： 但在—这个特别的夜晚她让他弹奏了吉他/
  安娜：　　　　　〈喷鼻息〉〈笑声〉——▶
  莉兹：——▶

8 苏： 那真是太好了你知道/ 她喜欢去阻止他=　这
  安娜：

莉兹：〈笑声〉……→                    =〈咯咯笑〉

苏：　　是我所——=
安娜：　　　　=我是无法忍受的/ 对不起
莉兹：　　　　= 他可能会有一天拿着它离开

10 苏：　　　　　=我无法/ 不/ 但你不得不确信去
安娜：尽管/ 你会吗/ =
莉兹：[嚓〈模仿打破鼻子〉

苏：　相信它因为他仅仅是．顺从/ 并且她——⎡嗯她
安娜：　　　　　　　　　　　　　　　　　　⎣为什么
莉兹：

12 苏：　仅仅——　　　　　　　　　　⎡什么/ 顺从？
安娜：　　　　　　　　　　　　　　　⎣话/　　顺从/
莉兹：你那么说啊？那是令人感到恐怖的

苏：　是的（（x））　　　　是的但他是/ 那是他所
安娜：
莉兹：使得他听起来像只宠物兔子/

14 苏：　喜欢的/ 他顺从/⎡他是按她所说的去做的/
安娜：　　　　　　　　⎣哦　多恐怖/
莉兹：

　　在该例的高潮部分(第5—6组)，她们三位立即发笑。苏确认罗布"很和蔼"，而且敬重地认为他妻子—他觉得她很好—以及她禁止他弹吉他。安娜和莉兹显然对这种情形感到震惊，于是便开始想像这样的丈夫一旦反抗，将会做出些什么来。她们的笑声涵义很丰富：为想像中丈夫用刀刺向妻子卡通般的暴力而感到好笑；为她们虚幻的想

像；为苏所说的像只宠物兔子的罗布以及也许为她们自己大胆的暴力想像力。（尽管声音技巧通常被认为是男孩交谈的一种特征，一般不和成年女性的交谈联系起来，但这三位女性朋友在交谈中大量运用了声音技巧，从而起到很好的效果。）[①]

作为合作交谈，这个例子是很有意义的。在三位交谈者共建的合作话语权的交谈平台上，苏扮演着主要角色，而莉兹和安娜既联合对苏的故事进行解说，又单独予以评论。她们的笑声使人们加深了这样一种印象，即所有三人都一直参与在交谈当中。上述例子共包含 14 组，其中 9 组（64％）中涉及两位或两位以上的交谈者在同时交谈；13 组（93％）中涉及两位或两位以上的交谈者在同时或言语，或发笑或增加一些声音效果。笑声似乎是女性之间友好交谈的固有组成部分。事实也是如此，上例所示的长谈中，三位交谈者极其错综复杂的参与给人们留下了清晰的印象。[②]

为了表明这不是一个孤立的例子，下面列举的是同一交谈的另一部分。她们三人开始严肃地考虑这样一个问题：即丈夫如果不像他那样顺从的话，就不会赢得那个家庭。苏向莉兹和安娜叙述她丈夫约翰的观点。

**顺从的丈夫（2）**

苏： ⌈约翰说在家里他必定— 他必定反抗/ 他⌈必定/
莉兹：⌊有一种约—是啊必定是/           ⌊是啊他必定/

苏：     约翰忍不住去想—
安娜：      ⌈约翰可能想去帮他
莉兹：((因为))约翰—〈笑声〉⌊约翰忍 不住

---

① 例如，见阿德莱德·哈斯"四岁、八岁和十岁男、女孩口头语言与性别有关的特征"。
② 在小范围研究女性知己间交谈的过程中，乔安妮·沙因布曼发现76％的话轮涉及重叠（包括笑声以及言语）。见沙因布曼"一次两个"。

| | | | | |
|---|---|---|---|---|
| 苏: | | | 你知道吗 | |
| 安娜: | 反抗/"来 | 吧学学怎么反抗" | | |
| 莉兹: | | 他给他—是啊 | 给他— | |

---

苏：　有趣的是—　　　　　　　　　　　是啊/
莉兹：　　　　"买一把萨克斯—我会给你那儿的

---

苏：　　　　是啊/ 他会/ 他已经得了两次—他已经得了两次
莉兹：电话号码　买一"/〈笑声〉

---

苏：　神经痉挛/　的确/　　　　他已经得到这个
安娜：　　　　　　我不觉得奇怪/〈笑声〉
莉兹：　　　　　　哦/〈笑声〉

---

苏：　神经质地抽搐—〈笑声〉他已经得了这个真正的神经质地抽搐/ 约翰说
安娜：⋯⋯⋯⋯⋯→
莉兹：⋯⋯⋯⋯⋯⋯⋯⋯→

---

苏：　"我要去问问他这件事"/
安娜：　　　　　　　　　　　　　〈笑声〉
莉兹：　　　　　　　　　　　〈尖笑声〉

该例由 8 组组成，除了最后一组，都涉及两到三位交谈者在同一时间有说有笑。在第一组中，苏和莉兹复调式地谈论丈夫必定会在家里反抗，但仍然在同时说出了那个关键词必定。这一话题确立起来后，莉兹和安娜又一次协同起来想像反抗会是什么样的，她们依次猜想着约翰是如何成为一个煽动者的。而此时，苏仍在进行着她的（事实性）叙述，说她丈夫有神经痉挛症。尤其当谈到约翰是一个煽动者的时候，她觉得这个家都垮掉了。

## 交谈是一种玩乐

苏、莉兹和安娜之间就顺从的丈夫进行的交谈片段显示，她们三位在交谈中显得其乐融融。她们借此话题,嬉笑婚姻和顺从,而且还玩弄文字,游戏合作话语权的交谈技巧。

我在第三章已经说过,女性朋友往往否认她们聚在一起"做"些什么,因为她们并不把交谈看作是"做事"。有关男性友谊的研究表明,男性注重朋友间一同玩乐,如踢足球或游泳,或一同观看比赛或同去一家俱乐部。① 小时候我们称这些活动为"玩乐",而且认为玩乐就是朋友间的事。男性之间所谓的"玩乐"似乎是以行动为中心的,而女性之间的"玩乐"似乎是以交谈为核心的。这里我要强调指出的是,女性交谈之所以能够融为一体,就是因为交谈是一种玩乐。当然,玩乐性交谈是区别与事务性交谈的。首先,玩乐性交谈的主要目的是建构和维系良好的社会关系,而不是为了交换信息(当然这也可算是朋友间交谈的一种功用,因为所有的交际活动都含有信息交流)。玩乐性交谈的第二个目的是所有参与者能自得其乐。交谈的乐趣来自于如何谈,也同样来自于谈什么。

对女性间友好交谈的功能的这种阐释,又使得我们回到先前谈论过的一个观点上来,即爵士音乐会式的交谈。女性朋友聚集在彼此家里,喝完一杯酒或一杯茶后,便立即开始玩乐。而且,独奏乐章和合奏乐章交替进行。我们就彼此的旋律即兴演奏,共同体验其中的悲伤与欢乐,自我解嘲,彼此取笑。合作话语权的建构象征着友谊对于我们的意味所在:意味着我们一同说出一句话语,意味着我们就同一话题同时表达出类似的观点,意味着我们用具体的方式表明我们在共享协作过程中的价值所在。个体的声音融合交织在集体的表演中。笑声此起彼伏,不仅仅是因为有人谈论滑稽可笑或令人惊讶的话题,而是因为我们在自己建构的交谈中,在我们"融为一体"的交谈技巧中,享受着无穷的乐趣。

---

① 弗恩·约翰逊、伊丽莎白·阿里斯"青春期后期亲密的同性朋友之间的会话模式";斯图亚特·米勒:《男人和友谊》;约瑟夫·普列克"男人与男人";维克多·塞德勒:《男性的重新发现》;德鲁里·谢罗德"男人的束缚"。

# 第七章

"你知道所以我是说我或许……":模糊限制语和模糊限制行为

在本章中,我将探讨被语言学家称之为模糊限制语的这一语言策略。像也许和有几分以及我是说这样的词或短语具有缓和话语语气的功能。这一术语取自于"模糊限制"一词的日常用法,如在"两面下注"(to hedge your bets)一句中,"模糊限制"(hedge)的大意是"避免采取果断行动"。在语言学中,所谓模糊限制就是避免说出绝对的话语,从而为自己留有余地。对交谈者而言,使用模糊限制语是一种颇有价值的交谈策略。越来越多的证据表明,女性使用模糊限制语的几率要高于男性。[①] 模糊限制语被女性朋友频繁而又敏感地运用于交谈当中,雷切尔在她的访谈中指出模糊限制语能帮助交谈者"斟酌措辞",这是其功能之一,也是朋友交谈的一个显著话语特征。

为了说明模糊限制语的含义,让我们先选择其中一例予以考察。这是个比较罕见的例子,出自一个失败的故事,所谓"失败"是指梅格的朋友对她所讲述的故事表示出了一种难堪和不可置信的情绪,同时也指梅格最终陷入沉默而没有完成她的讲述。她是在给比、萨莉和我讲述和一位很久未曾谋面的朋友的会面。介绍完吉恩后,梅格开始讲述她对吉恩外貌的看法。(该例稍经改动,下划线部分为模糊限制语)

---

① 珍妮特·霍姆斯"限制你的肯定,抱骑墙的态度"以及《女人、男人和礼貌》的第3章;本特·普瑞斯勒:《会话中的语言性别角色》;詹尼弗·柯茨"认知情态和口头话语"以及"回到闲聊"。

### 和老朋友的一次会面

梅格： 不管怎样((xx))我觉得吉恩有点有点有体毛问题/

其他人：〈笑声〉

梅格： 不是—
比： 噢 我也有好多体毛/ 她有多少啊？

梅格：嗯—
比： 你是说可能会显露出来—. 可能显露
珍： 可在哪儿((xx))—

梅格： 是啊/. 不我真的看见在她的胸部/ 而且嗯在—
比： 出来— 噢/

梅格：在—我—我真的是—客观冷静地看到/ 嗯

梅格：但我的确看见— 一些胸毛/. 黑色的/

梅格：她皮肤很黯—有点像黑皮肤那样面色灰黄而且许

梅格：多—我是说 我—我是说我希望我只是在描述而没有任何

梅格：夸大其词/. 你们知道所以我是说我或许—

比：你是说你确实觉得她快变成大猩猩了？

其他人：〈笑声〉

  梅格在该例之前对她的朋友的描述大多是没有争议的。当她说出我觉得吉恩有哦有哦有体毛问题后，故事便进入了高潮部分。如果从我们的文化视野出发，有关女性体毛的话题是有争议性的。梅格使用了模糊限制语我觉得，并伴以停顿重复，表明她对朋友们如何看待自己的谈论表示不安。结果证明，她的不安没有多余：比立即质疑：噢，我也有好多体毛并且继续问道她有多少啊？。梅格于是开始为自己辩解，可当她觉得自己无法被听者所接受时，辩解也显得越来越不连贯。她越是觉得难堪，越是对自己的话语加以模糊限制。她的最后一句话语几乎全是模糊限制语你们知道所以我是说我或许一然后全然不再啃声了。此时，比站出来打圆场，她用粗俗的话语你是说你确实觉得她变成了一只大猩猩？缓解了交谈的气氛。

像梅格这样在最后一句不完整的话语中接连出现模糊限制语是不常见的，而这种当一位女性意识到自己所讲述的无法被朋友接受的谈话案例也是罕见的。大多数情况下，朋友间的交谈是彼此能够认可的。但是我们依然需要模糊限制语。本章接下来将要阐述朋友交谈中模糊限制语出现的各种不同情形，同时论述女性使用模糊限制语的原因所在。

## 模糊限制语的不同功能

### 表示疑惑和自信

模糊限制语的基本功能是用以显示说话人对自己的话语缺乏自信。换言之，当我们对话语进行模糊限制时，表明我们对其真实性缺乏自信。因此，当梅格说，我觉得她有体毛问题，她通过使用我觉得这一模糊限制语表示对她的命题有体毛问题的真实性缺乏足够的信心。

下列例子中，汉娜和朋友正在谈论澳大利亚电视肥皂剧，进而开始讨论澳大利亚人的口音。克莱尔说起她学校的一位女生朱莉，她来自澳大利亚，但听口音不像是澳大利亚人。

---

克莱尔：可你们知道朱莉对吗？她是澳大利亚人/ 她—

---

克莱尔：⎡她没有澳— 是啊/ 她没有澳大利亚口音/
贝琪：⎣是澳大利亚人？

杰西： 谁？
克莱尔： ┌朱莉/ 那是她谈论男人的方式〈发笑〉〈模仿朱莉的口音〉
贝琪： └朱莉/

克莱尔： 我不信/
贝琪： 也许她上过发声法课/

  克莱尔对朱莉的滑稽模仿引起贝琪说道也许她上过发声法课：这是企图为朱莉的口音辩解，但话语中包含的模糊限制语也许表明她对她上过发声法课这一命题的真实性缺乏自信。事实上，她是在说，"有这种可能性，但我还是对此表示怀疑"。她的疑惑也得到了克莱尔我不信的回应。
  同样，在下列例子中，安娜对也许的重复告知她的朋友，她对这两句话语中含有的命题表示怀疑：

[安娜和她的老板吵架之后]
安娜：也许他是对的/ 也许我是一个废物经理/

  除了我觉得和也许这样的形式外，助动词可能和可以也是重要的模糊限制语，我们常用其暗示疑惑。下列例子中，海伦对可能参加她开办的管理人学校成人教育课程的人数表示疑惑。
海伦：可是这意味着下一周我们可能连两个组的人数都凑不齐因为我
  已经提前道过两次歉了/ [……]并且你们知道其他一些人员可
  能也有承诺/ 因此我不认为我们可以举办两组/
  她连续两次使用了助动词可能，两种情形都表示她对自己话语中所表达的命题缺乏肯定。她在最后一句中因此我不认为我们可以举办两组重新强调了对举办两组的疑惑。注意这里的不同的模糊限制语——可能、你们知道、我不认为——是如何前后照应以表明言语者的不确信。
  下面例子节选自苏、莉兹和安娜的一次交谈。安娜刚刚讲述完她偏执的母亲在清晨去参加一个葬礼的途中，因滞留在一个车站而乞求搭乘牛奶车的故事。其中，三位交谈者都使用模糊限制语也许对命题"安娜母亲告诉送奶工人（她要去参加一个葬礼）"的可信性予以限制。

安娜：打赌送奶工人不会相信/
莉兹：　　　　　　　┌是啊
苏：　　　　　　　　└他知道她要去

安娜：　　　　　　　　＝嗯她可能告诉他们了/
莉兹：　　　　　可能告诉┌他＝
苏：　参加葬礼吗？　　　└有可能/ 是的/

安娜：你们知道她看起来像/〈吃吃的笑声〉

　　该例中，三位朋友都是通过使用可能这一偏向于可信的副词，彼此对安娜母亲的行为表示了相对的可信度。

**表示对他人感受的敏感性**

　　模糊限制语的功用不仅用以表示话语命题的真值，而且可用以描述交谈中听者的感受。交谈过程中，交流不仅存在于命题、态度与命题之间，也存在于态度与听者之间。后者被称为是语言所具有的人际功能。[①] 在梅格向她的朋友们谈论其老友吉恩的例子中，她在引入体毛这一话题之前，说出了这样一句极具模糊性的话语：她看起来真有点嗯—的确有几份家庭主妇的样子。该话语中，模糊限制语有点、几份、的确显示梅格对其她看起来像个家庭主妇这一话语命题缺乏自信。这里，梅格不是因为对其话语的真实性缺乏自信，她的疑惑来自于无法确信朋友们对自己如此直率地描述另外一位女性所持的态度。梅格假借我们的认可，无意冒犯我们大家—她的听者。她借助这些模糊限制语，避免了我们之间的一次激烈争执。

　　当然，她也以此保护了自我：梅格借模糊限制语使自己有失体统的话语免遭谴责。比如，如果梅格会因家庭主妇一词所蕴涵的消极意义而受到谴责的话，她就可以据此予以反驳。因为她所说的是有几份

---

① M. J. K 韩礼德：《语言功能的探讨》。

家庭主妇的样子,而不是家庭主妇。既保护言语者自我,又关照听者的感受,是模糊限制语的一大功能。

对言语者自我和言语受众的保护理念是基于关照面子(如"丢面子")及其关联概念面子需求的一种交际模式之上的。① 我们都有面子需求—即对个人空间的尊重的需求(称之为消极面子)和被同等认同和喜欢的需求(积极面子)。英语中,模糊限制语尤其适用于对消极面子的保护:帮助我们免于强人所难。一个典型的例子就是在请求别人帮忙时所用的标准话语格式:"你能不能可以借给我五英镑?"其中的模糊限制语有能不能和可以,而非不容分说地(和威胁面子的)说"借我五英镑"。模糊限制语也可通过对有争议的话语加以模糊化而对积极面子予以保护。如梅格在描述吉恩的外表时运用模糊限制语从而使她的朋友保持了对她的良好印象,因为她并没有直率地说她看起来就是个家庭主妇。

为了说明模糊限制语是如何保护交谈中的所有参与者的面子需求,让我们看看苏抱怨她丈夫的一个例子。她是为睡在楼上的女儿着想而抱怨的。其中,模糊限制语的运用使得苏能以一种可接受的方式对其丈夫进行抱怨,同时也使得莉兹在谈论过程中免于有完全赞同她的立场之嫌。(对于妻子来说,批评丈夫尽管有危险,但仍是许可的,可对于别人来说,这绝对是一种冒险行为。)

[背景音乐的音量在增大]

苏: 我是说你怎么能够受的了呢?
莉兹: 哦,和这样的男人在一起

苏: ⌐哎哟那简直把你逼疯了/
莉兹:我知道是很难的⌊但—

苏: 我是说艾玛就睡在隔壁/

---

① 把面子一词作为社会科学中的一个术语最早是由欧文·戈夫曼提出的(见他的《交流惯例》)。佩内洛普·布朗和斯蒂温·列文森全面发展了面子这一概念,在此我引用的正是他们的研究(特别参见布朗和列文森的《礼貌》)。

莉兹：　　　　　　　她也许会

苏：⌈呃不知道我是说⌉
莉兹：习惯的．真⌊的很快会的/⌋

　　苏通过避免使用过激言辞而保护了自己的积极面子（她需要来自于她的朋友的喜爱和尊重）；这些模糊限制语意味着一旦需要她就可以放弃这一临界立场，同时可以使她对丈夫考虑欠周的行为表达怨恨之情，也可以得到莉兹的同情。莉兹也显得犹豫不决，她想赞同苏，但也不想让自己显得过于偏激。模糊限制语的运用使得她既保护了自己的面子，又保全了苏的面子。苏的反问句你怎么能够和他这样共处呢？也是一种模糊限制语。（我将在下一章专门论述女性朋友运用附加疑问句的情形。）

　　下面例子中，卡伦从来没有为自己医生的性别问题而在意过，但现在她显然需要对此予以模糊限制，以防帕特不相信。（她以此保住了自己的面子——可以撤回自己的陈述，也保全了帕特的面子。）

卡伦：呃我猜想我是从来没有真的如此在意过/

帕特：不/ 那不会让我感到不安但也许——

卡伦：让你介意因为他们越来越年轻了．我可能感觉⌈不一样/
帕特：　　　　　　　　　　　　　　　　　　　　 ⌊是的/

　　事实上，正如我们看到的那样，帕特以"那不会让我感到不安"回应了卡伦的话语——即便是男医生也不会让她感到不安。但她随即又说出了一句不完整的话语：但"也许"——表明她认为也许在某种情况下你会对此感到不安。卡伦接着列举了这种情况——（男性）医生越来越年轻了，而帕特对此表示认同。注意卡伦话语中的情态动词可能，它模糊限制了卡伦陈述过程中的内心感受。

**表示在斟酌措辞**

当我们正在斟酌用词,或一时难以找到恰当的语词用以表达我们的思想时,模糊限制语为我们提供了一条看似平常但却有益的出路。下面例子中,贝琪设法描述自己经期前出现在鼻子上的一种感受:

贝琪:鼻子就—就好像你的鼻子<u>有点</u>. 胀大/

模糊限制语<u>有点</u>传递给她的朋友这样一个讯息,即她正在斟酌恰当的语词;同时也表明我们所使用的词语也不是最恰当的。注意此模糊限制语后面的停顿,这是使用模糊限制语时常有的一种情况。模糊限制语显示即使会出现片刻的停顿,但言语者的思维仍处于活跃状态:其他交谈者此时应给言语者留有一定的时间余地便于其斟酌恰当的语词。

<u>似乎是</u>和<u>有点儿</u>是交谈者在斟酌恰当的语词时用以延缓时间的最为常用的两个模糊限制语,其他的还有<u>你知道</u>和<u>呃</u>。下面列举是一则有关<u>你知道</u>的用法的例子。

[谈论关于猿的电视节目]

比:他[猩猩]有<u>你知道</u>—他有五个足以. 操作—不论你称之为手和什么东西/

雷切尔在她的访谈中就女性朋友交谈中的这一情形作了清晰的说明:"和女性交谈时,我—我对那种琢磨着如何去表达的方式感到很开心。"雷切尔从她的亲身经历中,不仅观察到女性朋友为恰当的自我表达而做苦苦的思索,而且还发现女性具有帮助彼此思索的交谈技巧:"还有,女性给你留下思索的时间",这一观察发现得到了相关证据的证明。在最后一章,尽管我们会发现当一位女性求助于其他朋友时,大家会协同斟酌恰当的语词,但当有人正在斟酌一个语词时,其他朋友是不会插话的。

下面例子中,海伦正在谈论她的小女儿。她设法描述女儿曾经所在小学中存在着的糟糕情况,并且与她现在所在中学的良好情况做一对比:

海伦:她的确喜欢它/ 嗯,她的确是<u>个人物</u>. 是个<u>有点儿</u>被当作个人

物的不是真正地—反对河溪路学校的学生……/

海伦在斟酌恰当的语词以描述她女儿在河溪路学校里发生的事情,她最终选用了被当作一词。注意该例中出现在模糊限制语有点儿之前的停顿,但该话语中,海伦的斟酌已经由模糊限制语的确所体现。在接下来的描述中,她说道被当个人物的不是真正地—。最后她用反对学校一词表达了她企图说明的观点,但这意味着她不得不变不是为是而重新组织她的话语。这里的模糊限制语也是因话题的敏感性而起,当然也是海伦为保全自己的面子所需。可见,模糊限制语同时兼具各种功能:是一种用途极为广泛的语言形式。

下面例子中,在格温猜想艾米莉母亲童年的模样时,出现在她话语中的似乎是这一模糊限制语是具有多种功能的。

艾米莉: 你知道什么?我妈妈认为我比她小时候更为敏感[……]

格温: 她和你一样大时在做什么?[……]她是不是完全—完全似乎是有一点调皮?

艾米莉: 我觉得她是那样的/

格温不仅在斟酌适当的语词,以描述她想像中调皮的孩子的模样,同时也小心翼翼地保护自己,以防自己的评论致使艾米莉难以接受。(最终,艾米莉认可了以调皮一词描述她母亲的少女时代。)注意,在格温的话语中充满着斟酌的迹象:她对完全一词表示犹豫,尔后用似乎是对此进行模糊限制,调皮一词前面出现的有一点表示对其更大程度地加以模糊限制。

下面例子显示海伦正在斟酌恰当的语词,同时也是在保护自己以免出错。出现在该例中的似乎是主要是用以表明该词本身并不是理想中的,同时也表明一时无法斟酌到恰当的语词。

[关于猿与语言的谈论的最后部分]

比: 什么是范例?
玛丽: 是⌈被认可的．世界观=
珍妮特: ⌊((仅仅是种))想法/

海伦：＝似乎是一种模式／

这是朋友间协同斟酌恰当语词的又一个例子。在言语者第三次设法界定其含义时，海伦想表示她无意反对玛丽和珍妮特的说法，她自己的观点也是基于她们俩人的说法之上的，但这仍然不是令她满意的说法。

斟酌措辞往往是女性用全新的方法思考问题的一种方式，其结果也是对问题有了一种全新的理解模式。这是女性朋友交谈中的一个重要方面，而模糊限制语在其中发挥着很大的作用。我将在最后一章中(第11章)继续谈论这一主题，即交谈对获取新知识的作用。

**避免扮演行家角色**

有时在关键词语前刻意使用模糊限制语。这种情形中，模糊限制语并非意味交谈者在斟酌措辞，而是运用模糊限制策略以免自己扮演行家角色。所谓"扮演行家角色"是指交谈中的参与者在就某一话题依次占有话语权进行谈论时，以行家身份出现。这种情形在男性交谈中似乎更为常见。① 相反，女性在交谈中总是避免出现这种情形：在合作话语权的交谈中，缩小参与者的社会差距显得尤为重要，而模糊限制语是实现这一目标的有效策略。在下面第一例中，海伦提前来到我家，因此乘机和我谈论有关我即将在她所在大学举办的关于学校课程论的研讨会的一些情况，因为对她而言，学校课程论也是她为学校管理者开设的一门成人教育课。换言之，她以朋友的身份来到我家里，但却以继续教育高级讲师的身份和我进行谈论。在交谈中，她巧妙运用模糊限制语，尽力淡化自己的话语分量，从而回避了自己的专家身份。

---

① 例如，在我1987年发表的"认知情态与口头语言"一文中，我比较了两则历时45分钟的交谈。其中一则涉及了三位男性，参与另一则交谈的则是五位女士。男士们讨论了三个主要话题(家制啤酒的做法、高保真度的音响设备系统和在教室里放电影)，这些话题与他们各自的专长领域相呼应。然而，女士们谈论的话题更为广泛，从虐待儿童、害怕男性到港口的火车与轮船。这些话题引用了在场每个人的个人经历。(有关奥克斯顿女性在这段历时45分钟的交谈中讨论话题的详细描述，见第4章开篇处。)

[解释培训学员学到课程的哪个阶段]

海伦:因此他们会有把—你知道他们觉得相当似乎是对此有把握/

下列例子中,交谈者(梅格)是位心理学者,她熟知交谈中的关于儿童遭受虐待事件的过程。她用似乎是使自己的话语避免过于流畅,从而不至于拉大参与者之间的距离。

[谈论儿童遭受虐待]

梅格:他们可以似乎是嗯进行验证通过.给大家展示似乎是录像带/

最后一个例子出自一次关于猿与语言的谈论,该话题是由前一晚上一个电视科教节目引发的。作为语言学家,这是我喜欢的话题,尽管我有好多话要说,但不能扮演专家角色;我当然无意给我的朋友们上一堂语言学课。

[珍为猿能够使用语言而辩解]

珍:但是我仍然觉得—呃我的基本想法是/是以特兰希(心理语言学家)为代表的人们大体上不愿意承认其他动物也拥有各自的语言不论是何种形式的能力/哦这是—哦我觉得我是一直反对他们/因为我觉得那是那—是十分危险的事如果说"我们是高级物种"的话/

在该例中,模糊限制语和模糊语言(如:不论是何种形式的能力中的模糊短语无论是何种形式的以及十分危险的事中的事)同时并用,表明我避免使自己听起来像个专家。其中也出现了话语不流利的现象,如错误的开头以及话语的重复。所有这些方式一同化解了我的话语的权威性。(相关生动的证据可参见前面一章第 20 例中关于"猿与语言"的协同交谈。)保持身份的等同和维护亲密的社会关系是女性之间友好交谈的两个重要原则。

## 女性与模糊限制行为

模糊限制语为何会成为女性朋友交谈的一个显著特征呢？在我看来，模糊限制语的使用尤其和我们交谈中出现的三种情形相关：我们经常谈论敏感话题；我们经常做自我揭露；最后是我们需要建立，因而也需要维护，合作话语权。下面我将就此三种情形逐一加以说明。

### 谈论敏感话题

女性朋友谈论的话题包罗万象，其中，很大一部分可归为敏感话题。所谓"敏感"是指在某些方面具有争议性以及能激发人们强烈感情的话题。这类话题大都是关于人或感情方面的。如果再看看第四章开始部分的四个例子中我们曾谈论过话题，就会发现有些话题是很敏感的。例如，汉娜和她的朋友就"经期"这一话题的谈论就是一个典型的敏感话题（因为在我们的文化环境中，月经是大多数人所避讳的话题），但接下来的关于克莱尔在体育馆的经历的谈论并不属于此类话题。苏、安娜和莉兹就"古董"以及"野兔"的谈论都属于"无风险"话题，因为那是有关物品和动物而非人和感情的话题。相反，话题"亲属关系"是相当敏感的，因为它涉及私人关系以及诸如婚姻中适当的行为方式等方面。在那四次交谈中出现的其他一些具有敏感色彩的话题还有："兄弟和男孩以及男性的身体"（汉娜和其他人），"卡伦最近所做的手术"和"疾病"（帕特和卡伦），以及"禁忌和葬礼"、"儿童虐待"、"对男人的忠贞"和"男性的恐惧"（奥克斯顿）。

下面三例模糊限制话语出自对敏感话题"儿童虐待"的谈论中。

1 [谈论为何女孩遭受性侵犯后往往无法赢得人们的同情]

比： 应该是女性的过错/ 我的意思是我认为把这种观点也用于小女孩身上/

2 [谈论乱伦家庭]

玛丽： 我是说我觉得那是你的理论是不是？那—那种事发生在家庭成员之间/

3 ［谈论乱伦家庭］
玛丽：我是说是和——是和他母亲之间吗？

尽管我们五人在谈论儿童遭受性侵犯问题时，未曾掺杂任何个人经历，同时我们都曾经是小女孩，我们也都有了孩子，该话题仍然激起了我们强烈的内心感受。话语中出现的模糊限制语主要是起到维持人际关系的功能：我们用以彼此保护和保护我们大家。比从成年女性的立场出发对人们对遭受性侵犯的女孩的态度做出了一种解释，她认为女性的这种（冷漠的、家长式的）观点适用于（但却不相宜地）未成年女性。她通过运用模糊限制语表示自己的疑惑（她无法确信自己的解释），和对听者（可能认为她的解释有争议）具备的敏感性，以及为保全自我面子而具有的敏感性。例2中，玛丽使用模糊限制语非常谨慎地为朋友（梅格）留下反驳的余地，从而避免使得（可能有争议）观点只停留在一个人身上。例3中，玛丽用我是说这一模糊限制语淡化了她极具争议性的主张的口吻，即母亲在某种程度上与儿童性侵犯有牵连。玛丽不仅模糊限制这一主张，而且组织成为一个问句，使其更具模糊性。（我将在下一章论述疑问句作为模糊限制语的情形。）

这些例子的特别之处在于，每一处模糊限制语都是各种不同需要的微妙结合，上述三个例子中，出现模糊限制语的一个根本原因是话题本身具有的敏感性，因此，每一句话语都需要中和。换言之，如果交谈很直率，那么谈论敏感话题会显得非常艰难：我们都需要从这类话题中的一些裸露细节中保护自我和彼此保护。

以下节选的是一个比较长的例子，以表明如何在连续的话语中运用模糊限制语来淡化话语的口吻，同时表明模糊限制语是如何彼此结合的。该例中，海伦给我讲述一位女孩的故事，这位女孩是她女儿的朋友，她获得奖学金后离开了当地学校，到当地女子独立学校去学习。海伦和弗兰（她女儿）都一直非常喜欢凯瑟琳，但有一点总让她们失望，那就是她的外表：在她们看来，凯瑟琳的父母观念陈旧。弗兰最近在一次校际测验中见到了凯瑟琳，海伦给我讲述的就是她们俩的这次会面。海伦在讲述过程中多处运用了模糊限制语：功能之一是为了保护我的感受，以防我对她如此谈论凯瑟琳而感到不悦（毕竟，海伦每一句积极的评价中总暗含着对凯瑟琳往日的外表的批评,而且自以为"好的相貌"对女性很重要,而这种观念正是我所不能接受的)。

  海伦:弗兰说她看起来真的很可爱/ 她.终于穿上了似乎是时髦
     衣服/ 因为他们不必穿校服/ 她看起来真的很美丽/ 她似
     乎是做了个发型/ 她显得真的似乎是—你知道弗兰说她对
     她很热情因为她终于显得如此漂亮而且有同情心/

  我通过假设对她回应说凯瑟琳父母的观念变得成熟起来了,因为他们接受了学校关于穿着的一些观念。海伦自信地接着说道:

海伦:她全身搭配的都是灰色和一些东西/ 但我是说你知道弗兰

海伦:说她显得 . 真的随意多/      哦/
珍:          这是个开始/

  海伦在对一位女性外表的有争议的描述中,通过运用模糊限制语,显示了她对于我的感受所具有的敏感性。同时她也意识到这是一个令人感到别扭的话题:她企图对凯瑟琳说些好话,而事实上,却越来越多地流露出一些隐性的个人观点。(特别是—她终于显得如此漂亮而且有同情心—当中的同情心一词,暗含了对凯瑟琳的过去的评判。)通过使用模糊限制语,海伦成功地谈论了这个敏感话题,而且事实上也成功地使我接受了她的观点:在我说出这是个开始后,我已经在话语中和她成为了同谋,支持那种坚持认为女性应当注重外表的观点。

  女性朋友的交谈中常出现敏感话题。而这类话题又引发了模糊限制语的频繁出现,因为如果没有模糊限制语,谈论敏感话题将会变得非常困难—如果不是不可能的话。(与"无风险"话题做一对比,参见上一章例16中帕特和卡伦相对而言无模糊限制的交谈。)

**自我揭露**

  在和朋友交谈时,出于对她们的充分信任,我们愿意告诉她们一些自己鲜为外人所知的故事。揭露私人信息往往是有风险的,但这是构成亲密关系的一个重要因素,因为自我揭露往往是相互进行的,这样做能够促进彼此间形成紧密的友谊关系。自我揭露是女性朋友交谈的一个主要组成部分。我们相互吐露心声,说出各自的希望和担忧,揭发日常生活中我们自己的一些"丑陋"行径。如同在第2章中谈到的那样,能够在朋友们当中保持自我的能力——不论这种自我是令人讨厌的还是其他什么样子的——是为我们所看重的。但正是因为自我揭露涉及很多私人问题,所以,话语需要婉转,而模糊限制语是自我揭露变得可行的一种至关重要的手段。

前面例子中,尽管海伦显然是从她女儿的角度出发谈论凯瑟琳的,但仍然流露出了许多自我的观点,因为她完全认同自己女儿的观点。因此,模糊限制语的运用,一方面是因为该话题本身具有的敏感性,另一方面是因为该交谈事实上是一次自我揭露。关于自我揭露的一个很好的例子当数贝琪向她的朋友们坦白自己曾经对达米安的"迷恋"。(该例的末尾部分已出现在前一章中。)贝琪开始说道,"我是在最近才停止对他的似乎是迷恋的"。模糊限制语似乎是在这里具有多重功能:表明贝琪对"迷恋"这一话题的敏感;也显示"迷恋"一词并非最适合表达她的真切感受。她似乎是想对朋友们做一番自我揭露,但同时又借以模糊限制语保持了自我与故事(她对达米安的"迷恋")间的距离。此话语也预示她对达米安的迷恋是众所周知的。可当贝琪意识到并非她所有的朋友都知道此事时,她不得不对自己稍做揭露,以便让她们知道其原委(下划线部分为模糊限制语):

贝琪:然后当我们回来后[度假]我似乎是又一次坠入了

贝琪:他的爱河之中/ 后来真正的似乎是难以克制的是((xx))
杰西:　　　　　　　　　　　　　　　　〈轻轻地笑〉

贝琪:是我突然—因为我突然间对他有种似乎是迷恋—

贝琪:你知道人们总是说爱是盲目的/ 我觉得我认为他很完美/
杰西:　　　　　　　　　　哦但你认为—

贝琪： 除了这((显而易见的一些事))哦我几乎是突然间发现
杰西： 呃/
克莱尔： 是啊/

---

贝琪： 他是多么讨厌甚至是恐怖=〈一阵大笑声〉
杰西： =是啊〈相同的笑声〉
克莱尔： =是啊/ 而是像嗯—
汉娜： 是啊/〈轻声吃吃地笑〉

  贝琪的自我揭露使得她非常敏感：对于承认自己在十四岁就有"爱"和"迷恋"这样的情感体验而感到窘迫；对于这位自己曾经爱慕过的和自己同龄的学校小男生，而今却显得"讨厌"甚至"恐怖"而感到为难。她限制自己的话语，以保护自己的面子，也是为了保护朋友们的面子。即使这样，如此敏感的话题仍然使模糊限制语显得无以适丛：贝琪的窘迫终于在她自我揭露完毕的瞬间达到了极至，从而引发了她朋友们同情的笑声。

  如果没有某些化解或解脱手段，那么有些过于敏感的话题就会显得不可思议。下面例子选自对约克郡杀人的一次谈论。梅格透露道自从被警察约见以寻求帮助后，她曾强迫自己考虑凶手是否会是她的伴侣。这也导致了萨莉的自我揭露，她承认自己当时也有过同样的内心感受。对两位女性来说，这显然是难以揭露的事实：她们把自己置身于异常敏感的境地。她们既要保护自己的面子，也要保护听者的面子。模糊限制语的功能就是对能够激发强烈反应的话语加以释缓和中和；梅格和萨莉向她们的朋友倾诉了各自的心声，同时，令人安慰的是，她们发现并非唯独自己有过这种经历。

梅格：我记得那时想—你知道我真的在想'那可能
萨莉：

梅格：是迈—'我觉得是迈克/[……]嗯我的确一直在

萨莉：

梅格：想'可能会是他吗？'/我想知道如果其他女性
萨莉：

梅格：在那个时候．想—
萨莉：　　　哦天哪是的/ 噢我是说我们那时都住在

梅格：
萨莉：约克郡/ 嗯我是说．我．我是说我曾经/我似乎是觉得嗯

梅格：
萨莉：'会是约翰吗'？

如果说没有模糊限制语，像这样的自我揭露简直是难以想像的。

**合作话语权和公开谈论的需要**

在女性朋友交谈中，模糊限制语频繁出现的另一原因是，话语权是合作式的，交谈者共同参与交谈的建构。这意味着在很大程度上，我们听到的是集体的声音，而不是个体的声音。因此，对女性朋友而言，避免按部就班地按次序交谈就显得尤为重要。

模糊限制语在促成公开谈论的过程中起了很大的作用—即在交谈中使得交谈者的话语口吻在需要释缓和中和的时候避免显得过激或绝对化。前面章节中，帕特和卡伦谈论她们的医生的例子已经非常清楚地表明了所谓公开谈论是何种方式的交谈。

[谈论是否在意你的医生的性别]

卡伦：呃我猜想那我是从来不真的如此
帕特：

卡伦：在意过/
帕特：不/ 那不会让我感到不安/ 但也许—

卡伦：让你介意因为他们越来越年轻了．我可能感觉 ⎡不一样/
帕特： ⎣是的/

  卡伦一开始就对其话语加以模糊限制，表示尽管她的话语口吻并不坚定，但一旦需要也可随时予以释缓。对于帕特而言，既可以表示赞同，也可用"是的，但……"表示有所保留。她一开始表示赞同，但在接下来的话语中却暗含着另一种态度。模糊限制语也许此时表示卡伦可做出任一选择，因为帕特已通过模糊限制语使自己的话语显得模棱两可。卡伦同样以暧昧的态度—也许会"感到不安"—来回应帕特模棱两可的话语，而对此，帕特也表示赞同。因此我们可以看出，她们之间的立场发生了一系列的变化：

  立场1：我们不在意医生的性别问题；男性医生也可以。
  立场2：但在某些情形下，男性医生可能会造成不便。
  立场3：当我们在变老，而医生比我们年轻时，男性医生对我们而言可能会难以接受。

  表面看来，这种变化次序并没有什么特别之处。但实际上这种转变是需要许多技巧的。如果交谈者没有对她们的观点加以限制，那么对于其他交谈者而言，即使不表示反对，就连表达不同的见解也会成为一件棘手的事。

  当交谈者显得比较鲁莽时，就肯定会出现这种情形。下面例子中（该录音是偶然间录制到的，因为安娜的哥哥马克是头朝着门的方向和他妹妹及其朋友打招呼），马克和安娜开始谈论野生稻米的优点。

安娜：野生稻米味道很香/ 你从来没品尝过 ⎡因此((xx))—
马克： ⎣噢连印第安人都不

安娜： 他们也许吃/
马克：吃为什么该死的你就想吃呢？

安娜：

马克:他们不/

这种交谈是对抗性的而非协作性的(在此之前是马克具有挑衅性的话语)。安娜在谈论野生稻米时没有规避自己的观点——野生稻米味道很香——以此反驳马克,认为他在没有品尝之前是没有资格做出判断的。此时的马克远不是之前谈话中的样子了,他打断安娜,说出了一句意料之外的话语(用Y回应安娜的X):"连印第安人都不吃野生稻米"。安娜没有同意他的观点(不是Y),但却用也许来限制她的反驳话语。而马克丝毫没有规避地鲁莽地驳斥道他们不,从而重申了他一贯的立场。我们不能把安娜和马克之间这样的交谈称之为"谈论",因为其中的交谈者没有转变立场的可能性。交谈者在立场相左的情形下,如果不进行模糊限制,交谈只会引发对抗。交谈者不愿中和各自的观点,也就无法接近或赞同彼此的立场。这样的"谈论"有时被冠之以"争论",交谈者彼此反对对方的观点,无法达成共识,交谈也因而会很快陷入僵局。

与此相反,我们来看一则女性朋友通过模糊限制促成公开谈论的例子。在关于"葬礼"的交谈中,有五位女性参与到这一敏感话题的谈论中。通过审慎使用模糊限制语,她们设法表达各自不同的观点,并没有引发冲突。例如,比透露道她没有参加父亲的葬礼是因为在当时的生活条件下去美国奔丧太艰难了,萨莉应声说道去那么远的地方奔丧简直是发疯了。然而,梅格和玛丽俩人都认为,任何事都不会阻止她们参加自己母亲的葬礼。当双方的立场就此显得明朗化时,似乎一场争执已不可避免。而事实上,模糊限制语的出现,意味着她们无意采取生硬立场;下面列举该谈论中的一些主要片段(按话语发生的次序)。注意该交谈在多大程度上是由一些表示设想意义的语词促成的;表示设想意义的词也具有模糊限制语的功能,这里我把会一词归为表示设想的语词,这一情态动词在下面话语中表示的是设想的意义。

- 我说"噢我<u>不会</u>去史蒂夫"/ 嗯[……]就像你说的那仅仅是禁忌(萨莉)

- 她[我母亲]说不要去/ 我是说去也没什么意义了/(比)
- 我是说不是因为我显得格外虔诚/(萨莉)
- 如果那是个婚礼的话那么也许他们会叫你去参加的/(玛丽)
- 但我觉得我会伤心并且生气的如果他们[兄弟姐妹们]不来的话[参加葬礼]/(梅格)
- 我觉得绕半个地球去参加会很麻烦/(珍)
- 噢那的确要看情况而定了—我是说我觉得那的确取决于生者的态度了/(比)
- 我觉得我会现在就去因为也许—因为我会我想去参加/(比)

由于没有人采取生硬立场,交谈才得以继续下去,相异的观点最终被同化,大家最终形成了共识:

珍:这是不一样的两种事,是不是/ 是—其他人

珍:比如你母亲或父亲去世了/ 嗯—或—或兄弟姐妹/

珍:嗯同样你当时心里会会有何感受.

珍:    平静地接受/
玛丽:      嗯/
比:        嗯/
梅格:          嗯/
萨莉:         嗯/

注意,珍最后的总结性话语是如何囊括双方的观点的,以及是如何被大家接受的。

模糊限制语对于维护合作话语权尤为重要。它们使得交谈保持开放性,并且有助于避免交谈陷入僵局和引起冲突。在具有单一话语权的交谈平台中的交谈者是按次序发言的,话轮和观点被看作是"属于"交谈者个体的,谈论不是以非常融合的方式进行的,有时甚至会因交谈者截然对立的观点而陷入进退两难的境地。而在合作话语权的交谈平台上，交谈者集体的声音享有优先权，这就意味着交谈者需要借助诸如模糊限制语这样的语言形式，使自己的个人陈述不至于妨碍他人的陈述。

## 模糊限制行为：一种被误解的行为

自罗宾·拉科夫用模糊限制语描述女性语言后①，出现了这样一种趋势，认为模糊限制语这种语言形式是为女性专用的。这种观点源自于一种假设，即模糊限制语只适合于表示疑惑或不确定性。而当模糊限制语被视为一种交际手段，在谈论敏感话题时为面子需要而用以保护言语者和听者双方面子时，它们的功能不仅被误解，而且被贴上诸如"脆弱"、"优柔寡断"、"缺乏自信"等与传统女性性格特征相关的标签。拉科夫认为，模糊限制语之所以具有典型的女性化"就是因为在人们的社会观念中，如果女性显示权威或出风头的话，就会让人觉得不舒服或缺乏淑女仪态，甚至是男性化。"②

在这里可以列举出许多假设来：一，认为女性通常优柔寡断；二，模糊限制语是与优柔寡断相联系的；三，基于以上认识，女性比男性更偏向于使用模糊限制语。具有讽刺意味的是，如果说最后一种假设似乎还有事实依据的话③，那么前两种纯粹是主观臆断。正如我在该章中论述过的一样，女性在交谈中利用模糊限制语的各种不同功能是有充分的理由的。女性大量使用模糊限制语的部分原因是出于话题本身的需要。在我录制的女性交谈材料中，绝大部分是有关人和人的内心感受的交谈内容，而男性间的交谈避免涉及私人问题，他们似乎更喜欢谈论事物。④女性友好交谈的又一显著特色是自我揭露。她们以此分享彼此的个人经历以及与此相关的内心感受。正如我所论述的

---

① 罗宾·拉科夫：《语言与女性的地位》。
② 同上书，第54页。
③ 见第176页注释1。
④ 弗恩·约翰逊、伊丽莎白·阿里斯"女性朋友的交谈"和"青春期后期亲密的同性朋友之间的会话模式"；斯图亚特·米勒：《男人和友谊》；约瑟夫·普列克"男人与男人"；贾尼斯·普林格"男性之间可能进行合作交谈吗？"；维克多·塞德勒：《男性的重新发现》。

那样,女性对于敏感话题的喜好和对内心感受的分享不仅使得言语者相当敏感,也对其他人的面子构成了威胁。模糊限制语对于身处此种情境中的交谈者来说,是一种非常有利用价值的策略,女性是以此缓和话语口吻,从而达到保护彼此的面子的目的。

　　女性使用模糊限制语的另一主要原因是,在和朋友的交谈中,她们更偏向于协作而非单一的话语权。男性间的交谈很随意,因而据我所知还没有人专门研究男性朋友交谈的话轮模式。① 埃蒂斯基在该领域进行了开创性的研究,他通过对男女混合交谈的研究显示,有些男性能够而且在利用合作话语权进行交谈。另一方面,单一话语权在公众生活中的优势,以及这种交谈组织形式所承载的文化价值显示该模式为男性所偏好。当然,根据对联合和间离的分析(参见第 3 章),单一话语权显得更加间离,因而和男子气概更相一致。

　　承认女性使用模糊限制语的比率比男性高并不意味着承认女性是优柔寡断的。选择谈论敏感话题或分享情感与经历和优柔寡断没有任何本质上的联系。相反,女性善于利用模糊限制语具有的各种不同功能的能力是恰恰是力量而非脆弱的体现,是源于女性对交谈中敏感的人际关系的关照。交谈从来不仅仅是为了信息的交换。交谈通常至少涉及两个人的行为,因而也涉及人际关系问题。模糊限制语是调节话语口吻,以观照作为社会的人的交谈者复杂需要的一种主要手段。在友好交谈中,如何交谈至少和谈什么同等重要,模糊限制语是维系友谊的一种策略。

　　较之于男性交谈,模糊限制语似乎和女性更相关联,但和女性相关的语言形式和其如此低下的社会地位之间也许没有什么本质联系。尽管我期望我已经表明模糊限制语理应得到高度重视,但我认为有必要思考这样一种假设,即女性对于模糊限制语的使用不是出于偶然,而是直接源自我们作为一个处于从属地位的群体的体验。模糊限制语是社会弱势群体为求得生存而悉心观照强势群体面子需要的策略之一。② 作为弱势群体,女性不得不为人际交往的需求培养一种更为

---

① 但是,见萨莉·约翰逊、乌尔瑞克·曼恩霍夫(编):《语言与男性特征》。
② 玛格丽特·德乌卡:《女性标准言语使用的语用描述》。

特殊的敏感性，以预见强势群体—男性—的需求和欲望。（民间文化称之为女性直觉。）然而，作为女性为争取平等、独立和自主权的抗争，我们需要对那些有权力的人们标识在我们身上的亚文化群—"脆弱"和对我们的所作所为做出重新评价。在我看来，模糊限制语就是这样一个很重要的案例，作为一种语言形式，正是因为它和女性交谈方式的关联性而遭误解的。但在交谈中，我们需要对别人的面子保持敏感性，我们需要限制某些主张以免显得过于极端而无退路可走，我们需要斟酌恰当的语词，我们需要限制生硬的立场而促成公开谈论，我们需要维护合作话语权，那么，模糊限制语就是交谈的关键性组成成分。

# 第八章

"那真的让人好担心啊难道不是吗？"：女性与疑问句

**所**有的交谈中都会出现疑问句，作为交谈者，提问是习以为常的事。本章专门论述女性朋友使用疑问句的方式；尤其是要梳理出疑问句在女性交谈中蕴涵的各种功能，以显示疑问句这种语言形式的多功能性，同时表明女性在利用这种形式的过程中表现出的圆熟技巧。

"疑问句"指的是什么样的句子呢？书面语中，疑问句是很容易分辨的，因为只要我们想表示疑问，在句末加上问号即可（如我在上一句中做的那样）。口语中，则无问号可循—作为交谈者我们是借以其他途径分辨疑问句的。为方便起见，我在交谈的话语文本中，为被认为是疑问句的句末都加上了问号（参见"录音资料文字本改写规则"）。

那么我是把哪种类型的话语归为问句的呢？下面列举四例在女性交谈中出现的疑问句：

1 ［谈论珍妮特的工作面试］
梅格：你找到工作了吗？
2 ［谈论顺从的丈夫］
莉兹：你为什么用那个词［即"顺从"］？
3 ［谈论莉兹儿子的学校］

---

安娜：但你还是对这所学校很满意？
莉兹：　　　　　　　　哦是啊/

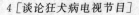

4 [谈论狂犬病电视节目]

帕特：在坎伯兰郡现在就有一只疑似患有狂犬病的猫难道不是吗？

我把第一例（以及交谈中出现的类似例子）归为疑问句的理由是，动词词组的一些构成成分（此例中为助动词 did）出现在话语的主语（你）之前而不是其后。换言之，梅格是通过变换词序 you did get 为 did you get 表明她的话语为疑问形式。这种变换主谓位置的倒装结构是疑问形式的一个关键性标志。

第二例中既有主谓倒装现象（did you），又有特殊疑问词为什么（why），其他的特殊疑问词还有什么（what），哪里（where），谁（who），何时（when）和如何（how）。以特殊疑问词开头的句子都可归为疑问句。

第三例显示，在有些话语中，即使没有出现主谓倒装结构和特殊疑问词，也是具有疑问句的功能的。该话语成为疑问句的标志是始于满意一词的升调。莉兹对安娜的回应——哦，是啊——这一只用以回答问句的语言形式证实了我的判断，即安娜的话语是表示疑问的。① 安娜完全可以用主谓倒置以及升调来表示疑问，但那是我们经常在诗作中碰到的典型的诗体特征。（值得注意的是升调尤其用于获取信息的疑问句中，往往也用降调。上述其他三例用的都是降调。）

第四例是一句附加疑问句，即在帕特的陈述句坎伯兰郡现在就有一只疑似患有狂犬病的猫之后再用附加疑问词是不是加以反问，从而把该话语由陈述形式变为疑问形式。附加疑问词的声调取决于言语者的表达需要。该例中的附加疑问词用的是降调。附加疑问句是貌似简单的结构形式，由于早期的评论者就语言和性别的关系发表评论时认为，附加疑问句是一种典型的女性语言形式，因而使得这种语言形式声名狼藉。

女性在交谈中大量运用疑问句式。疑问句可用于获取信息、鼓励

---

① 采用会话分析（CA）理论的分析家会认为这是评定问句的一种方法。换言之，他们认为问句是两部分结构中（或"相邻对"）的一部分：问句—回答。然而，本章的材料表明，在女性的友好交谈中，问句（即被我称为问句的那些结构）常常缺少回应。因此，如果用这种方法评定问句的话，这些都不能称为问句。

其他交谈者参与交谈、进行模糊限制、引入新的话题、避免扮演行家角色、核实其他参与者的观点、鼓励他人讲述故事等等。下面我将借助交谈语料说明疑问句具有的一些主要功能,然后,通过分析两个较长的例子,阐述疑问句的各种不同形式是如何在连续性交谈中相互作用的。

## 疑问句的不同功能

### 获取信息的功能

一谈到疑问句,首先出现在我们脑际的是典型的获取信息的疑问句,如你买到牛奶了吗？或图书馆在哪里？。用于获取信息的疑问句的确会出现在女性交谈中,但较之疑问句的其他功能而言,这种功能显得比较次要。这是因为女性朋友交谈的主要目的是维护和增进彼此间的友谊;而信息交换居于次要位置。唯一的例外是少女之间的交谈,其中,信息交换的功能似乎居于更高位置,尤其是关于男孩和青春期问题的一些信息交换。下面例子节选自汉娜和她的朋友们(15 岁)之间的一次交谈。(例中下划线部分为疑问句。)

[谈论卫生巾]

贝琪：　你是不是把衬垫从马桶里冲掉？因为 ┌我妈告—告诉我
克莱尔：　　　　　　　　　　　　　　　　└是啊/

贝琪：　不能那样做/
克莱尔：　　　我是那样做的/

注意上述疑问句是如何公开获取信息的,同时,提问者也是在寻求安慰,希望自己的行为和其他同龄人一样。如同本章中其他例子所显示的一样,疑问句往往同时具有多重功能。

下列选自女性朋友间交谈的例子是属于典型的用以获取信息的疑问句：

[话题：关于卡伦最近所做的手术]

帕特：你什么时候再去检查？

可见，获取信息是该疑问句具有的唯一功能。下面列出卡伦对此问句的回答及交谈中的其他一些话语：

帕特：你什么时候再去ㄏ检查？
卡伦：　　　　　　　└我不必再去了/

帕特：　　　　　　　　　　　为什么？
卡伦：她—我—她—哦．那太可怕了．真的/　嗯我到

卡伦：那儿哦—至少希望什么都A1还好/

帕特：可是不是那么回事/
卡伦：　　　　　　　可是不是那么回事/

帕特的疑问句，既询问了卡伦何时再去做体检，又给了卡伦一次谈论自己和手术后感觉的机会。卡伦的回答也是分为两部分的：第一部分—我不必再去了—直接针对帕特的问题作答；第二部分—那太可怕了—阐述她的回答，即通过增加这一评价性成分，表示她还有好多话要说。接着帕特又提出了另外一个旨在获取信息的问句—为什么？，鼓励卡伦说明"可怕"指的是什么。（医生告诉她"里面只有一部分尚未愈合"。）

出现在女性友好交谈中旨在获取信息的疑问句，几乎没有把获取信息作为其唯一的目的。此类疑问句的一个次要但却显得重要的功用是为了阐明某个特殊的词的含义。

[克莱尔曾经提及过的角马]

汉娜：　　什么是角马？
克莱尔：　　　　　它是一种—它长得像鹿/

[关于猿与语言的谈论的最后一部分]

比： 什么是范例？

玛丽： 是．┌被认可的． 世界观＝

珍妮特： └（（仅仅是种））想法/

---

海伦：＝似乎是一种模式/

---

此类疑问句最显著的特点是，提问者不知道自己所提问题的答案。汉娜询问克莱尔什么是角马的原因是因为她不知道；比要求阐明术语范例的含义也是因为她并不确信其含义。

在交谈中，获取信息的疑问句往往会就某一特殊话题而聚集起来，比如在交谈一开始，朋友间总是询问彼此的生活近况。下面选自奥克斯顿女士交谈的例子中，因为珍妮特刚刚参加过一次求职面试，大家因此分别向她提出了三个旨在获取信息的疑问句：

---

梅格：你找到工作了吗？

玛丽： 哦，你去找工作了？〈大声地，惊讶地〉

---

珍妮特：（（xxxx））

梅 格：（（xxxx））

玛 丽： 给我们说说吧/

珍 ： 什么工作？

---

当交谈中某些动作伴随话语同时发生时，也会出现这种现象。如，为别人劝酒时。下面列举两组例子：

［玛丽刚刚来到，珍为她倒酒］

---

珍：你喝红酒还是白酒？

玛丽： 哦白的谢谢/

---

［安娜、苏和莉兹边吃边聊］

安娜：你还要大蒜面包吗？= ┌再来两个/
莉兹：          =别给我了┤谢谢/
苏 ：哦拿来吧万一/〈发笑〉

上述两例中，交谈者提问是为了获取信息：第一例中，我（珍）不知道玛丽喜欢红酒还是白酒；第二例中，安娜不知道苏和莉兹是否还需要大蒜面包。但事实上，所有这些疑问句并非仅仅是为了获取信息——它们更是同行为联系在一起的。所有称职的交谈者都能够意识到，玛丽的回答是让我给她倒满一杯白酒，正如同苏的应答是为了让安娜去厨房把剩下的大蒜面包都拿来一样。

**维持交谈的功能**

疑问句在维持交谈的过程中发挥着关键性作用。它们能够使交谈的参与者验证彼此的参与状态，尤其是验证她们是否依然彼此和谐。疑问句也是参与者在交谈性的爵士乐演奏会中彼此邀请加入演奏的一种方式。

有时，疑问句用以鼓励特定的交谈者参与交谈，如上述例子中梅格就玛丽的工作的问句，或在以下例子中，提问者直接针对某位交谈者发问。在第一例中，卡伦向帕特询问圣诞树的事；第二例中，梅格询问我关于移居伦敦的事：

卡伦：你是不是找到了一棵带根的树帕特？
梅格：那么你的打算是什么珍？ 你—你什么时候走？

有时，提问是面向所有参与者的（交谈中有两位以上参与者）：

[谈论猿与语言]
海伦：可他们[研究人员]用"对她自己说"表示什么意思？

上述例子是通过提问把参与者引入到交谈中的方式维持交谈的持续进行，当然，这些问句还具有引发新话题的功能。例如，卡伦对帕特的提问引发了她讲述由于所购买的圣诞树太大而无法搬进屋去的故事；海伦关于猿彼此间交流的提问不仅推动了交谈的发展，同时也是鼓励他人一同参与探讨的一种方式。

女性朋友也经常借以互相提问而维持交谈。下面例子摘自安娜和朋友们的一次交谈,当时,安娜正在向朋友们谈论一位朋友的婚礼礼服,而交谈却开始偏向于谈论与假日相关的事。此时,莉兹通过如下提问,把话题重新聚焦在婚礼之上。

  莉兹:<u>因此你最终说你无论如何是不会去做这样的婚礼礼服的?</u>

  疑问句不仅可以把他人引入到交谈中来,而且可以鼓励交谈者继续交谈。换言之,疑问句不仅能够通过引入新的交谈者,而且通过鼓励正在交谈的人交谈而维持交谈的持续发展。下面列举两个此类例子,其中,第一例已在本章出现过:

[话题:关于卡伦最近所做的手术]

---

帕特:     <u>为什么?</u>
卡伦:那太可怕了真的/  嗯,我到那儿哦——至少希望

帕特:     可是不是那么回事/
卡伦:什么都 A1 还好/   可是不是那么回事/

---

  海伦已经开始谈论了,但帕特的提问——为什么?——起到鼓励她继续谈下去的作用。同样,下面例子中,当我抱怨感到疲倦时,海伦借以提问鼓励我继续说下去:

---

珍: 我感到疲倦=    太累了/
海伦:     =<u>真的吗?</u>〈表示同情〉

---

  疑问句用以维持交谈的另外一方面体现在对交流状态的核实。我们已经看到(在论述合作话语权时),女性通过彼此提问来验证她们是否能够正确理解,以及是否在认真跟踪彼此的谈论:

[谈论澳大利亚口音]

---

克莱尔:可你们知道朱莉<u>对吗?</u> 她是澳大利亚人/ 她——

---

克莱尔:⌈她没有澳—— 是啊/ 她没有澳大利亚口音/
贝琪: ⌊<u>是澳大利亚人?</u>

杰西：谁？
克莱尔：⎡朱莉/嗯
贝琪：　⎣朱莉/

在该例中，贝琪问道她是澳大利亚人？以此对克莱尔的话语加以核实，而杰西的提问谁？是为了证实被谈论者是何人。下面例子中，玛丽借以提问核实萨莉所指的布里斯班是不是澳大利亚的布里斯班。
[谈论葬礼]

萨莉：她住在布里斯班/ 他们曾经在布里斯班/

萨莉：因此他去那儿了—= 澳大利亚/
玛丽：哪里—澳大利亚？ =

交互验证甚至包括对于一个词是否被听懂而进行的验证：
[谈论一个小学生]

克莱尔：他是这么—((xx))但他是—他真的可爱/

克莱尔：　　　　　　　　私生子/
杰西：　他是私生子你意思是说？　　哦/

合作交谈的一个典型特征是，参与者彼此帮助斟酌她们的话语所需要的语词。我们已经知道（参见第 6 章"斟酌恰当的语词"）当交谈者一时无法斟酌到恰当的语词时，她们是如何通过彼此询问而寻求帮助的。她们正是通过彼此询问而寻求帮助的，如下例所示：
[谈论色拉]
苏：你知道传统的意大利—还有哪些干酪？
[谈论同性恋流行组合]
凯特：我是说那—那是什么[……]如果你是—反—反对同性恋/那是什么((意思))？

[谈论电视肥皂剧：邻居]

克莱尔：哦，那个说话特别离奇的人是谁啊？就是由托比

克莱尔：扮演他儿子的那位／ 嗯—　　　乔·迈吉尔 对是他／乔·迈吉尔／
贝琪：　　　　　　　　　　　　　迈吉尔／
杰西：　　　　　　　　　托比嗯—

克莱尔：噢,他的演技太差了／

### 怂恿他人讲述故事的功能

疑问句往往是引发他人讲述故事的前奏。有时，一位交谈者对另一位的提问是为了引发对方讲述发生在自己身上的故事。梅格就珍妮特的求职面试所提的问题——你找到工作了吗？——的功用就在于此。表面看来，该问题只是为了得到一个是或否的答案—这就是为什么我称之为获取信息的疑问句的原因所在。但珍妮特把该提问当作是对自己的鼓励，因此接着讲述了有关她面试的一些情况。

"一丝不挂"（参见第 5 章）的故事也是源自对一问句的作答。卡伦告诉帕特她曾在自家花园里种植了十九棵树木，从而引发了帕特一系列的提问：

帕特：十九棵？你这是干什么啊？在种森林是不是？

为了回答这些问题，也为了为自己辩解，卡伦于是讲述了自己亲眼看见邻居在他客厅里裸露着身子的故事。

有时，交谈者对即将要讲述的故事稍加暗示，其他交谈者会即刻请求其做进一步的阐释。故事"短裤上的污点"就是经贝琪对汉娜的暗示性话语有一天你正好不在，那太有趣了，后又经杰西的进一步挑逗我告诉给我妈妈了，她都为此歇斯底里了，从而激发她直接问道告诉我啊！是什么？汉娜的提问（另加一命令句）引发了贝琪讲述自己曾发生在学校图书馆里的一次难忘的遗漏的故事。（"短裤上的污点"已在第五章作了详尽的论述。）

由疑问句引发故事叙述人讲述故事是很常见的。换言之，叙述者往往以明知故问的提问作为自己讲述故事的前奏。第五章中出现的"我的母亲和慢跑者"，就始于问句你知道她最近在做什么吗？故事"我什么都看到了"始于问句我是不是告诉你了？—（记得我告—嗯我是—我走进斯蒂芬迪斯的家）；"寻找家园"始于附加疑问句呵我没有告诉你我去德贝郡了是吗？。在所有这些情形中，叙述人都是通过讲述故事回答自己的提问。注意，当叙述人提出问题以引入故事时，没有发生其他交谈者插话的现象；以提问而引发故事已是大家所认可的惯例。

**引发新话题的功能**

此类问句和上述3中的相交迭，因为故事往往是引入一个新的话题的手段（如第四章中论述的）。问句可以引发故事，但更为普遍的是，它们是引发新话题的手段。下面列举一些此类事例。

［开场白：身为少女］
鲁思：你说我们属于典型的少女吗？
［话题的开始：猜谜］
珍妮特：你知道维基在星期三参加猜谜比赛的事吗？
［开场白：剑桥学生谋杀案］
莉兹：（（是不是））感到可怕啊关于剑桥学生的案子？
［开场白：双子峰和大卫·林奇］
安娜：你们俩谁观赏过双子峰？
［开场白：猿与语言］
珍：你昨晚看地平线（BBC科学节目）了吗？

疑问句还可用以联结不同话题。当"葬礼"话题接近末尾时，玛丽问梅格（她通过讲述和一位研究禁忌事宜的人的会面而引发了这一话题）你这个笨蛋在说些什么关于禁忌的事？。梅格有些犹豫的回答（我没有从他那里得到比那更多的东西/除了他正在看嗯击—击球）引发了关于儿童遭受性暴力和女性对丈夫与伙伴的忠诚的新话题。

**拓展话题的功能**

同引发新话题一样,疑问句还可用以拓展话题范围。交谈者有时会提出一些审慎的问题,此类问题并不仅仅是为了寻求其答案—其主要目的是为了拓展谈论话题的范围。

[话题:学校里的兔子]

苏:我不能眼看着它被关在那里/ 它最需要的是出去/

苏: 并且获得自由=
莉兹: =呃=
安娜: =你没有嗯嗯记—它是什么就把它放生到

苏: 不/ 我认为 ⌈它在野外无法存活/ 仅仅是不要
莉兹: ⌊是的它
安娜: 野外? ⌊不会存活的 会吗?

苏: 让它受惊/
莉兹:不会的/ 是的

上述例子中,安娜的提问拓展了就兔子和自由的谈论内容。同样,下面例子中,海伦通过发问,以验证我对当地政治危机的了解情况并引入一个新的话题,而拓展了对本地政治危机的谈论话题。

[海伦和珍谈论当地政治危机]

珍: 嗯,显然 ⌈简·布((xx))
海伦: ⌊呃事实上简·布是非常有威胁性的/

珍: ⌈她已召开了该文法学校
海轮:因为你是否听说—你听说 ⌊她已召开了该文法学校会议—

珍: 会议?〈谈论接着进行〉

海轮:是的/

疑问句可随时用以调控交谈形态。在谈论"友谊"话题时(苏、莉兹和安娜),安娜通过以下问句,巧妙地把话题整合到对结婚和单身各自的相对优点的谈论上来:

莉兹:这些男人到底与之有何关系——他们还要那样去做?[即尽管友谊已经结束,但仍企图控制你]

这一问句引发了苏和安娜的评论。疑问句也可借以滑稽方式整合谈论话题,如第四章所述。例如,苏通过问句可为什么就不安静呢?来整合对其丈夫的音乐所带来的噪音的谈论;帕特是通过附加疑问句这样就有所不便难道不是吗?来整合对年轻医生的谈论。此类问句是用以引发笑声或交流怜悯的目光,而并非需要任何言语上的答复;它们具有这种整合功能的原因是,尽管在形式上是疑问句,但却不可回答。

**进行模糊限制的功能**

在上一章中我们已经看到,疑问句是交谈者用以保护自己和听者面子的一种有效策略。苏就是通过问句流露出对丈夫在女儿卧室的隔壁大声播放音乐的习惯的失望之情的(结合模糊限制语):

[背景音乐的音量在增大]

苏: <u>我是说你怎么能够和他这样共处呢?</u>

莉兹:　　　　　　　　　　　哦和这样的男人在一起

苏:　　　　　　　　　⌈哎哟那简直把你逼疯了/
莉兹:我知道是很艰难的⌊可—

苏:　我是说艾玛就睡在隔壁/

[……]

莉兹：我觉得—我觉得你不应该加以阻挠因为我认为那的确

---

莉兹：好┌那是他的爱好啊/
苏：　└好是好　可　为什么就不能安静点呢？

---

　　苏所提出的问题我是说你怎么能够和他这样共处呢？并没有期望莉兹来回答。当莉兹设法指出这种习惯的好处所在时，她说道我认为那的确好那是他的爱好啊，此时苏用另外一个问题回应道好是好可为什么就不能安静点呢？。如同我在前面所述，苏以滑稽的提问，使得对方以笑声来表示对自己隐藏的怨言予以同情。

　　有时，交谈者可通过疑问形式更有效地对她们的话语进行模糊限制。这种行为发生在交谈者无意冒犯他人的情形之下，如下面例子中，格温在发表对艾米莉母亲的看法时，显得很谨慎，以免有冒昧之嫌：

［谈论艾米莉的母亲］

---

格温：　她和你一样大时在做什么？［……］她是不是有—有几分

---

格温：　调皮？
艾米莉：　　我觉得她是/

---

　　或者是，当谈论的话题非常敏感，交谈者以审慎的态度保护所有参与者的面子需要时，也可通过疑问形式对话语予以模糊限制：

［谈论乱伦家庭］
　　玛丽：我是说那是不—是不是和他母亲有牵连？

　　下面列举一个较长的例子，该例显示，在谈论有争议性话题的过程中，通过疑问句形式表达不同见解时，可避免显得过于偏激。当女性朋友设法建构和维护合作话语权时，避免以语言形式引发冲突是至关紧要的。当然这并不意味着不同见解是不可以表达的，而是如何审慎地予以表达。疑问句就是这种审慎的表达方式之一。在以下节选的例子中，苏，莉兹和安娜正在谈论（当代）海湾战争以及她们对萨达姆·侯赛因可能会做出的一些事的担忧。

苏： 我是说那只是令人恐惧／你—你把以色列卷入到—那正是

莉兹： 哦是啊／ 嗯然后
苏： 他想要做的／ 嗯其他的—我是说他们—

安娜： 太令人恐怖了／ 太令人恐怖了
莉兹：人人都被卷入／

安娜：如果想一想的话／
莉兹： 嗯—他绝对是个疯子／令我

莉兹：迷惑的是／他得到这么多的支持而且—
苏： 是啊／

安娜：难道他们不是狂热分子吗？绝对是狂热分子／
苏： 可他们是吗？我是说我觉得

苏： 人们—（一）那里的和我们一样的人们认为—那些

安娜： ⌈我不知道／他们似乎都被洗脑了／
苏： 普通老百姓肯定会⌊说．"我不希望他

安娜：他们似乎都被洗脑了／哦那么为什么⌈没有人—
苏： 这样" ⌊但他们

莉兹： 是啊／
苏： 没有／我们看到的只是些被洗过脑的人／

莉兹： ⌈那肯定是／
苏： 我是说人们肯定畏缩在家里⌊如果是我们也会

莉兹：我感到惊讶的是竟没有人去除掉而只是这样/
苏：　那样/

安娜：　　= 我想那一定是太难了……
莉兹：我真的是=

在谈论过程中，存在着两种潜在的对立的观点：一种认为所有伊拉克人都是狂热分子，因此会做出任何可能的事来，另一种认为既然萨达姆·侯赛因是个疯子，那么和我们一样的普通老百姓是并不希望战争的。安娜提出了第一种观点；苏的问句可他们是[狂热分子]吗？显示可能还存在另外一种不同观点，但她借以问句形式对自己的不同主张加以模糊限制，因而避免和安娜发生正面抵触。这一问句可以使她对安娜的观点持保留态度，即是猜测而不是断言那种认为伊拉克人都是狂热分子的观点可能不正确。随后的交谈显示，安娜借另一问句为什么没有人[干掉萨达姆·侯赛因]？开始逐渐修正自己的立场，莉兹于是接上安娜的提问说道——我感到惊讶的是竟没有人去除掉，安娜对此的评论是我想那一定是太难了。安娜的评论话语显示她已经转变了立场，承认手无寸铁的普通老百姓是无力进行反抗的，而且他们表面上跟随萨达姆·侯赛因进行军事冒险并不意味着他们都是狂热分子。

**具有修辞性功能**

我们已经见到过几则具有修辞功能的疑问句—即无须予以作答的疑问句。苏就她丈夫吵闹的音乐提出的问题你怎么能够和他这样共处呢？就是此类疑问句的一个很好的例子，上述例子中，安娜的提问难道他们不是狂热分子吗？绝对是狂热分子也属此类问句。女性经常使用这种疑问句，而且使用手法圆熟。这是用来表达一般事实、肯定交谈参与者的观点和验证是否存有共识的一种手段。

对于修辞性疑问句，除了以简短的回应予以回应外，往往无须回答。其他参与者不会予以否认，交谈也会继续进行。下面例子中，用我知道回答修辞性疑问句，表明朋友们把修辞性疑问句看作是认同观点的一种信号。

杰西：为何在学校时你的短裤总会滑到屁股上面去？
贝琪：　　　　　　　　　　　　　　我知道/ 我知道/ 我总是那样的/

贝琪没有具体解释在上学时短裤为何会滑到臀部上面去，而是选择以—我知道—予以回应，并且坦诚地声称她也有过同样的经历—我总是那样的。朋友们借以修辞性疑问句，彼此鼓励以证实在她们共同谈论的话题中曾经发生过的同样的事件。

下面例子中，苏正在谈论她的儿童时代以及她父母对她在学习上所抱有的期望：

苏：　我记得当我在考试中得到 O 时/ 我爸爸是那么自豪/ 嗯. 他

苏：　奔走相告/ 嗯—　但. 那真的是到了极点了/
莉兹：　　　　　　哦/

苏：　　　　　　　　　　就是那样的/ 我是说
莉兹：是啊/ 没有跟那相比的了/ 是啊

苏：　你就只满足于八个 O 吗？所以—　　　是啊/
莉兹：　　　满足　是啊/ 真的是无知我认为/

这是一个复杂的例子，因为该修辞性问句表达的是苏的父亲的观念，而非她自己的。苏运用修辞性疑问句表示，在她父亲看来这种观念显然是理所当然的。莉兹的简短的回应—是啊—并非表示她赞同苏的父亲的观点，而是表示对苏的理解，正如同对苏的观点加以阐述的那样—真的是无知我认为。

下面例子显示，修辞性疑问句是如何通过接连发生，以表达愤怒或疑虑之情的。苏在提出问题时，并没有期待得以答复。起初，莉兹设法予以回答，但最终选择放弃，以此允许苏表达出我们集体在道义上的愤慨之情。（注意，该话题是如何就一电视节目的问句引起的。）

[话题：变态的校长]

苏： 其实你是不是看了那个电视节目是关于那个.

莉兹： ┌没有我没看/ 我我
苏： 小学校长的？他被判—首先└星期二那是/

莉兹：看到在播放/ 我((没有))看它/　　　那是—那是
苏： 你知道是什么吗莉兹？ 我—那 是我无法

莉兹：在—那是—
苏： 理解的/ 整整八年他—他对这些男孩

莉兹： ┌但他们没有被
苏： 进行性攻击痛打以及每件事/ 嗯└我要说的是

莉兹：骚扰吗？
苏： 怎么会＝是啊,他们是些被骚扰过的男孩他们被送到

莉兹： ＝是啊你说得对/ 是啊/
苏： 那里是出于安全考虑＝

苏： 其—其他人怎么会不知道呢？他妻子

莉兹：　　　　　　　　　　　％明目张胆地
苏： 怎么会不知道呢？我只是不相信没有人不知道/

莉兹：发生％/　　　　　　　　　　　　　　是啊/
苏： 你怎么就能够住在—因为他们都住在那儿/ 他们都

莉兹：
苏： 住在寄宿学校/怎么会—. 怎么会—我能

苏： 理解外面的人不知道/ <u>可里面的人</u>

苏： <u>怎么会不知道呢？</u>

**避免扮演行家的功能**

　　对于女性交谈中彼此间提出的一些疑问句,一种解释认为是避免扮演行家角色的需要。女性在交谈中避免以行家身份出现是为了缩小彼此间的距离,而疑问句如同模糊限制语一样,是达到这一目的的有效途径。以下例子将显示疑问句具有的这种功能。在第六章中出现的关于猜谜的交谈例子中,珍妮特已从她女儿那里得知了谜底,她为此而显得轻松自如,但其他女性借以疑问形式显示她们对谜底并不知道。

[话题：猜谜]

珍妮特："最大的金字塔在哪里？"是他们昨晚被问到的＝
玛丽：　　　　　　　　　　　　　　　　＝"最大的金字塔

珍妮特：　　　＝"最大的在哪里？"＝　　　＝金字塔/ 哪里/
玛丽： <u>叫什么？</u>"＝　　　　　　＝<u>在哪里？</u>＝
萨莉：　　　　((惊愕声))

珍妮特：　┌是在墨西哥　＝
梅格：　　│　　　　＝<u>是吗？</u> 哦是阿芝台克的其中之一．
玛丽： <u>在埃</u>└<u>及</u>　　　＝<u>喔在墨西哥？</u>
萨莉：　((在对的—xx?))—　＝是的/　　　　　　　　呃/

梅格：数字/
珍：　　　((xx))是专门捉弄人的一种＝
玛丽：　　　　　　　　　　　　　　＝天啦,我对此没有信心/
海伦：　　　呃/　　　　呃/

玛丽首先对提问予以核实，然后她和萨莉开始猜测问题的答案，但她们用于话语的升调表明，对猜测并没有信心。当珍妮特告诉她们答案后，梅格和玛丽以问句加以确认，最后，玛丽自我解嘲道天啦，我对此没有信心。

## 疑问句的多功能性

疑问句和其他语言形式一样，能同时执行几种不同的功能。我们从上述例子中已经看到，疑问句可用来询问信息，同时又可以鼓励交谈者展开谈论话题，或者提出一个新的观点，同时又保护对方的面子。疑问句可引发一个故事或引入一个话题，同时又可纳入其他交谈者，或者借以询问信息而掩饰行家身份。疑问句往往可以同时表示无知或惊愕或好奇或恐惧；还可以表示明知故问（即其修辞性功能），同时又可验证其他交谈者的立场观点。一般疑问句和附加疑问句两者都具有上述复杂功能。接下来简要分析一下女性运用附加疑问句的情形，然后，结合两个较长的例子，对疑问句的多功能性作详尽论述。

## 附加疑问句

把附加疑问句从疑问句中独立出来，不仅仅是因为它们与其他疑问句在形式上有所不同，而且，自罗宾·拉科夫《语言与女性的地位》一书出版后，人们认为，如果对附加疑问句的运用不予以探讨，那么对女性交谈的研究就算不上是完整意义上的。我在前面已经提到过，早期的评论家在评论语言与性别之间的关系时，把附加疑问句视为典型的女性语言形式，附加疑问句也因此备受社会语言学家和话语分析学者的关注。拉科夫认为，由于附加疑问句不具有获取信息的功能，因而在本质上缺乏功用，也因此尤为女性用以表达敏感和顾虑之情。在本章节中，我将对我所录制的女性朋友交谈中出现的一些附加疑问句的用法予以描述。在下一章节中，我将就附加疑问句是"软弱"的语言形式的论断加以评述。

我在前面已经指出,所谓附加疑问句就是在一个陈述句后附加上一个疑问句构成。"附加"指的就是主句的主语和动词(或动词成分),它们被倒装后重新置于句末,如果主句是肯定的,就再加以不(如主句是否定的,就无需再加不)。换言之,附加成分通常和主句形成正负对比如:it is, isn't? 与 it isn't, is it?。附加疑问句和疑问句一样,也能用以获取信息,但在我录制的交谈中,这种情形只发生在少数例子当中。① 以下就是这样一个例子:

[谈论工作]

　　海伦:你又没去申请工作<u>你去了吗</u>?

　　海伦询问她的朋友是否去申请工作了,因为她对此并不知道:这是一个真正的获取信息的疑问句。话语前面部分中的主语和助动词-you haven't (been applying)—在附加部分变成为-have you?—由于主句是否定句(即句中含有 not),因此附加部分没有出现 not。注意,出现在附加部分的升调表示该问句显然是为了获取信息。表示其他功能的附加疑问句一般使用降调,而不是升调。

　　在女性朋友的交谈中,附加疑问句的一个主要功用是鼓励交谈者参与交谈,把交谈者引入到交谈当中。以下列举三个此类例子(下划线部分为附加疑问句):

[谈论当男性加入时交谈方式的变化]

莉兹:但是那的确变了<u>难道没有吗</u>?
安娜:　　　　　　　　是啊/

[谈论珍上小学时参加勺蛋比赛的情形]

珍:　那真的让人好担心啊<u>难道不是吗</u>? =
玛丽:　　　　　　　　=可怕的詹尼弗/确实可怕/

---

① 对我交谈材料的分项统计表明,有 16% 的附加疑问句是为了寻求信息,剩下的 84% 另有其他功能。

[谈论医生和青年]

卡伦：我猜想假如你病了你是不会在意的<u>你会吗</u>？
帕特：　　　　　　　　　　　　　　　我想我不会/

---

卡伦：　　　　　　　　　是有的/
帕特：但那是有限度的<u>不是吗</u>？

---

上述例子中，附加疑问句都能得到其他参与者的回应（即使仅仅是简短的回应）。下面例子中，附加疑问句同样也得到了回应，但由于话语是由两位交谈者共同建构的，因此我们会发现这样一种非同寻常的现象，即交谈者自问自答。该例表明，在具有合作话语权的交谈平台上，交谈者所说的显然无足轻重：两位女性朋友用共同编造的假说解释林恩母亲晕厥发作的原因。

[谈论朋友在母亲在街上晕厥]

帕特：她已经有了抗药性．你所能想到的

---

帕特：降压药/ 如果她的血压能稍微降下来

---

帕特：一点/ 那些药片＝　　　　　　　┌她服用的药
卡伦：　　　　　　＝能降得更低些难道不能吗？└是能够

---

帕特：药性太大了/
卡伦：降下来的/

---

上述四例当中出现的附加疑问句都被称为辅助附加疑问句（facilitative tags），交谈当中出现的大多数附加疑问句属于此类问句。但在女性朋友的交谈中，附加疑问句往往无须作答。下面列举三例加以说明：

[谈论约克郡杀人碎尸案]

梅格：他们已经——他们已经有了他的一张很清晰的相片<u>难道不是</u>

　　　　吗？他们已大概知道了他的年龄……
[谈论合作教育学校]
　珍妮特：目前他们还是在胁迫之下难道不是吗？（（在））女子学
　　　　　校女生承受着太多的管束/
[关于友谊话题的最后一句话语]
　莉兹：真不可思议难道不是吗？有些人的生活方式/
年轻的交谈者往往用固定的附加模式是不是（right），如下例所示：
[关于贝琪迷恋达米安的最后谈论]
　克莱尔：可他们显得如此愚蠢是不是？因为—因为安娜说……
[关于"短裤上的污点"的故事]
　贝琪：嗯我们在图书馆是不是？我们就在嗯—放置所有图画书
　　　　的那个角落里/

所有这些例子中，交谈者提出的附加疑问句—不论出现在话语末尾还是中间—都没有得到其他参与者的应答。注意，交谈者在交谈过程中并没有因此而犹豫：应答的缺省没有使得交谈者感到不安。这些附加疑问句的主要功能是验证所说话语的真实性，确认参与者对事件是否了解。附加疑问句的这种功能和修辞性疑问句很相似。提问者是不期望对附加疑问句作出很长的答复的。有时，交谈者的主张虽已被其他人所认可，但如果这种主张是错误的，那么交谈者会一起予以修正。在下面关于"儿童遭受虐待"的例子中，玛丽对自己所言的真实性予以验证，而梅格对此持不同态度，她认为玛丽关于儿童尖叫的说法不符合事实：

[谈论儿童遭受虐待]

　梅格：我无法理解的是为何那些在肉体上遭

　梅格：父母施暴的孩子/．没有—从来没有任何迹象．

　梅格：显示/┌嗯孩子遭受来自他们父母的虐待/
　玛丽：不　└是有的/

梅格：莫名其妙那是—你知道孩—ㄒ那—那—
玛丽：　　　　　　　　　　　└哦是有的/

玛丽：因为有那样的一种尖叫声

玛丽：难道没有吗？=　　　　　　　哦/=抱歉=
比：　　　　=呵可是不/ 那是合理的/事实=　= 她是嗯—

玛丽：　　　　　　　　　　哦/
比：　她是在说情感上的((某种))感受/

　　玛丽话语中的哦和抱歉显示出她感到有些意外，同时也表明，在具有合作话语权的交谈平台上，当交谈者的主张无法得到他人的认可时，即可收回已经提出的主张。
　　同完全疑问句（full questions）一样，附加疑问句也具有促进交谈和验证参与者是否取得共识的功能，同时具有诸如帮助建构交谈等其他功能。下面例子选自奥克斯顿女士的一次交谈，其中，谈论话题从儿童遭受虐待转移到了妻子对丈夫的忠诚。

比：　嗯你丈夫变成了一个怪物=　　ㄒ〈关于"儿童遭
梅格：　　　　　　　　=呃/　　 │受虐待"的
萨莉：　　　　　　　　=呃/ 呃/└谈论到此结束〉

玛丽：我是说像那个女人一样出卖．是不是一种．原—始的？

玛丽：［……］侦破案件之一/那是他的妻子不是吗？是她出卖

玛丽：了他=
比：　　=是的/　ㄒ〈话题"妻子对丈夫的忠诚"的开始〉
珍：　　=哦是的/└

玛丽提出的附加疑问句是为谈论(相关的)新话题而征求大家的意见;其功能是验证交谈的协作进展情况。附加疑问句同样可以用来拓展谈论话题。下面例子中,安娜和莉兹在谈论一位上钢琴课的男孩,他的老师和她俩的是同一人。她们俩都使用一般疑问句和附加疑问句,以此使得交谈与彼此相关,同时也使得话题拓展到对多米尼克的谈论上来。

[钢琴课]

安娜:在我前面的那个可爱的小男孩名叫

安娜:多米尼克= ┌他长着红色头发/ ┌你看见他了吗?他真的
莉兹:　　　　=多米└尼克　对/　　└他太漂亮了/

安娜:┌好可爱/ 噢他还那么害羞/ 所以我 ┌确保
莉兹:└是啊/　　　　　　　　　　　　 └他才

安娜:每周跟他谈一次话/ ┌是的/
莉兹:刚刚练完了一级/ 是└不是?

附加疑问句也可用来规避话语。下列例子中,卡伦和帕特在谈论一位朋友的母亲,她经常发生晕厥,但却拒绝就医;他们就这位朋友该如何对待她母亲展开谈论,谈论中,卡伦不希望自己的立场遭到质疑,因此口吻非常坚定。

[话题:朋友的母亲昏迷在街上]

卡伦:我想假如和你在一起的某个人突然跌倒在地/ 如果没有其他事你就到附近的宾馆或其他什么能坐下的地方/你不会? 你不会?. 嗯我认为我会的/

两个附加疑问句由同样的词组成,但其意义是截然不同的。第一个是典型的用以确认双方共识的附加疑问句,是不期望予以回答的;所用调式为降调。而第二个是获取信息的附加疑问句,调式为升调,是期望能够予以作答的—卡伦自己做出了回答。卡伦似乎对自己的看法—她和帕特都认为经常晕倒在路旁的患有高血压病的老年人需要医疗关怀—产生过短暂的怀疑。但随即她又作出自我回答嗯,我认为我会的。(即使如此,她仍然用嗯和我认为对自己的主张加以规避。)

上述例子表明,一般疑问句和附加疑问句出现的情形极为相似。它们的许多功能相互交叠,交谈者是能够在交谈过程中利用这些语言形式的多种功能的。

**两个较长的例子**

到目前为止,我们讨论的大多数关于疑问句的例子在同一话语中似乎仅仅具有一种单一的功能。为了说明疑问句的多功能性,以及不同的疑问句在连续性文本中是如何相互作用的,让我们看看以下两个较长的例子。

第一个例子选自对儿童遭受性侵犯的交谈中。其中,五位朋友争论的焦点是,对于同样是受害者的男孩和女孩,人们对他们的看法会不会因性别不同而有所不同。梅格列举了最近出现在媒体中的一位小男孩的故事。

---

梅格:你们还记得嗯.布赖顿的那个小男孩/他

---

梅格:被嗯.拐走＝　　＝遭到性虐待/　　所有人
萨莉:　　　　　是的/　　　　　　是的/
玛丽:　　　呃/　　＝是的＝

---

梅格:对此都很┌愤怒　　　　　对/
萨莉:　　　　└他们有没有找到是谁干的?
比:　　　　　　　　　　　　　　＝呃/

---

梅格:他们找到了/是吗?
萨莉:　　　　　　　是啊/
玛丽:　　　　　是吗?　　　是啊/我想起来了/没错/

梅格：　　　　　　　　　　是的／他们—
萨莉：　　　　　　　　　　　　　真的吗？
比：　找到他们了？
玛丽：　　他们在法国不是吗？

梅格：他们是一个色情团伙的成员／

梅格的开场白你们还记得嗯．布赖顿的那位小男孩他被嗯拐走遭到性侵犯虽然看似陈述句，但在此却发挥着疑问句的功能：注意，其他女性是如何予以回答（呃，是的）以表示她们是仍然记得此事的。她们把梅格的话语当作是疑问形式你们是否还记得……？。

我选择这一例子的原因之一是五位交谈者当中有一位是专家：梅格是心理学家，专门研究乱伦问题。但她借以附加疑问句他们找到了／没有吗？重复萨莉的问句他们是不是找到那些人了？，从而有意回避自己的专家身份。这随即引起五位交谈者当中的四位提出了一系列的问题。在这一段落中出现的反问形式其总体功用是模糊或分享专家和质问者的角色。疑问句由疑问句作答，肯定句通过附加形式（没有吗？，不是吗？）变成了疑问句。五位参与者中，有四位提出了各自的问题，直至她们得出满意的结论。交谈小组成为一个整体，既提问又作答，没有人独自作答。

交谈继续进行，她们从更广阔的角度对儿童虐待加以谈论。

梅格：　　　　　　　　　　　　　　　　　　　　　是啊／
玛丽：可我认为如此大量的调查工作是由男性主导的／我的意思是那真—

梅格：　　　　　　　　＝嗯　＝（如此透明的主观偏见）
比：　　　　　　　　　＝但也当你对此认真考虑时
玛丽：那真的让人难以置信不是吗？＝我的意思是（（xx））

比：　┌如果你开始对你的丈夫即使有一丝的怀疑，认为
玛丽：└＝说得对／

比：他是在．干预．你的．两位

梅格：　　　嗯/

比：　女儿/．　会即刻间—．我是说为了接受那种

比：　观点/ 你现在必须．┌彻底地
珍：　　　　　　　是的/└你丈夫
玛丽：　　　　　　　嗯/．彻底地重新思考对

萨莉：＝是的/　　　　＝是的,说得对＝
比：　改变对你丈夫的看法　＝　　　　＝使他
玛丽：的看法＝

梅格：　　　　嗯/　　　　＝是的/
比：　成为那种能够做．做不了的人　＝
玛丽：　　　　　　　　　　　＝说得

比：　＝嗯这么做容易吗？＝
玛丽：对＝　　　　　　＝嗯 /

　　她们在这里主要是在验证大家是否取得共识。玛丽的附加疑问句—那真的让人难以置信不是吗？—引发了她们在过去几年里就已经形成的认识：男性掌控支配权是事实。同样，比的修辞性疑问句（非完整的—会即刻间—和完整的—这么做容易吗）引发了这样一种认识，即改变你的配偶的观念谈何容易。女性朋友把各自的认识以疑问形式表达出来，是为他人能够认同自己的观点而留下余地，从而显示个人的认识其实也是大家的共识（梅格和玛丽都用简短的回应嗯回应彼此的问句，表示都认可对方的观点）。

　　在第二例中，苏、莉兹和安娜谈论发生在剑桥的一起凶杀案。我们看到，莉兹用一个疑问句那个剑桥学生的案件是不是很可怕啊？引发了对该话题的谈论。在接下来的谈论中，她们对凶杀案发生后被捕

的那位男生,即被害人的前男友的心理状况展开分析。

安娜：((他是不是))有精神病还是怎么了啊? 哦我想他们在很长
莉兹：                          ((哦,我不知道 xx))

安娜：时间内都不会公布 ⌈会吗?
莉兹：             ⌊但他是—他是—他是来自新西兰的/ 他

莉兹：父母乘飞机从 ⌈新西兰来支—来支持
苏： 　　　　　　⌊哦,可怜天下父母心/ 可怜—

莉兹：他/
苏： 　是啊可他的可怜的—你能否想像一下? 有这样一个

安娜：⌈但事实上那个人和她非常亲近/
莉兹：⌊不我不能/
苏： 　儿子他((xx))

安娜：因为要不然什么—他们怎么会—回到那间屋子里去呢?

[……]

安娜： 　　　　⌈我想知道你的动机—他曾经的动机会是—
莉兹：那是非常烦 ⌊恼的＝
苏： 　　　　　　　＝嗯/

安娜：  什么?
莉兹：    ⌈是嫉妒很可能/
苏： ⌊确切地说是/ ⌊他的动机　是什么?

苏：可是你怎么会对别人那样做呢?

安娜的第一个疑问句——((他是不是))有精神病还是怎么了

啊？——似乎是修辞性疑问句，实则是恐惧的惊呼；尽管莉兹企图予以回答，但安娜并没有期待他人作答。她接下来所提的附加疑问句哦，我想他们在很长时间内都不会公布会吗？是为了验证大家的共识：她实际上已经断定，等待案件真相大白肯定需要很长的时间。该附加疑问句没有得以回答，这表明苏和莉兹对安娜的断言表示赞同。苏和莉兹接下来开始谈论那位可疑学生的父母；苏提出的修辞性问句你能想像一下[有这样一个儿子他被指控为凶手]?，其含义是对于这种情形之下的父母亲，他们的内心感受是我们常人难以想像的，这一主张得到了莉兹的认可(不我不能)。安娜也运用修辞性疑问句—他们怎么会一同到那间屋子里去呢？—明确表示凶手肯定和受害者关系密切。接着，她在动词我想知道后又运用一个嵌入式疑问句，实际上是在问他那时的动机是什么？。苏接上她的问题重新问道：他的动机是什么？。当莉兹回答说可能是出于嫉妒时，苏又以修辞性疑问句回应道可是你怎么会对别人那样做呢？。这一系列疑问句都是用以表达她们三位朋友对凶杀案的恐惧和难以理解之情。这些问句引发了新的联想，从而也推动了交谈的进行。例如，苏的问句他的动机是什么？引起莉兹的猜想，认为嫉妒可能是其中之一。但从总体上来说，这些疑问句起到了这样一种效果，即交谈者都认为这些问题是难以作答的。

## 女性与疑问句

有关语言和性别关系的研究以消极的方式把女性和疑问句联系起来。一些针对公共和私下场合发生的混合交谈的研究认为，与男性相比，女性使用疑问句的频率更高。① 他们的推论是，既然女性是社会的弱势群体，而且女性更倾向于使用疑问句，那么，疑问句必然是代表柔弱的一种语言形式。这种主张历史性地和罗宾·拉科夫的观点相关联。他声称，不用于获取信息的附加疑问句是"非正统的"，是典型

---

① 狄德·布劳威尔等编"女性与男性言语的区别"；帕梅拉·费什曼"会话中的不稳定"；维多利亚·德弗朗西丝科"沉默的声音"。

的女性用语,体现的是优柔寡断(和娘娘腔)。①

话语分析学者最近指出,疑问句其实是一种潜在的强有力的语言形式。各种研究显示,权威人士,如市长,医生,教师,以及电视谈话节目主持人,在交谈中比非权威人士更多地使用疑问句。② 近期的相关研究把注意力转移到非对等交谈中来—即地位或身份不对等的人们之间的交谈。朋友交谈中出现的疑问句并非(通常情况下)体现权威或柔弱。女性朋友交谈中的确会出现很多疑问句—远比男性朋友交谈中出现的多。③ 尽管女性对疑问句的使用范围很广,但却很少用于获取信息。在本章的最后部分,我想谈一谈发生这种情形的原因。

## 联合与间离

我在第三章中指出,女性朋友的友谊是以联合而不是间离为特征的,这种观点最初是由南希·乔多罗提出的。④ 在人际交往中,语言是用来处理人际关系中联合和间离的主要方式,其中,疑问句发挥着其独特而重要的作用。疑问句可用以区分交谈中的权力人士和非权力人士,或区分行家或非行家身份,以此拉大交谈者之间的距离,从而引发彼此关系的间离。但如果疑问句主要用以引入交谈者参与交谈,或规避行家身份,或维护集体价值,那么,疑问句是促进联合的一种强有力的工具。

---

① 罗宾·拉科夫:《语言与女性的地位》,第 17 页。

② 问句在治安法庭中的使用研究,见桑德拉·哈里斯"在治安法庭中作为控制模式的问句";问句在医生—病人交流中的使用研究,见亚历山德拉·托德"避孕处方中医生—病人话语的诊断";康达斯·韦斯特:《常规并发症》;问句在教师—学生交流中的使用,见道格拉斯·巴纳斯"教室中的语言与学习";珍尼特·霍姆斯"扬起尘土";迈克尔·斯塔布斯:《话语分析》;卡梅伦等编"语境中的拉科夫理论"。

③ 对该领域的研究还不多见,但我对男性朋友交谈的分析清楚地表明,男性更少地使用问题。他们即使使用问题,也更倾向于使用寻求信息的问题。见柯茨:《女人、男人与语言》,第 122—124 页,第 189 页,"一次一个"。

④ 见第 3 章,以及南希·乔多罗:《母性的复制》。之后的女性主义研究表明,与我们偏爱的学习和处理知识的方式一样(见贝伦基等:《女性了解的方式》),女性道德意识的特征可以是联系的,并非是分离的(见卡罗尔·吉莉根:《以不同的声音》;吉莉根等编:《道德领域的匹配》)。

所有疑问句都可分为两大类,即以交谈者为中心的疑问句和以他人为中心的疑问句。① 以交谈者为中心的疑问句是用于获取信息的:交谈者在提出获取信息的疑问句时,其真正的意图是"我不知道,我希望你能告诉我"。而以他人为中心的疑问句关注的是他人,而非自我—此类疑问句用以鼓励他人参与交谈,或用以核实他人观点。以他人为中心的疑问句还可用于对交谈的维护—用以引发或拓展交谈话题。体现人际关系的团结和联合是此类疑问句最主要的功用。

在本章前部分出现的例子已经表明,女性朋友大都趋向于使用以他人为中心而非以自我为中心的疑问句。这是由女性朋友在交谈中的三大潜在动向决定的。第一,建立和维护共识是女性友谊的关键所在。我们在交谈中所要做的一件事就是验证我们是否就某个观点达成了共识—而疑问句是一种很好的验证方式。前面列举的例子已经表明,修辞性疑问句和某些附加疑问句可用于坚持或维护交谈者共同建构的价值体系,但如果必要,这种价值体系也可允许被置疑。一般来说,这些疑问句仅仅是以疑问形式出现:它们无须作答或稍作答复即可。其基本功能是对交谈者所说话语的许可性,以及话语是否代表集体观点而非个人主张加以验证。

第二,疑问句可作为维持合作话语权的一种方式。疑问句出现在交谈中,至少要涉及两位交谈者:有人提问,有人作答(当然,对于发生在具有合作话语权的交谈而言,这种问答形式有可能被参与者复杂化,例如,对于一个问题,可能有两位交谈者同时作答)。运用疑问句是表示与其他交谈者保持相连的一种方式,也是对其他交谈者表示关注的一种手段。在合作话语权的交谈平台上,集体先于个人:交谈者通过疑问形式而非陈述形式,许可不同观点的出现以及其他交谈者的参与。疑问句便于交谈者随时切换某些观点和主张。

---

① 其他评论者使用听话人取向这一术语(例如,霍姆斯"限制你的肯定,抱骑墙的态度"第3章;卡梅伦等编"语境中的拉科夫理论"),但我希望用另一方取向这个词囊括更广泛的规律。

第三，疑问句是我们在交谈中用以规避行家身份的其中一种手段。① 在友好交谈中，遵守互惠这一道德准则对于维护朋友间的友谊至关重要。疑问句是缩小交谈者社会距离，促进彼此平等的一种有效手段。在女性朋友交谈中，疑问句被用来传递这样一种讯息："其实我是知道问题的答案的，我提问的目的仅仅是想听听你的想法而已。"

　　从根本上来说，疑问句是体现团结和联合的一种方式。体现团结和联合是女性朋友交谈的一个极其重要的动机，我们不仅仅是为了交换信息和谈论感兴趣的话题：我们的目的是通过交谈而构建我们之间的友谊。（第11章将对交谈与构建友谊做专门论述。）从本章的论述来看，疑问句非但不是代表柔弱的语言形式，相反，是促成交谈者彼此联合的一种强有力的手段。女性并没有以此为获取信息之用，而是非常圆熟地用以处理人际关系。把疑问句的这种功用描述成为"非正统的"是对它们在友好交谈中的基本功用的误解。这种误解源自于男性中心论的评判眼光，是把疑问句在男性交谈中被用于对抗和获取信息的使用模式作为衡量疑问句功用的标准所导致的。

---

　　① 具有讽刺意味的是，在鼓励发言者充当权威的交谈中，疑问句也是一个重要的语言策略。但是，鼓励权威的这些疑问句都是寻求信息的疑问句，常用升调，与严格遵守的（一次一个）话语权一起使用。（对这种问题的分析，见珍尼特·霍姆斯"公共语境中的女性交谈"。）

# 第九章

"我就**不停地**喝啊喝啊喝":重复和文本连贯

> **本**章将进一步探讨女性朋友言语中的重复模式。我在第四章介绍了朋友交谈的表现模式,通常是一位女士说些什么,另一位根据自己的亲身体验对此作出回应。我们对彼此所说的话作出回应,就是说我们讲了一些与我们的朋友所讲的相匹配和呼应的话。这种匹配和呼应是我们交谈的特色,在语言上,常常体现为一种复杂的重复模式。重复包括单词、语法结构和意义;也就是说,重复可以出现在词汇、句法以及语义等层面上。例如,(在杰西卡、贝基、汉娜和克莱尔有关经期的谈论中)一组关于热水袋的呼应话轮就含有大量的重复。以下再次列出了这一组(经过编辑的)话轮。

热水袋

　　话轮1:但是热水袋会有用(杰西卡)

　　话轮2:热水袋会有用(贝基)

　　话轮3:热水袋对我也有用(汉娜)

　　话轮4:非常有用(克莱尔)

　　短语热水袋重复了三次,动词有用(help)重复出现四次。此外,这四句话都重复了同样的句法结构,即名词短语+动词短语——虽然汉娜把 help 当作及物动词用,克莱尔省略了充当主语的名词短语。如前所述,在这组话轮中,语言上的平行最大限度地加强了四个朋友间的团结一致,因为单词、短语和句子结构的重复起到了标志一致与

相互肯定的作用。重复有多种功能,本章将通过分析各种朋友交谈的例子,试图指出这些功能。

## 语篇连贯

发言者在重复交谈要素——如单词、短语、主题、结构与意义——的同时,建构了连贯的文本。① 本章所讨论的文本,即女性亲密朋友间的交谈,指的是在特定时间和场合,由特定的发言者经过共同协商之后,意义的动态表达。在面对面的互动交流中,交谈的参与者会尽其所能地发掘她们所听到的话语中的连贯性。不论是否存在形式上的文本标记,我们都试图阐释我们听到的话语;换言之,我们假定了文本的连贯性。我们发掘话语连贯的能力是我们的话语能力中一个相当重要的组成部分。②

连贯在许多层面上发挥作用:主题层、句法(句子结构)层、语义(意义)层、词汇(单词)层。连贯也以多种方式发挥其作用:就创作和理解而言,它将各种文本要素相结合;在人际交往层面上,它使发言者紧密联系。我将首先分析单个发言者言语中的词汇模式,然后再深入分析涉及两个或更多发言者的复杂模式,以此来探讨连贯在女性朋友交谈中的作用模式。

## 单个发言者的重复

重复是与有准备的话语相对的随意话语的组成部分。③ 人们对它的解释通常是,发言者试着想出一个观点或选择恰当的词语时需要做的一部分工作。以下三个例子说明了这种相对常见的重复类型(划线

---

① 重复也是文本衔接的一个重要方面。衔接指的是文本中语言要素之间彼此连接的方式。采用衔接理论的分析者强调文本是一种产物而非过程。他们不考虑限制文本产生和诠释的因素。参见迈克尔·韩礼德、卢契亚·哈桑:《英语中的衔接》。
② 关于这一点的讨论,可参见迈克尔·斯塔布斯:《话语分析》,第179页。
③ 有准备的话语与随意话语这两个概念最早是由艾利诺·奥克斯在"有准备的话语与随意话语"一文中提出的。

的为重复部分)。

[讨论当地综合中学的总体教学]

我觉得西蒙和莱思韦．小姐—．小姐在一起很放松/

[话题:码头的运粮火车]

我被—被—被火车堵住了/

[谈论当地学校公开教学之夜]

嗯,史蒂夫变得—史蒂夫变得很焦急/

但是显然,重复不仅仅能让发言者梳理思路。在下面的三个例子中,发言者对自己原先说的词语进行重复和扩充,从而扩展了自己的观点。

[话题:海湾战争]

安娜:想想都觉得太可怕了/太可怕了/

[谈论女性不会处理账单和抵押贷款]

莉兹:你知道的这简直是无稽之谈/我希望女的都能意识到这完
　　　全全全是无稽之谈/

[话题:热衷于马克思主义的朋友]

帕特:我过去就喜欢看约翰愤怒的样子/嗯,现在我也喜欢他但
　　　我更喜欢他愤怒而且愤懑的样子/[……]我更喜欢他可
　　　笑,愤怒/好争论的样子/

在这些例子中,某些词语的逐字重复对说话人的观点起了强调作用。但每位发言者又通过增加或改动自己说过的话,继续扩展她的观点。莉兹将原句这简直是无稽之谈扩展为语气更为有力的这完完全全是无稽之谈;帕特最初用愤怒一词描述约翰的性格,稍后扩充为愤怒而且愤懑,直至可笑,愤怒/好争论的。苏在下例中也通过重复和扩充扩展了自己的观点。

[讨论顺从的丈夫]

苏:他就会出现这样的抽—他就会出现这样神经质的抽搐/
　　[……]他就会出现这样神经质的抽—[笑]他真的就会出现
　　这样神经质的抽搐/

在上述例子中,苏的两个朋友也同时做出评论,因此她有时不得

不运用重复来继续讲述她的故事。但是,我们看到,苏的陈述是从他就会这样抽搐到他就会这样神经质地抽搐再到他真的就会这样神经质地抽搐逐步建构起来的。在这个例子中,名词短语逐步扩展:说话人在修饰自己原有词汇的同时也通过重复强调了自己的观点。紧接在这个例子后面,苏在下面的例子中继续讲述这位丈夫的神经质抽搐。在此例中,重复部分起到了重要的修辞作用。

苏:听着/他没和她在一起时就不会这样/他不会这样,当他没和她在一起时/

苏通过重复自己说过的话,把朋友们的注意力集中到关键点上。此例中的重复包括倒装:(A+B)+(B+A)的话语结构。也就是说,句子A—他没和她在一起和句子B—他不会这样都各出现两次,但是出现的顺序不同。英语的话语结构可划分为"主题+评述"或"旧信息+新信息",因此说话人可以通过转换两个句子的顺序来强调稍微不同的部分,而信息的接收者也可通过转换采用两种略微不同的接收方式。苏想以此确保她的朋友们能完全明白她话中的含义(即这人只有和他妻子在一起才会出现神经质抽搐)。

发言者内部重复——即单个发言者交谈中的重复——在会话的叙述部分尤为常见。这不足为奇:如果女性朋友想拥有合作话语权,那么只有在讲述故事时,发言者才能长久地占有话语权。下面我将简要分析以下四个叙述例子中的重复现象。

## 叙述中的重复

在讲述"膀胱炎"的故事时(先前在第5章中讨论过),安娜说:我们在机场候机时[……]我居然喝了三升的水[……]我就不停地喝啊喝啊喝。显然,安娜不是不知道自己下面该说些什么,而是想通过对动词喝的刻意重复来强调她喝了许多水。这种强调功能在叙述中经常出现:以下是"膀胱炎"这则故事的前十行,划线的为重复部分。

我们在机场候机时—我们的飞机晚点了—我居然喝了三升的水。
我们在那等了大概一小时十五分

我就不停地喝啊喝啊喝

我们上了飞机,当然,我不断地去洗手间。

5 后来,情况越来越糟,越来越糟,越来越糟。

在飞往罗——罗马的途中,我把所有时间都用在了洗手间里。

在四分之三的航程中,我——我真的无法离开那儿,我疼得不行

雪莉过来砰砰地敲门。

"你还好吗?你还好吗?"

10 她试着叫空姐过来看看我。

在这一段摘录中,第一个重复是动词短语的部分重复——安娜说了三次"我就不停地喝"。第二种是形容词比较级越来越糟的重复——安娜共说了三次"越来越糟"。这些例子重复的都是短句的句末成分。重复的成分由并列连词 and 连接。与此相反,这段话的最后一个重复例子涉及整个句子的重复:你没事吧?。该句出现了两次,而非三次。它起了强调的作用:重复的问句与单个问句相比更好地表达了雪莉的焦虑。

选取的第二个例子说明了叙述中的句式重复。所有的叙述都包含一组平行的叙述句(一个叙述句由主语——通常是代词,和一般动词——通常是过去时构成。)以下这段话摘自"我母亲和慢跑者"的故事(在第 5 章讨论过),它清楚地说明了叙述特有的模式。

一天她带它们(两头德国种短毛猎犬)在海滩散步,

当时大家都极其害怕罗特韦尔狗,

有一个慢跑者正沿着利物浦的海滩跑步,

索菲,她管不住的那只狗,

想追着慢跑者跑

并咬了他屁股一口。

[……]

所以她说:"让我看看",

接着她大步走过去,拉下他的——〈笑〉拉下他的运动裤,

然后说:"别傻了,先生,你一点事也没有,

一切都好。"

这时候，那个慢跑者非常尴尬，只好跑开了。〈笑声〉

这个例子重复了"主语＋动词过去时"这一句式。

这一组叙述句的基本框架是：

她说……

索菲决定……

（索菲）咬……

她说……

她大步走过去……

（她）拉下……

（她）说……

他……跑开了。

这样一系列的叙述句是叙述的本质特征：它们构成了故事的核心，也使叙述部分在文本上衔接起来。我要分析的第三个例子包含更复杂的重复模式。它们附属在一组叙述句中。这段话选自苏讲述的"顺从的丈夫"这则故事的开头部分：

1 我告诉过你们，我有次去了一位朋友家，他**有过**（（一把））**吉他**。

　　[……]

　　妻子，对了——他的妻子不让他**有把吉他**。

3 **她说**了："不行。"

　　然后他就服从了。

5 她是——**她说**了："你不许**有把吉他**。"

　　所以他**一把都没有**，

7 从此**他**也就**不再弹了**。

　　圣诞节的时候她终于允许他**有把吉他**，

9 只要**他不**当着她的面**弹**。

短语有把吉他共出现了四次，分别位于第1、2、5、8行；另一短语一把都没有中的前指代词一把替代了名词"吉他"。这些词都已经用黑体字标出。这一小段不仅仅包含这些重复。第3和5行都含有短语她说；第5、6、7、9行都包含否定：第5行的不许，第6、7、9行的不和没；第6、7、9行重复他不，而第7、9行重复了更长的部分他不弹了。

在语义层次上,第 3 行中的"不行"扩充为第 5 行的"你不许有把吉他",而第 2 行的让则被第 8 行的语义对等词允许替换。语法层次上也重复了动词的一般过去时,如告诉过、去了、有过、说了、允许。所有的重复如下所示:

1 我告诉过你们,我有次去了一位朋友家,他有过((一把))吉他。
[……]
妻子,对了——他的妻子不让他有把吉他。
3 她说了:"不行。"
然后他就服从了。
5 她是——她说了:"你不许有把吉他。"
所以他一把都没有,
7 从此他也就不再弹了。
圣诞节的时候她终于允许他有把吉他,
9 只要他不当着她的面弹。

重复成为叙述的这一特征的原因之一显然是叙述者构思的结果。与讨论部分不同,叙述部分通常只有一个发言者,即叙述者。叙述者试图创作的故事是经过精心构思的文本,有开头,中间和结尾部分。故事通常包含一系列简单的叙述句,这意味着一定会有句式连贯。同时,叙述者为了确保听众都能听懂故事,需要重复故事素材,因此一定会有词汇和语义上的连贯。

最后,我们再来看看"一丝不挂"的故事(第 5 章已经讨论过)。这则故事是一个连贯的语篇,原因之一就在于文中反复出现的重复模式。

一丝不挂

一两周前
我忘了是哪一天
3 我当时正坐在我的客厅里
不经意间,我向花园看了看
我直接就看到了利弗家里
6 他家就在本特利小街的拐角那里
我看到他一丝不挂地呆在他家的客厅里。

只要你愿意,你当然可以<u>一丝不挂地呆在你家的客厅里</u>(是的)

9 我想:"我的天哪"(是的)

"如果我能看到他"他也能看到你

我并不总是<u>在客厅里一丝不挂</u>。〈笑〉

本例中有许多重复模式,但我将集中介绍其中两种(文中划线部分)。首先,我+当时正+动词的模式重复了三次。第一次使用了动词坐,而后两次则重复使用了动词看。所有这些动词都为我们提供了背景信息,并与故事中心(第 7 行)的叙述句采用的动词一般过去时看到(saw)形成鲜明对比。另一个值得注意的重复成分是短语在(他家的/你家的/那间)客厅一丝不挂。这是故事的主题。叙述者逐字重复该短语(在指代是谁家的客厅时,单词略有改动。虽然变动很小,但不可忽视。),确保了主题的不断突出。同时,逐字对等与包含它的各种多变结构形成了张力。在此,我只能从表面粗略地描述一下。第一次,这个词组描述的是过去发生的事件,第二次则是对普通行为的概述(无时间限制),第三次是关于叙述者个人习惯的表述。对第三种描述——我并不总是在客厅里一丝不挂——的阐释依赖我们对该短语第四次出现时(未说出口)的理解:我(有时)在客厅一丝不挂。

### 两个或两个以上发言者的重复

正如我们在前一章所述,叙述在女性朋友的交谈中起了重要的作用,但通常交谈涉及所有的参与者。现在我们来看看在交谈的讨论部分,出现在发言者话轮间的重复模式。首先来看词汇重复的例子。

### 词汇重复

以下两例都只包含单个词汇的重复:在两例中,第二个发言者重复第一位发言者刚说过的话。(这里的第一第二不是严格的划分,而是指发言者在例子中参与交谈的顺序:由于这些例子都选自含有合作话语权的交谈,所以,所有的发言者都同时参与了合作话语权的使用,因而"第一""第二"并不具有任何重要意义。下一节我将回到这点。)

[话题：葬礼和禁忌]

萨莉：这肯定会让他失去运⎡气/
玛丽：　　　　　　　　　⎣运气/

[话题：当地的政治危机]

珍：　因为他们只要赢得两个⎡席位/
海伦：　　　　　　　　　　⎣两个/

这种重复更常在朋友间的闲聊中出现。重复的材料能涉及交谈中更长的部分，甚至长达整个句子，如以下两例所示：

[话题：伯肯黑德码头的火车]

萨莉：是运粮火车＝
玛丽：　　　　　＝是运粮火车

[谈论幸灾乐祸]

玛丽：但我不喜欢那样的感觉＝
梅格：　　　　　　　　　　＝不，我不喜欢

梅格：那样的感觉/

一些评论者也许会认为这种重复是"多余"的。① 但文本的内在证据表明并非如此。让我们看看其中两个更完整的例子。

[话题：当地的政治危机]

---

① 如果我们采用严格的维特根斯坦理论，才会使用多余一词——参见塔尔米·基温的"文本连贯与思维连贯的对比"（也可参见我相应的一篇文章——珍妮弗·柯茨的"面对面交流中连贯的实现"）。更令人担忧的是，一些参与评估苏格兰标准英语等级口语考试（苏格兰举办的一种面向16岁左右公民的公众考试）的考官也采用了这种观点——参见肖·瓦尔林的"合作交谈与竞争交谈"。

珍： 因为他们只要赢得两个 ⌈席位＝
海伦： ⌊两个＝是的,我知道/

[话题：伯肯黑德码头的火车]

萨莉：是运粮火车⌈我想是去—是的
玛丽： ⌊是运粮火车/是的,它是

萨莉： 是的/ 是的/
玛丽： 货车/

这两个更完整的例子表明,在交谈的合作参与者看来,这种重复有利于交谈的连贯,而非多余的行为。发言者使用诸如是的之类的简短回答,表明自己对他人言语的接受。在这些朋友的交谈中,没有标志反对或令人不快的回答(如"我刚说过","不要重复我的话")。这是因为重复的作用之一是标志赞同：与诸如嗯嗯,是的之类的简短回答相比,重复交谈的一部分更加强烈地表现出对话语的积极参与。

在三个发言者参与的交谈中,我们可以清楚地看到这些发言者交替的重复所起的作用是标志参与以及建构连贯的文本：

[话题：在学院里看电影]

苏： 所以我是说我们看电影/不管是 7—UP 还是.14—UP

苏： 或别的什么/ ⌈看那部那
莉兹： ⌈噢你在那⌊看过那部了/
安娜： ⌊噢,你看过 那部了/. 噢 没错/

苏：真的很有趣的/

苏说她已经看过了 7—UP 这一系列的影片,这点引起了安娜和莉兹的共鸣。(她们如果只说嗯嗯,试对比两种效果)。接着,苏又重复了自己的陈述,然后再扩展到她对影片的评价。

有时,在一系列交谈中,重复的内容往往由第一位而不是第二位说

话人提出。(同样,第一第二是过于简单的划分,只是为了清楚地描述。)
[话题:屏障林与害怕被窥视]

卡伦:我的意思是一切都好我确定他没有=　　=偷窥或别的什么/
帕特:　　　　　　　　　　　　　　　　　　=偷窥=

上述例子中,帕特说的唯一一个词被卡伦重复,因而溶入文本中。在下面两个例子中,第一位发言者重复了第二位说的整句话,而不仅仅是一个词语。
[话题:卡伦最近动的手术]

卡伦:我进去后希一满怀希望一切都会非常好/

卡伦:　　=但没有
帕特:但没有=

[话题:厨房是女性朋友交谈的地方]

比:我觉得过去常在厨房交谈的原因之一——我们以前不就是

比:设法让孩子们呆在客厅,那儿有

比:玩具,然后我们就.┌走开,躲到厨房里去=
珍:　　　　　　　　└我们就溜了!

比:((XX))　　　　　　　　　　=是,那里坛坛罐罐的=
珍:〈笑〉　　　　=是,那里坛坛罐罐的=
梅格:=对,完全正确=

下个例子中没有严格的词汇重复,因为发言者使用不同的词语来保持意义的延续。
[话题:看小说]

苏： 我就会跳到最后一章/确定一下
莉兹： 是的/　　　　是的/

---

苏： 我是不是对的＝　　　　＝我是对的/
莉兹：　　　　　　　＝ 你是对的＝

---

这个例子可以与前面的一组对话（对别人的失败幸灾乐祸）相对比。在但我不喜欢那样的感觉/不，我不喜欢那样的感觉的对话中，使用了代词我而延续了词汇重复，但是意义却从我（玛丽）厌恶那种感觉变为我（梅格）厌恶那种感觉，稍有不同。尽管这些例子从表面看有所不同，但实际上它们具有同样的效果。换言之，涉及人称代词你和我的重复，与其他的重复类型没有严格的可比性。不过它们和其他例子一样，都起了标志(坚决)赞同的作用。

在少数情况下，词汇重复还微妙地表达了一种可接受的分歧，有时也称为"没错，但是（yes but）"策略。①

[话题：丈夫演奏萨克斯]

莉兹：我觉得—觉得你不应该挑剔因为我觉得这真的

---

莉兹：挺好的⎡他有这个爱好/
苏：　　　　⎣这是挺好的　可是　为什么不能安静点？

---

通过重复莉兹的话（这挺好的），苏首先站在赞同莉兹的（更宽容）立场上，但是她又提出了问题为什么不能安静点？，以此阐发了自己的观点。可是一词标志话语的后半部分与前半部分在某些方面是相冲突的。

我们到目前所看的例子中，不论包含一个或几个发言者，强调的都是单词的重复——即词层重复。下面我将简要介绍出现在其他层次的重复。

---

① 有人认为，"是的,但是"策略是良好心理疗法的重要特征；参见圣塔·特若伊梅尔·普罗兹"'她不仅仅是个外向的人'"以及"女性与男性语言中交谈差别的构建"。

### 语义重复

发言者重复交谈材料时,她们常使用不同的单词来表达同样的意思。换言之,重复不完全是词汇层次上的重复,从总体而言是语义重复。

[贝基和汉娜在考虑她们可以对谁毫无保留地交谈]

贝基:我是说我有些朋友——……有时我觉得

贝基:我得稍微装出—你知道的就是说—

贝基:你知道就是⌈说合适的话和事你知道吧
汉娜:　　　　⌊说合适的事．是的/

[话题:虐待儿童]

比:我觉得要接受那种观点你

比:　必须．　⌈完全
玛丽:　嗯．重新考虑你⌊对你丈夫

比:　改变你对你丈夫的看法/
玛丽:　的看法/

以上两例中措词都略有变动。下一个例子选用了完全不同的词汇,但意义却保持不变。

[比解释,孩子们还小时,厨房为什么是她和女性朋友们交谈的地方]

比:我觉得过去常在厨房交谈的原因之一—我们以前不就是

比:设法让孩子们呆在客厅,那儿有

比:玩具,然后我们就．⌈走开,躲到厨房里去/
珍:　　　　　　　　⌊我们就溜了!

下例中巴巴拉的话语明显重复了帕特的概论,同时又用不同的词汇重述了该概论:

[话题:一位业余木匠毫无品味地装修他的公寓]

帕特:你知道的通常他对那些事都挺聪明的/可是.

帕特:　　噢噢噢⌈我的天/
巴巴拉:　　　　 ⌊做事很聪明/可是他的品味明显有点奇怪/

巴巴拉说的做事很聪明重复了帕特的话对那些事很聪明,而帕特也用噢噢噢我的天重申了巴巴拉说的可是他的品味明显有点奇怪。

以下的例子稍微长些,它表现了发言者如何运用扩展的语义重复:

[话题:看《每日邮报》]

苏:　肖恩的妈妈/《每日邮报》就是她的圣经/

苏:　　　⌈她打—她给我打过电话—我知道/
莉兹:⌈是的/我⌊朋友觉得《邮报》—=是的/没什么/
安娜:⌊嗯嗯/这—里面没什么 内容 =

苏:　　⌈根本没什么/
莉兹:　　　　⌈整份看一下/
安娜:⌊你粗略地⌊我今晚在火车上看过

莉兹:　　　　　　　　⌈里面没什么内容/
安娜:一份/你粗略地看看里⌊面没什么内容/

苏:　　　　　　=是的/
莉兹:⌈是的/　　=没错/
安娜:⌊两秒钟就看完了=

里面没什么内容这句话一再重复,既有逐字重复又有变换措辞的一系列释义：根本没什么（苏），你粗略地整份看一下（莉兹）和安娜的你粗略的看看……两秒钟就看完了（安娜）。三位朋友共同协作，通过词汇和语义的重复，强调她们对《每日邮报》评价不高。

### 句法重复

开篇例子（热水袋）已经说明了句法重复。在该例中，重复部分是整个句子的结构（有所变化）。我们也讨论过句法重复是叙述的一般特征。在下面的例子中，重复涉及更大的结构单位——含直接引语的句子。

[话题：约克郡的碎尸案]

梅格：我记得那时在—你知道我真的在想"那会不会是

梅格：迈—"我觉得是迈克/[……]我真的一直

梅格：在想"会是他吗"/我想知道如果其他女的

梅格：那时．想—
萨莉：　　天哪，是的/ 我是说我们那时都住在

萨莉：约克郡/我．我是说我．我是说我/我曾经想过

萨莉："会是约翰吗？"/

萨莉重复了我＋想＋"会是[男性名字]？"的模式，使这两句话十分连贯。考虑到表露这一想法带有争议性，苏将自己的话语与梅格的紧密联系，这是非常有效的。它强调了她们立场的相似，从而达到团结一致。

更复杂的句层重复体现在虐待儿童这一话题的讨论部分。

[话题：虐待儿童]

梅格：但妈妈没有保护女儿这事/

梅格：按逻辑推理/其实根本上就是在说—

---

梅格：男的不管这事＝　　　＝但其实根本上就是在说你必须
玛丽：　　　　　　＝嗯嗯＝
比：　　　　　　　＝嗯嗯＝

---

梅格：一天24小时地看好你的孩子/你不该去玩宾戈/

---

梅格：你不该去工作/他安顿孩子去睡觉时
玛丽：　　　　嗯嗯/

---

梅格：你不该在厨房洗⎡餐具/
比：　　　　　　　　⎣你不能相信你的丈夫

---

梅格：　　　　　没错/
玛丽：　　　是的/　　　　　　是的/
比：　因为他是个男的　他的　暴力倾向会使他丧失理智＝

---

梅格：＝是的/⎡所以你必须每时每刻盯着你的孩子/
比：　　　　⎣((XXX))

---

本例中的重复包含两种相互交织却又互相否定的模式，即

你＋情态＋提议

你＋情态＋否定＋提议

（情态指的是诸如必须、应该、能够、将要等助动词）

这组重复由如下六句构成：

1 你必须一天24小时看好你的孩子

2 你不该去玩宾戈

3 你不该去工作

4 他安顿孩子去睡觉时你不该在厨房洗餐具

5 你不能相信你的丈夫，因为他的暴力倾向会使他丧失理智

6 你必须每时每刻盯着你的孩子

大部分句子都是梅格一人说的。比在快结束时才加入交谈。第一句和最后一句除了时间副词外完全一样。而且,这两句构成了其余四句否定句。这四句否定句形成一种连续系列,列出了所有禁止的活动,其中你不该 x 出现了三次,并且由不能代替了不应该,从而转换为更复杂的句子。所以,这组重复模式是 A+B+B+B+C+A。这种重复模式在此十分复杂,不仅包括单词,意义,还包含句法的重复。

主题重复

朋友间的交谈常常确立了贯穿整个交谈的主题。例如,我在第 4 章中已经探讨过,有一次,帕特和卡伦谈论有关圣诞的主题。六个话题中有四个都反复出现了这个主题:"圣诞卡"、"圣诞树"、"圣诞彩灯"和"学校圣诞演出"。

更突出的例子来自苏,莉兹和安娜有关兔子主题的谈论。在这段交谈中,话题之一是"兔子"。苏把学校的兔子带回家过周末,由此引出了这一话题。(这个话题在第 4 章,特别是第 4 章的结尾部分,已经讨论过)。以下这段简短的对话选自该话题的开头部分,在此确立了主题:

[话题:兔子]

安娜: 噢,那只小兔子怎么样?
莉兹:                ┌你见过了吗?      ┌噢噢,它好可爱=
苏:                =啊└啊/              └它─

莉兹:=你知道的我 ┌还没见过/
苏:             └它太可爱了/[……]

苏: 它在厨房里跑来跑去,我还打算((带))

莉兹:           ┌什么/带着
苏: 她去花园里跑跑明天/└((嗯我))─

莉兹:笼子吗?=     =是的/
苏:            =是的=

交谈从其他话题进展到了"夫妻关系"的话题。她们对顺从的丈夫的讨论快结束时,苏又重述了兔子主题。(划线部分重复了"兔子"话题中的词语或观点。)

[话题的结尾:夫妻关系]

安娜:　　　　　　　＝是的　　　　　　　＝((他
莉兹:哦 ┌上帝保佑他＝ ┌他　　缺┌乏活力＝
苏:　　└他是—　　　└((他就是))　　└＝他

安娜:是没有活力 ┌听你的口 ┌气/
苏:　的确没有活 └力/　　　└((这))有点像一只兔子/

莉兹:　　　　　　　　　　　┌他是这样,不是吗/ ┌她应该
苏:((是的))〈咯咯地笑〉我想 └我应该带他— 　 └我想我应该

安娜:
莉兹:让他—〈咯咯地笑〉┌我想知道她为什么不 ┌介绍介绍/
苏:　带他回家度　　　└周末/〈笑〉　　　　 └带他去花园里

安娜:　　　介绍一下＝
莉兹:溜达溜达〈咯咯地笑〉
苏:　　　　　　　　＝((那样你就能带

安娜:
莉兹: - - - - - - - - - - →
苏:　他回家))过周末,并且让他出去溜达溜达/

兔子主题的重复使三位朋友的交谈十分连贯。她们重复了兔子一词,并再次提出把兔子带回家过周末及让它去花园里跑一跑的想法,以此来隐喻这位顺从的丈夫。同时,主题的重复又使朋友们在开玩笑的掩饰下,颇具讽刺地讲述了一些<u>听话丈夫</u>的轶事。(我将在下一章详细

介绍这一点。）

## 重复与合作话语权

重复是女性朋友交谈的基本特征，在不同层次上发挥作用。本节我将论述，重复频频在交谈中出现是因为女性朋友运用了合作话语权。合作话语权与单一话语权相比，包含更多的重复，更短的话轮，更多的重叠话语和更多的说笑逗趣。正如我此前所述，合作话语权是一个共享的空间，因而所说的话语被看作群体而非个人的声音。重复是肯定群体声音的有效方式，因为它明显是两个或两个以上的发言者以这样或那样的方式明确地说同样的事。让我们通过以下的短例看看这是如何发挥作用的。

[母亲与葬礼]

安娜：我打赌那个送牛奶的人不会相信/
莉兹：⌐是的/
苏：└他知道她要

安娜：　　　　　　　　　　　=她可能告诉他们了/
莉兹：　　　　可能告诉⌐他了=
苏：　去参加葬礼吗？　└有可能/是的/

可能一词的重复把三位发言者的话语联系在一起，标志每个人说的都是共同形成的观点。下面的这个例子只有两位发言者，但却清楚地表现了个人声音如何通过重复融合成为更大的整体。

[话题：刚漆过的前门的颜色]

帕特：　那你上了哪辆公车/　噢，是这样/是这样/.
巴巴拉：　　　　　　　　　733路/

帕特：　你有没有看到他们把我们的旧前门涂成绿色/
巴巴拉：　　　　　　　　　　　　　　　　看到了/

帕特：　　　　┌鲜绿色/　　　┌伦敦乡下公车涂的那种绿色/
巴巴拉：我们注意└到了/　非常└鲜艳的绿色/

帕特：　　看上去很滑稽┌不是吗/
巴巴拉：　　　　　　　└我们没什么印象/

虽然帕特提出了她们旧前门的颜色这一话题，但两位朋友通过重复绿色一词和对它的阐释，一起取笑了这种颜色。她们通过词汇重复说明了是什么样的绿色，同时也就通过语义重复评价了这种颜色的效果：巴巴拉说的我们没什么印象重复了帕特的看上去很滑稽，不是吗？的意思，但所用的词不同。这段文本是合作的产物。如果把两位发言者的话语分开看，文本就变得毫无意义。

最后让我们看看包含更长重复部分的例子：

[话题：夫妻关系]

莉兹：这些男的到底怎么了他们—他们为什么非得那样做/

莉兹：我是说┌他们不—他们—他们特别—　┌他们并不
安娜：　　　└这是男人做事的特点尽管他们—└他们—

莉兹：特别需要你/他们已经做了—┌我的意思是他们已经
安娜：　　　　　　　　　　　　└不，但是他们并不

莉兹：决定了—　　　┌不，他们不希望其他人
安娜：希望其他人拥有└你/

莉兹：拥有你/但是他们还是希望继续拥有你＝
安娜：＝是的/

安娜和莉兹在这段交谈中一起探讨她们对夫妻关系破裂后男性行为的感想。她们重复了短句他们不想（及其变体他们想），也通过要、有、

拥有这一组词重复了对占有的看法。这篇合作文本是由两位朋友合力创造的,表达了她们一致的观点。用"第一、第二发言者"来区分她们是毫无意义的:她们参与了合作话语权,重复是标志她们共同介入,一起进行交谈的方式之一。

三个例子都表明重复常与合作话语权的重叠相联系。我们在第6章已经探讨过,重叠达到极致时,词汇重复将作为同步话语出现。以下便是一例。

[海伦和珍讨论当地的政治危机]

珍: ┌她召开了这所文法学校的会议/
海伦:你听说了吗└她召开了这所文法学校——是的/

在此例中,重复与重合相结合不足为奇。毕竟,重合包含重复,尤其是词汇重复,因此它显然也标志了支持的态度。① 而且,群体声音的发展不可避免地导致平行交谈材料的同时表达,不论是词汇、语义、句法还是主题平行。这正是我们期待的交谈中的"爵士乐即兴演奏会"。女性朋友间友好交谈的核心就是群体交谈。发言者以各种方式联合创造文本,而重复则是女性朋友所重视的实现"融合"的方式之一。

**扩展的例子**

本节旨在说明,在更长篇幅的交谈中重复如何发挥作用。但我首先分析的是瓦尔与她的朋友卡西之间发生冲突的故事。以下四行选自该故事的结尾部分。

当时太糟糕了

**当时**太糟糕了

---

① 判断重叠言语究竟是一种扰乱行为(争夺单向发展的话语权)还是一种支持行为(合作话语权的一部分),似乎取决于下一位发言者的行为极。极指的是"语言中正/负相抵的系统"(引自大卫·克丽斯特尔的《语言学与语音学的第一本字典》,第274页)。交谈中两部分言语相继或同时出现时,如果B部分同意、确认、重复或扩展了A部分所表达的命题,或者B部分就同一话题表达了与A部分相同的态度或信念,那么B部分就被视为正极;如果B部分否定、反对或忽视A部分,那么B部分就视为负极。(参见柯茨"无脱节,大量的重叠"。)

但她现在原谅我了

但她还没忘记这件事

这四行是精心安排的。前两行包含词汇重复,但瓦尔在重复的过程中使用了不同甚至相反的重读模式,从而改变了她的侧重点:第一次——当时太糟糕了——强调的是朋友间误解带来的不愉快;而第二次——当时太糟糕了——则提醒我们这件事发生在过去。后两行都以但她……开头,但第三句是肯定句——但她现在原谅我了——并通过副词现在将我们带回现在;与之相反,第四句是否定句——但她还没忘记这件事——句末的这件事重拾起当时太糟糕了的话题。单词原谅(forgiven)和忘记(forgotten)重复了相似的发音模式,这在日常交谈中是罕见的。

我要详细分析的第二个例子选自"码头的运粮火车"的故事。这已经在第5章中讨论过。这则交谈主要是玛丽和萨莉在讲述,其他发言者只是偶尔添加简短的回答。我们看到,这个故事的前四组对话涉及各种重复类型:词汇重复、句法重复和语义重复。

码头的运粮火车

1 玛丽:我被—我被—我被火车堵住了/

玛丽:你以前曾被火车堵在码头吗?

3 玛丽:我昨天在码头被火车堵住了/
萨莉:是/噢是的/经常/

玛丽:以前,我从来没有被火车堵在码头/
萨莉:         是的/

5 玛丽:这很有趣/
珍:  噢,我—

玛丽:因为它要—它要穿过,嗯,杜克—杜克街的 大桥/
珍:        噢,太有趣了/    是的/

7 玛丽：中⎡间的那座桥/
　萨莉：　⎣没错/是的/

　萨莉：有个家伙刚好下车/

9 玛丽：⎡没错/　⎡并且走着/
　萨莉：⎣((XX))⎣而且((停下))/

　玛丽：那个家伙就走在火车前/
　萨莉：　　　　是的/　　那是—

11 玛丽：你可以听到当当声/
　　萨莉：　　　　是的/

　玛丽：⎡因为其中一个链条正在当当作响—
　萨莉：⎣是的/

13 玛丽：听起来非常浪漫/
　　萨莉：　　　　是的/
　　梅格：　　　　是的/

　玛丽：就像就像遥远的—西部/

15 玛丽：你知道这种当啷的声音/

　玛丽：它完全是—是—是这一小段金属拖着地面发出当啷声〈笑〉

17 玛丽：但我没有意识到—
　　萨莉：　这太有趣了—

　玛丽：但我见过所有这些铁轨/
　萨莉：((XXX))

19 玛丽：　　　　　⎡它是辆运粮火车/是的/
　　萨莉：它是辆运粮火车⎣我想/　　　　开往—

　　玛丽：⎡它是辆货车/
　　萨莉：⎣是的/是的/是的/

如第 5 章所述,前四组对话都是开篇陈述我被火车拦住了的变体。这四组都使用了同样的动词加同样的短语：被火车加拦住了。四组中有三组都以我为(语法上的)主语。第 5 组——这很有趣——打破了这一模式。这句评价性的话在余下的篇章中重复出现了两次：一次是第 6 组中珍说的"太有趣了"以及第 17 组中萨莉说的"这太有趣了—"。

在这段篇章的中间部分(第 8—16 组),动词都是一般现在时,不受时间的限制,如下车（gets off）,走着（walks）,听起来（sounds）,是（is）。玛丽把走路(9)扩展为那个家伙走……的陈述句时,同时出现了重复和反义：重复了动词走（walk）。但是,第一次它以第三人称的现在时出现,而第二次则是现在分词修饰名词短语那个家伙。在中间部分,通过词汇和语音重复,如当当（clanging）/当啷（clanking）,以及语义重复,如其中一个链条/这一小段金属,建立了文本衔接。

这段篇章的后两组对话和开头部分一样,都有明显的平行结构：19 组中两个发言者都逐字重复了它是运粮火车这句话。最后一组重复了该句的结构：它＋是（is）＋名词修饰语＋名词,但货车取代了运粮火车,系动词的时态也从现在时变为过去时：它＋是（was）＋名词修饰语＋名词。时态的转换把我们带回到玛丽讲述的过去发生的故事中。

本篇的另一显著特征是没有施动词,即与作主语的施动者同时出现的动词(例如动词拿,喊,唱,跳)。叙述者/观察者是码头上火车这一景观的被动(但高兴的)观众。动词听见和看见(11、18 组)似乎描述的是一个接受过程而不是主动的状态(和聆听,关注相比)。全篇唯一的施动者是下车并且走着的家伙/那个家伙。即使是这个动作也似乎很遥远,因为施动者的范围很广:那个家伙可能指任何人或所有人。动词当当响(clanging)/当啷响(clanking)在本篇中也是非施动性的,因为链条是无生命的物体,有东西拖着它们才会当啷作响。

"运粮火车"是合作创造的叙述例子之一。这里的重复涉及两位发言者。现在,我们再来看看选自三位女性朋友交谈的片段,并通过此例探讨重复在多方参与、篇幅较长的文本中如何发挥作用。这个片段讨论"夫妻关系"这一话题。它清楚地表明,女性朋友交谈中特有的平衡和呼应是如何与交谈中的重复类型紧密联系的。安娜概述了"夫妇关系"这一主副题。

安娜:我在想有没有人进行过这种夫妻关系的研究/是什么让夫妻一方变成这样((XX))

安娜和莉兹引申了这个话题,开始强调改变这一观点——即处在异性夫妇的关系中可以改变一位女性的行为。

莉兹:我想你独身的话更能意识到这一点/我

安娜: 是的/ ┌而且
莉兹:现在就更能意识到这点.与结婚时相比/└我能

安娜:可能更会意识到你自己所处的
莉兹:其实—

安娜:情况/┌有些和你在一起的人会改变你很多/
莉兹: └是的/我觉得要闲着很简单/
苏: 嗯嗯/

改变的观点被莉兹采用。她讲述了一则简短的轶事来说明(男性)伴侣在场时女性的改变方式:

莉兹:有天晚上我去健身俱乐部/后来和我一起去的那个女孩的丈夫也和我们一块去酒吧喝酒/.他一来整个气氛就变了/
〈笑〉

安娜自己也对此做出呼应，评说了她的一位朋友：

---

安娜：拿卡伦来说，她和她的新未婚夫/我觉得他们
苏：　　　　　　　　　　嗯嗯/

---

安娜：夫妻在一起时我说不出来话/
莉兹：　　　　　　　　是的/　　但的确有所<u>改变</u>
苏：　　　　　是的/　　　嗯嗯/

---

安娜：　　　　是的/
莉兹：不是吗/

---

莉兹接着进一步阐述自己的例子：

莉兹：这女孩也<u>变了</u>/ 她也<u>变了</u>/ 她——她——她突然变得很紧张/你知
　　　道吗/他太讨厌了/简直太讨厌了/

她通过重复句子她也变了，强调了改变这一主题，并接着解释女性是如何改变的：她突然变得很紧张。她描述了那位丈夫让人讨厌的行为，这点引起了苏的共鸣：

---

莉兹：但他简<u>直</u>是—他就那样.<u>坐着看报纸</u>/然后

---

莉兹：在那发牢骚/因为我们花了很长的时间⎡喝杯
苏：　　　　噢噢噢噢/　　　　　　　　　⎣我讨厌

---

莉兹：酒/我们本想有个<u>美好</u>的晚上/放松的
苏：　　那样

---

莉兹：<u>晚上</u>/你知道吗/

---

接着苏也讲了一则轶事，重新拾起<u>我讨厌</u>的句子，重复了<u>坐着看报</u>的主题：

苏：<u>我就是讨厌</u>贝弗利丈夫也是那德性/我是说我真的很喜欢

他/他太——他是个很好的笑柄/但你去那儿的时候他有时会坐在那儿看电视/摆出高高在上的样子/或者坐着看报——报纸/

这使得粗鲁一词重复使用了三次,达成对男性粗鲁的一致看法。

苏:但你去那儿的时候他有时会坐在那儿看电视/

莉兹:　　　　　他太粗鲁了=
苏:　摆出高高在上的样子/　　=或者坐着看报——

安娜:　　　　　　　　是的/
苏:　报纸/我想我们开车到这儿来看你/我不会

安娜:　这太粗鲁了不是吗/
莉兹:　　　　　　是很粗鲁/事实上——这么做的
苏:　那样做/

莉兹:好像总是男人/　　不是女的/
苏:　　　　　是的/

至此,这段交谈的模式是:
　　对夫妇关系的总体概述(安娜和莉兹)
　　健身俱乐部已婚夫妇的轶事(莉兹)
　　卡伦和她未婚夫的轶事(安娜)
　　贝弗利丈夫的轶事(苏)
　　关于粗鲁的讨论

三则轶事相互呼应:每个人都采纳了安娜的总体概述并对此进行阐释。每个人又都引进了略微不同的侧重点。这三则轶事十分连贯,有大量的词汇和句子重复(例子中的划线部分),以及特定主题的重复(例如,围绕婚姻这一主题,词汇场中的许多词都与婚姻有关——丈夫、未婚夫、夫妻、结婚——这些词在文本中反复出现)。此外,还建立了相反模式——结为夫妇的观点与独身主义相反,喜欢与讨厌相反;

莉兹朋友的紧张和放松相反——放松这个词用来描述如果这位丈夫不在场,她们当晚会怎样。而且,全篇依赖一个框架,论证了女性(正)与男性(反)的整体对比。

这段交谈的最后部分继续讨论已经提出的话题。

---

莉兹:他破坏—他破坏了整个晚—

---

莉兹:我．从那儿开车回家/我想．我

---

莉兹:宁愿一个人也不愿意 处于那种 情况中/
苏: 是的/ ((不赞同))

---

安娜:是的/．嗯我觉得你的确那么想/如果你处在
莉兹: 是的/
苏: 有时/

---

安娜:那种情况中那你就自由 了/
莉兹: 你觉得我很高兴我再也不用

---

安娜: 你也更独立了= =你觉得—是的/
莉兹: 处于那种情况中/=是的=

---

[……]

---

安娜:有时我就在想我可能再也不结婚了/或是

---

安娜:再也不和什么人在一起了/因为我只是喜欢我自己一个人的生活/
莉兹: 是的

---

安娜: 使你真的很自私/
莉兹:是这样的/我想 你只是—因为你往往会变得很自私/

---

莉兹:你真的会变自私/

---

讨论部分不仅自身连贯,而且与之前讲述的轶事也有所联系。三位朋

友互用对方的词句,从主题上把文本连接起来。独立这一主题变得很重要,包含了单词和词组的重复,如自由、独立、我自己一个人和最后的自私,这些与处于那种情况下、结婚构成对比。朋友们透露自己的感想时,大量重复了动词想,此外,还有大量的限制手段,尤其是我想、我觉得、只是、可能。(鉴于三位朋友不同的生活经历,这些限制手段的主要作用在于促成公开的讨论并保留彼此的面子。)朋友们在分享各自的生活经历时也一再重复了代词我和你。在这段交谈中,我和你都带有性别色彩——它们只指代女性——和她一样,这些指代女性的代词都有褒义的内涵,与较少出现的他形成对比。他总带有贬义的意味,因为他指代举止粗鲁或导致女性改变的丈夫与未婚夫。

这段摘录要完全展现重复的各种模式是不可能的,但该摘录选自多方交谈、篇幅较长的部分,可以表现女性朋友交谈中重复的丰富性和复杂性。

### 富有诗意的女性交谈

本章已经阐述了女性朋友交谈中存在的不同重复模式。这些重复发挥着各种不同的作用。也许,最重要的作用就在于标志女性朋友间的团结,表达交谈中发言者的积极参与。它们表现了群体而非个人的声音。在这个意义上,它们是合作话语权的一个重要组成部分。

重复对建构连贯的文本也起到了重要作用。一些评论家认为我们应该把文学批评的方法应用到日常交谈中。[①] 乍一看这似乎不合常理——毕竟我们交谈时,尤其是彻底放松与朋友闲聊时,我们的语言十分杂乱,和诗歌这类精心雕琢的艺术形式有所不同。但是,我们认为自己的交谈杂乱无章,这种认识有多准确呢?我们的文化推崇文学性,而我们的感知又深受其影响,我们能依赖这样的感知吗?这种文化歧视忽略了一个事实:世界上大部分语言都没有书写形式,而许多

---

① 黛博拉·坦嫩:《说话的声音》。

诗歌和叙述都以口头而非书面的形式存在。① 英语是世界上主要的书写语言之一，它与印刷文化紧密联系，所以，讲英语的我们就易于忽略或降低口头文字的重要性。

除此之外，我们还易于忽略或降低女性话语的重要性。本章（以及前面的章节）论证了女性的交谈远非杂乱无章。相反，我们的交谈不仅呈现出秩序性，而且也可以称之为"富有诗意的"模式，用词大多言简意赅。② 交谈能否发挥作用对人类生存至关重要。交谈要发挥作用就必须连贯。文本连贯是成功交际的典型特征，而重复正是文本连贯最显著的表现。但是，我们所探讨的女性交谈的显著特征似乎是重复在发言者之间出现的程度。我认为这是因为女性把朋友间的交谈视为爵士乐即兴演奏会。女性朋友选择使用合作话语权进行交谈，从而共建了文本。重复——彼此讲述同样的事，使用和朋友一样的语言模式——是女性朋友感觉彼此联系的有力象征。③

---

① 据统计，当今世界上共有6000多种口头语言(参见特弗·斯卡特那布-堪戈斯与吉姆·卡明斯：《少数民族的教育》)。据瓦尔特·J·欧恩戈所述《口语性与文学性》，第7页)，在这些语言中，"大概只有106种达到了能够创作文学的程度"。

② 罗曼·雅格布森《语言学与诗学》；德尔·海姆斯：《徒劳地我想告诉你》；黛博拉·坦嫩"交谈中的重复"。

③ 有关女性与彼此联系的进一步讨论，见特里·埃伯特《变样的爱》；卡罗尔·吉里根等编：《映射道德领域》；芬恩·约翰逊、伊莉莎白·阿里斯"女性朋友的交谈"。

# 第十章

"幸好我是个女的":不同女性特征的建构

**前**面五章主要讨论女性朋友如何交谈,本章将转向另一重点,女性朋友在交谈中做了些什么。女性朋友在交谈中完成了两件最重要的事,建立友谊和展现女性特征。友谊是下一章的主题。本章将着重介绍女性特征以及交谈在把我们建构成为有性别的人,即作为女人,所起的作用。(形容词女人气的日常含义使女性特征一词令人费解。我用女性特征一词来说明女性的抽象特征(正如男性气质与男子气概的抽象特征有关):展现女性特征可以释义为"展现做女性的气质"。后者虽然更清楚地表达了我的意思并减少了歧义,但过于冗长不适合重复使用。)

大多数人花很少的时间,如果有花时间的话,来思考性别,也没有"展现"(或"表现")性别的意识。(所谓的"展现"/"表现"性别是指在他人面前表现自己是一个性别实体。)我们理所当然地认为自己是个女的,想当然地以为"做女人"是个体统一的经历——换言之,我们认为自己是"我",是单个个体。然而,我们并没有在所有场合展现同样的女性特征:我们都曾有过这样的经历,在不同的情景中觉得自己是不同的人。例如,为婴儿换尿布或为幼儿捣香蕉的"我"和参加委员会会议或为当地艺术学校做人体模特的"我"是不一样的。即使在同一语境,如果构成语境的某个因素发生变化,我们也会随之改变。莉兹曾讲述过(上一章的结尾部分),她朋友的丈夫和她们一块喝酒,这时她的朋友就有所变化。这件事便是个很好的例子:

> 莉兹:有天晚上我去健身俱乐部/后来和我一起去的那个女孩的
> 丈夫也和我们一块去酒吧喝酒/.他一来整个气氛就变了/

〈笑〉[……] 这女孩也变了/ 她也变了/ 她—她—她突然变得很紧张/你知道/

不同的观众要求不同的表演——我们有时感觉像是在扮演不同的角色——所以我们会有所改变。所有不同的"自我"都是有可能的，因为我们的文化为我们提供了大量的存在方式——但所有的存在方式都带有性别特征。这些可能的自我不是不同类型的人，而是不同类型的女人。我记录的各种女性特征是20世纪末所谓的"发达"世界所特有的。

## 女性特征的范围

本节将通过几个交谈的例子来说明我所谓的"展现"或"表现"女性特征，并指出当今英国女孩和成年女性的特征范围。

第一个例子选自三个16岁女孩的交谈。她们正在评价第四个女孩萨拉。萨拉此时正在试用格温的化妆品。

[萨拉试用格温的化妆品]

格温： 看上去不是挺漂亮的吗？
凯特： 是挺漂亮的/
艾米莉： 看上去**的确**挺漂亮的/

格温： ⌈我觉得涂点口红，
凯特：你应该化妆⌊经常化妆.萨拉/

格温： 挺好看的/⌈萨拉你的嘴唇.适—适合涂口红/
凯特：
艾米莉： 是很⌊漂亮/

格温： ((我是说))就像你们说的—宽嘴唇适合涂 ⌈口红/
凯特： 噢噢，没错/
艾米莉： ⌊你应该

| 格温: | 是的/在我看来挺漂亮的/ |
| 凯特: | ┌涂点吧/　是的/ |
| 艾米莉: | └当个模特/模特的嘴唇都挺宽的/ |

格温:　萨拉你看上真的很漂亮/
凯特:
艾米莉:

在这段交谈中，女孩们坦率地赞美萨拉。这是女孩和成年女性把彼此当朋友时一贯的支持性做法。同时，她们共建了一个世界。在这个世界中，化妆通常是展现女性特征的一部分，看上去漂亮/看上去好看是一个重要的目标，面貌——眼睛和嘴唇的大小——很有特色，时装模特则是享有很高地位的特殊人物。

下个例子也选自年轻女性的交谈。参与交谈的是几个15岁的女孩，但她们展现了不同的女性特征。杰西卡，贝基和汉娜正在讨论学校旅行中发生的一次危机（鲁思和克莱尔没有参加此次旅行）。

[谈论学校旅行中的灾难性时刻]

杰西卡：那晚真是难以置信/我觉得真的难以置信((XX))—

贝基：我也—我也觉得难以置信/我们都哭了/〈惊奇〉

3 贝基:　真是┌难以置信/　所有人┌都哭了/
　鲁思:　　　└谁哭了？　　　　│
　汉娜:　　　　　　　　　　　　└所有人/
　杰西卡:　　　　　　　　　　　　除了我/

贝基:　　　　　　　　　　是的/〈笑〉
鲁思:　　　　　　　　　　((不会吧))你们哭什么呀？
杰西卡：我躺在床上/〈笑声〉

贝基：因为—((嗯))我哭是因为汉娜哭了/

6 贝基：汉娜哭了是因为本是，嗯，个看不起女的的讨厌鬼/〈笑〉
汉娜：〈咯咯地笑〉

贝基：⌈维基也哭了因为苏珊要被打发回家/
汉娜：⌊%噢我**真**是太讨厌他了/%

贝基：我哭是因为⌈她从来不哭的/
克莱尔：　　　　⌊她被送回家了吗？

9 贝基：　　　　　　　　　　　没有/
汉娜：我哭是因为维基⌈哭了/　　　没有/
克莱尔：　　　　　　⌊她被送回家了吗？

描述该事件的三位朋友对哭的意义达成一致。她们以惊奇甚至骄傲的语调描述了这段插曲：她们似乎在说"我们是真正的女孩"。词组哭了（was/were crying）共出现了 10 次（如果把省略动词的话语算在内，如第 3 节中的所有人都哭了（everybody was），共出现 12 次）。重复使用这些词语是为了强调哭是当晚的主要特征，涉及每个人。贝基和汉娜都说自己哭了，而且都指出维基也哭了。（唯一没哭的杰西卡辩解：我躺在床上。）她们把自己的哭归咎于友谊：汉娜心绪烦乱，因此贝基哭了；维基以为自己的朋友要被打发回家，所以她哭了。唯一提到的男孩——本——没有哭；而他正是导致汉娜哭的原因之一。这段交谈把哭建构成带有性别特征的行为，是女孩们在情绪危机时的表现。

　　哭是表现女性特征的陈规方式。这种女性特征一直持续到成年，不过，成年女性用这种方式表达情感时有所保留，如下例所示。

[安娜很迟才下班回来。她心烦意乱，并对此做出解释]

安娜：我这周真糟糕/我老板今晚就站在办公室

安娜：说我和他的副手根本就是

幸好我是个女的：不同女性特征的建构

安娜：废物经理/
苏：　　噢/
莉兹：　　　　噢,我的天哪/

[……]

安娜：我真生气自己干嘛要哭/但.我真想.噢噢！

安娜：给他鼻子或什么地方一拳/
苏：　　　　　　　你不该这样/

安娜：⌈我知道/可是—
莉兹：⌊至少你**可以**哭啊/因为我觉得你应该发泄出来/

安娜：　　⌈可是这不太好/因为这样一来 ⌈他们会觉得
苏：　　　　　　　　　　　　　　　　　　我明白/
　　　　　　　　　　　　　　　　　　　　〈抱怨〉
莉兹：就是你不⌊哭/

安娜：你是个窝囊货/
苏：　　　　是的/
莉兹：　　　　　是的/

和贝基、汉娜一样,安娜在也谈论一件带有强烈情感色彩的事情。她对这整件事的反应也是哭。她用了语气强烈的短语废物经理来形容自己。这表明她对老板的话十分反感。(稍后,她闷闷不乐地说：也许他是对的,我可能真是个废物经理。)三位朋友表示,她们都认为如果一个重要人物,如你的老板,对你表示不满,那么哭是一种"正常"的反应。但与贝基和她的朋友们相比,这三位对这种反应带有更矛盾的情绪。安娜揣测,哭是否是对其老板的恰当回应。她想是否应该给他鼻子一拳(说明她意识到自己的主要情绪是愤怒而不是悲伤)。在她描述的过程中,莉兹支持她,认为发泄出来会好些,但苏的建议是保持冷静(你不应该这样)。莉兹告诉安娜,你至少<u>**可以**哭</u>。这句话含蓄地暗示了哭带有的性别特征——男性就不能哭。安娜自己则担心哭是一种懦弱的行为:它可以表现女性特征但也表现出懦弱(这样一来他们会觉得你是个窝囊货)。安娜不想给她的男老板留下这种印象。

下面的例子仍是这三位朋友的一段交谈。她们在讨论确立自信心训练法。

[话题:确立自信心训练法]

安娜: 琳达边上班边参加确立自信心训练法的课程/

安娜:⎡我也该和她一起去/
苏: ⎣约翰的母亲参加过/

莉兹: 　　　　　我也想去/

安娜: 确立自信心?=
苏: 　　　=确立自信心/她还说:"我只是—我这么做只是
莉兹: 我真的想去/

苏: 希望能像苏珊你一样"/我说:"但我不自信"/

苏: 我觉得她比我认识的任何人都自信/

这段交谈似乎暗示确立自信心训练法是针对女性的:交谈中提到的与之相关的人都是女性——安娜办公室的琳达,约翰的妈妈(苏的婆婆)。(但是,苏声称她的婆婆比我认识的任何人都自信。任何人在这里指代模糊:它指代的究竟是苏认识的所有人还是她认识的所有女性?)安娜和莉兹都对确立自信心训练法表示肯定:她们都说愿意去参加这样的课程。但是,苏对此持怀疑态度。约翰的母亲也去过这句话传达出"这段时间人人都这样做"的意思。苏简短地讲述了约翰母亲对她说的话。两人的交谈反映出深刻的分歧。一方面,约翰母亲认为苏很自信,但苏自己却不那么认为。另一方面,苏认为自己的婆婆相当自信,因此不需要任何训练。女性在职场中占据越来越重要的地位,我们必须与自我表现斗争,要找到既表现自身能力又展现女性特征的方式。自信是否是解决途径尚不清楚;当然,女性朋友需要某种训练的措词坚持了这样的观点,即不适应公众环境的是女性,因此需要改变的也是女性。

在最后一个例子中,珍妮特正在和朋友们分享自己的成就感。她参加了一次面试;她的朋友们要她"给我们说说这件事"。以下这段交谈表现了珍妮特对朋友要求的呼应。

[珍妮特的工作面试]

梅格:你找到工作了吗?
玛丽:哦,你去找工作了?〈高声,惊讶〉

梅格:  ((XXXX))
珍妮特:((XXXX))
珍:              什么工作?
玛丽:     给我们说说这件事/

珍妮特:我—那天有四个人和我一起参加面试/
玛丽:                  ((四个

安:          你好,比
珍妮特:→他们那天打电话给我—那天是.星期二/
玛丽:   其他人))

〈比的到来引起了声音〉

珍妮特:他们还有一个人要面试/⌈有人
玛丽:                ⌊是什么工作?

珍妮特:面⌈试那天被抢劫了/所以他们说
海伦:   ⌊噢,天哪/

珍妮特：周末再面试她/总不能因为被抢劫

珍妮特：就不面试她了＝
梅格：　　　　　＝是的那⌈所以
比：　　　　　　　　　　⌊(( 太

珍妮特：　　　　　　＝他们告诉我
梅格：　他们除了这个还告诉你＝
比：　　不公平了/))

珍妮特：只剩我和她了＝　　　　＝是地区卫生局的
玛丽：　　　　　　　＝是什么工作？＝

珍妮特：对外事务官员＝
玛丽：　　　　　　＝哦,我想起来了/我想起来了你—是的/

珍妮特：这是份相当不错的工作＝　＝我在面试中真的表现不错
玛丽：　　　　　　　　　　　＝是不错/
海伦：　　　　　　　　　　是不错＝

珍妮特：因为我不担心能否获得工作/我想

珍妮特：这才是⌈事情的　⌈关键＝　　＝它让我
海伦：　　　　⌊嗯嗯/　　⌊＝嗯嗯＝　嗯嗯/
珍：　　　　　　　　　　⌊梅格曾告诉过我/

珍妮特：完全没有压力如果你—如果你觉得这根本不算什么/
海伦：　　　　　　　　　　　　　　　　是的/

尽管其他五人以不同的方式参与了这段交谈,但珍妮特的故事是关注的焦点。值得一提的是,女性朋友不仅给予彼此抱怨和谈论困扰的空间,也给予了彼此谈论成功和成就感的空间。在这个例子中,珍妮特

坚持认为这是份相当不错的工作,她在面试中也真的表现不错。这表现了相当强势的女性特征。珍妮特的朋友对故事细节感兴趣,这说明珍妮特参加面试这件事引起了求职者的共鸣,也引起了希望在家庭之外的公众世界中取得成功的女性的共鸣。同时,珍妮特解释,就不计较结果这点而言(因为她已经有工作了),她表现得很不错。这种谦虚的言语平衡了她对自己"良好表现"的描述(试比较苏否认自己自信的例子。)珍妮特采取的这种平衡行为表明,即使和亲密朋友在一起,想要表现自己的能干而非脆弱也得留心;女性必须避免被指责为"炫耀"。

所有这些例子都说明了女孩和成年女性在展现女性特征,也说明女性谈论的话题与女性特征和自我表现有关。她们通过不同的女性形象来展现自己,不仅关心自己的外貌也关心社会表现,有时情感丰富,有时则更加倔强。通过日常交谈,我们可以了解不同的存在方式,不同的女性特征,因为语言在建构我们的经历中起到了重要的作用。

## 语言和不同"自我"的建构

语言,更精确地说应该是话语①,在建构我们的经历中起着重要作用。"语言"的完整概念类似于小说:在现实中,我们通常说的"语言"可以称为话语的混杂集合。② 我们每个人都可以使用各种话语,正是这些不同的话语使我们得以或能够表现不同的"自我"。话语可以概括为"围绕共同意义和价值观的陈述系统"。③ 例如,当代英国有"保守"话语——强调珍惜现状的意义和价值观;还有"父权"话语——强调男性至上的意义和价值观。这些支配话语看起来似乎很"正常":它们很强大正是因为它们能够掩盖事实,即它们只是不同话语中的

---

① 话语这一概念与米歇尔·傅科的研究有着密切的联系。关于傅科话语理论的进一步讨论可以参见诺曼·菲尔克洛克:《话语与社会变迁》;克里斯·威登:《女性行为与后现代主义理论》。

② 有关这些观点的进一步讨论可参见大卫·李:《对抗话语》;妮可拉·格维:"女性后结构主义和话语分析"。

③ 温迪·霍尔韦:《异性恋的性别》,第131页。

一种。

以这样的方式从理论上说明语言在语言学上还是个新的领域(因为在某种程度上,许多语言学家不把话语作为语言学的一部分进行分析)。[1] 谈论话语而非语言,其优势在于"话语"这一概念承认语言的价值属性。任何话语都不是中立的:我们不论何时说话,都必须在不同的意义系统、不同的价值观中进行选择。这种方式使我能展示语言在建构不同"自我"中的含蓄性:不同的话语以不同的方式把我们置于与世界的关系之中。

短句话语把我们置于让人觉得发言者是被动的,听凭各种不同话语的摆布。但语言的使用是动态的:我们说话时在进行选择;我们能够进行反抗甚至颠覆。社会和文化有可能改变,就是因为我们并非毫无批判地使用提供给我们的话语,而是主动地参与到意义的建构中。我们建构、重构自己成为女人,成为性别主体。在这个过程中,交谈尤其重要。正如西蒙娜·德·波伏瓦[2]所说,"一个人不是生来就是女人,而是变成女人,"[3]我们一生中,都在持续着这种"变化"。这是通过不同的方式实现的,如举止的各个方面,着装方式,行为方式,尤其是交谈方式。我们每次说话都在说:"这是我(的方式)",正如我探讨的,我们也在说:"我是个女的",因为"我"总是带有性别特征。如何做到这一点已经在本章的开篇部分做了简要阐述。在本章的剩余部分,我将重新研究这些女性朋友的交谈,以探索不同女性特征的对抗所引起的张力,指出可供今日女性选择的反抗话语。有些问题在第 5 章(讨论女性对叙述的使用)中有所涉及。在这章中我将使用我搜集的全部交谈材料。

---

[1] 用话语分析语言文本与批判语言学有关,也与诺曼·菲尔克洛克的研究有关——特别参见诺曼·菲尔克洛克:《话语与社会变迁》。

[2] 波伏瓦(1908—1986),法国作家,女权主义者,存在主义的信徒,写有小说《应邀而来》,论文《第二性》等。——译者注

[3] 西蒙娜·德·波伏瓦:《第二性》(H. M. 帕什利译)。

## 对抗话语

要阐明我所谓的话语,说明话语如何以不同的方式置我们于与世界的关系之中,我们先来看看几个简短的例子。前两个例子选自有关母亲的交谈。在第一个例子中,梅格在谈论葬礼的作用:

梅格:我觉得它[葬礼]是缅怀她的一种方式/

第二个例子选自苏和莉兹的交谈。苏告诉莉兹,她常给她母亲打电话,但她母亲从不给她打电话。因此,苏说:

苏:⌈((XX))其实我和我妈不是特别亲近/
莉兹:⌊因为大多数的妈妈都让人厌烦/

在第一个例子中,梅格把自己置于乖巧、孝顺女儿的立场。她和朋友讨论,错过母亲的葬礼是否是一种禁忌。她们使用的是支配话语,主张家庭的神圣、对父母的尊敬。支配话语认为错过母亲的葬礼是种禁忌。第二个例子则用不同的方式表现了母亲。苏和莉兹反对关于家庭的支配话语,她们表达的情感反映了不同的母女关系。这种话语挑战了占支配地位的观念,即所有家庭都是幸福的,所有父母都是慈爱的。我们可能两种立场都经历过,也可能同时支持这两种观念。这也许是因为选择话语的存在,思考世界的选择方式的存在。

下面两例也是与家庭有关的话语。它们选自有关孩子的交谈。在第一个例子中,帕特向卡伦描述了她的孩子们所在学校举办的期末演出。

[话题:学校的期末演出]

卡伦:彼得唱歌了吗? 唱得好吗?
帕特: 唱了/ 他太棒了/

卡伦: 哦—
帕特:他太棒了/所有演出的孩子都很棒/

卡伦：我觉得他们一直都很棒/

在第二个例子中，安娜、莉兹和苏正在谈论她们都认识的一个家庭。这家的孩子们相当淘气。她们对这些孩子表露出否定的情绪（这些孩子太讨厌了），并由此思考自己对所有孩子的态度。

莉兹：我觉得这是种. —是种谬论　你说自己喜欢每个孩子/

安娜：　　　　　　是的/没错/
苏：　嗯嗯/　　　　我还是不太喜欢
莉兹：因为你不喜欢/

安娜：　　　　〈笑〉
苏：　孩子/〈笑〉
莉兹：　　　说真的　我觉得你尤其不喜欢你自己的孩子/

我们再一次看到了支配话语和选择话语间的冲突。支配话语认为孩子们都"很棒"，所有的母亲都以自己孩子的成就为荣，而选择话语则坚持认为并不是所有的孩子都招人喜欢（事实上，有些孩子相当讨厌），成年人没有义务去喜欢每个孩子。对女性发言者，尤其自身是母亲的女性（苏和莉兹）而言，这是一个具有颠覆性的话语。对女性（和母亲）特征的支配观念不允许女性表达对孩子的否定。安娜、苏和莉兹彼此支持，维护与支配观念完全不同的看法。莉兹一开始就提出了这样的观点："你并不是每个孩子都喜欢"（得到安娜的支持），接着苏把这一观点发展成："我还是不太喜欢孩子"[①]，最后莉兹再次将其扩展成语气坚定的"我觉得你尤其不喜欢自己的孩子"，直接反对视女性为慈爱、细致、把养育孩子作为自己全部生活经历的观念。

最后两例引自有关体形和外貌的交谈。在第一段交谈中，帕特给

---

① 录制这段交谈的时候，苏已经成为一名成教生回到了学院，接受小学教师培训。

卡伦看自己新买的背心裙。她们谈论新的样式是否会使你显得很胖。

[话题：新背心裙]

卡伦：你自己照照镜子,你会觉得:"天哪,我看上去太胖了"/

第二个例子选自汉娜、杰西卡和贝基的交谈。汉娜认为杰西卡的腿很胖,杰西卡对此表示抗议,贝基(和平调解人)坚持认为自己的腿瘦得难看(我的腿骨瘦如柴——哎!)汉娜建议如果杰西卡分些脂肪给贝基,那就皆大欢喜了。

[话题：杰西卡和贝基的大腿]

汉娜：要是你觉得你的大腿太胖了,而你又觉得你的大腿太瘦/那你
　　　刮点脂肪下来抹到你大腿上好了

这两例都反映了这样一种观念,即女性要保持符合当前时尚的身材(当前崇尚苗条)。汉娜取笑杰西卡和贝基,对此观点持反对立场。相反,卡伦和帕特则采用了接受支配观念的话语。她们的交谈都和身材、外貌有关——在交谈中,卡伦稍后(提到她在市面上看到的一些裙子时)说,重要的是,穿上后你显得很苗条,我真想穿穿看。而且,受支配话语影响的观念与现实相冲突——换言之,支配话语建构的完美身材与我们的实际身材并不相符——我们总认为不足的是我们自己。需要注意的是,帕特和卡伦在下例中如何用笑声来处理现实与理想的冲突所引起的张力。

---

卡伦：我的胸部离我的腰只有4英寸/

帕特：　　　　　是的/

---

卡伦：〈笑〉

帕特：〈笑〉听起来好像是畸形的〈笑〉

这些例子表现了当代女性特征的观念冲突。支配话语塑造的女性充满爱心、孝顺(对父母而言)、毫无怨言(对子女而言)、注重形象,尤其注重保持苗条。但是,有些例子表明,女性在占支配地位的观念面前并不是被动的：我们可以通过选择话语进行反抗。我们有权说,有时我们忍受不了自己的母亲,有时孩子令我们发疯,有时我们也会嘲笑

支配观念主张的完美腿形。

## 关于男性的对抗观点

社会的支配话语教导我们通过与男性的关系认识自己。支配话语将男性置于万物的中心,而女性总是微不足道的。女性只有肩负起对男性有意义的角色,如母亲、伴侣、女儿等,才具有意义。本节将探讨女性(女孩)谈论男性的方式。(女性朋友对不同类型的男性感兴趣。这点已经在一些文本中得到体现,如顺从的丈夫、虐待儿童的男性等。)我们将要谈论,男性对建构我们成为(某种)女性主体发挥了强大的作用。① 值得注意的是,十几岁的女孩就已经开始不由自主地谈论男孩。这是从女孩到成年女性的转化过程中发生的一部分身份转变。我将从两则女孩间交谈的例子开始(艾米莉16岁,贝基14岁):

[谈论流行歌星的海报]
艾米莉:太有魅力了!
[谈论学校的男生]

贝基: 你们知道吗? 我还是很迷恋达米安?
克莱尔: 知道什么?
杰斯: 是的/

贝基:但我都不好意思承认/

艾米莉和贝基这两位少女既谈到了男性偶像,如歌星、影星等,也谈到了现实生活中的男孩(如和她们一块上学的达米安等)。与贝基对达米安的评价相比,艾米莉对格温挂在墙上的海报中的男性表达了更直

---

① 这里使用的主体一词融合了三种不同的思维方式。第一种具有政治色彩(我们没有自由,受制于他人),第二种带有哲学性质(我们考虑的是主体,意识的场所),第三种是从语法角度考虑的(句子含有主语——它们是句子描述的对象)。(参见提姆·奥沙利文:《交际中的重要概念》)与客体一词的对立也使主体获取另一层含义,具有讽刺意味的是,这两个词在意义上常常很接近。例如,我们也可以说"我们谈论男性对构建我们成为女性客体发挥了强大的作用"。女性话语分析的目标之一就是展现女性在父权制话语中如何被客体化。

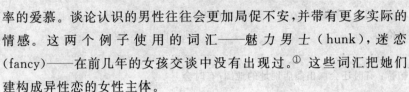

率的爱慕。谈论认识的男性往往会更加局促不安,并带有更多实际的情感。这两个例子使用的词汇——魅力男士(hunk),迷恋(fancy)——在前几年的女孩交谈中没有出现过。① 这些词汇把她们建构成异性恋的女性主体。

在我搜集的例子中,当成年女性谈论生活中的男性时,我们会发现极为丰富的情感,从爱慕到容忍、生气直至轻蔑。前两例都选自访谈。②

[谈论丈夫]

吉尔:有趣的是,我把罗杰当成我最好的朋友/

[谈论丈夫]

玛丽:嗯,我的丈夫就是我的朋友/[……]你可以说戴夫是我最好的
　　　朋友/所以—所以和他在一起我很放松/而且[……]我希望我
　　　们能在一起做更多的事/

吉尔和玛丽表达了对自己丈夫的肯定,但下例中的帕特则对自己的丈夫更为挑剔。不过,尽管帕特评价自己丈夫的典型行为非常讨厌,但显然她仍充满深情,而非敌意。

[谈论丈夫]

帕特:他让我去买东西时总给我这些,嗯.这些纸条/你

帕特:应该看看我带着的这些纸条我自己是不会.

帕特:这么做的/就像套在我身上的框或别的什么/你会读到

帕特:这么一大段/开头都是"出

---

① 对汉娜和她的朋友,我可以自信地这么说,因为我有她们自12岁起的录音。虽然爱米莉12岁时我也就认识了她,但我只有她和她的朋友16岁时的交谈录音,因此我没有确凿的证据证明她的语言是否发生了变化。

② 交谈资料中没有很好的例子可以用来说明有关重要男性的积极交谈,这可能是因为女性之间友好交谈的主要功能之一是让我们谈论自己的忧虑和困扰,以及我们在外部世界取得的胜利。发展良好的关系似乎不是交谈的显著话题。

帕特：门后/沿着路一直走"〈笑〉你明白吗/
卡伦：　　　　　　　　我明白/

帕特：有时还会画出商店地址的地图/有时会

帕特：画出要买东西的样子/我总是

帕特：在走进商店后给他们看

帕特：这些纸条/〈笑〉 ┌他们都会控制┌不住 /
卡伦：　　　　当然/ └为什么不呢/ └不住/是的/

帕特：大笑

下面的例子中，苏对丈夫的批评就不能说是深情款款了。与安娜、莉兹生活中的男性相比，三位女士都认为约翰是个不错的家伙（例如，安娜在讨论夫妇关系时就说过：我觉得约翰很理性，他很一很成熟。），但这与苏的抱怨正好相反。苏埋怨丈夫玩音乐时发出的噪音（在她和莉兹、安娜的交谈中，这是个一再出现的特点）。

［苏丈夫玩音乐的声音越来越大］

苏：　我是说你怎么能够受的了/
莉兹：　　　　　　　嗯，和这样的男人在一起

苏：　　　　┌喔，简直要把你逼疯了/
莉兹：我知道是很难的└但—

我举的四个例子都选自已婚女性的交谈。在我的录音中也有一些离异或分居的女性。下面的两个例子便是以分居或离异的丈夫为交谈话题。（偷录朋友的交谈是一种不道德、不明智的行为，可能会招致惩

罚。因此,我特意选取了第一个例子,以示惩戒。)①

[讨论珍请前夫帮忙搬家到伦敦的计划]

梅格:我觉得像这样重要的事不该,嗯,依靠

梅格:他/

[……]〈珍离开房间去接电话〉

萨莉:珍妮弗说—说保罗要帮忙搬家时
梅格:　　　　　　　　　　〈笑

萨莉:你的表情/. 呃呃,我真想用照相机照下来/〈笑〉((似乎))是
梅格:……→　　　　　　　　　　　　　　〈笑

萨莉:((XX))完全不信/　我觉得最困难的
梅格:……→嗯嗯/

萨莉:是—是如果你爱一个人/你—你常常你

萨莉:忘了他的过错⌈不是吗?可能还是爱着他/……
梅格:　　　　　⌊没错/

注意,在该例的开头部分梅格表达自己的批评意见时使用了限制手段,在说的话前加了我觉得,并用如果这样类似假设的方法来表达自己的言语。由于这是一个危及面子的话题,因此措辞有必要使用限制手段。此外,这群朋友对自己成员的保护也值得注意:显然,她们认为我(珍)信任前夫的行为是愚蠢的。但是,萨莉避免直接批评我,因

---

① 在录音的过程中我没有想到自己可能得离开房间。在这个特例中,我不得不出去接电话。我离开房间之后,我的朋友们开始议论我。我只听了这段交谈的前几秒,因为我觉得自己似乎没有任何权利知道我不在时她们说了些什么。

此她把自己置于这样的话语中,即人们认为女性总是做出错误的决定或愚蠢的表现,因为她们的判断受情绪的影响。这种话语为女性错误的决定或愚蠢的行为提供了借口,使我们处于感情丰富、非理性(与理性的男性形成对比)的立场。

第二个例子更明显地聚焦男性:莉兹和苏一起讨论莉兹丈夫在离开莉兹和两个孩子后的所作所为。

[离异丈夫的报复心态]

莉兹:我害怕极了/我以为我

莉兹:((会))无家可归/
苏:　　　　　我也觉得他太可怕了/

莉兹:他根本就不能依靠/
苏:　　我觉得他真的很卑鄙/根本不能依靠/

莉兹:　　　　噢,他想报复/真的他想要我痛苦/
苏:　他想报复/　　　　　　　　是的/

莉兹:他真的想——　　　是的/
苏:　　他的孩子/这是关键/　　他的孩子身受其——

苏:害/噢.太可怕了/

显而易见,莉兹和苏给男性贴上了不好的标签,用了如可怕、卑鄙、报复之类的词。但同时,男性也被描述成主动的一方,而女性更为被动:我害怕极了,真的他想要我痛苦。正是因为苏的介入,莉兹才把语气稍弱的不能依靠改为语气强硬的报复一词。(同样,在此前所举的例子中,贝基说过汉娜哭了因为本是个看不起女的的讨厌鬼。这句话也把男孩本列入不好的范围,采用了反性别歧视的女性话语,但汉娜的回应显得懦弱。)

最后一个例子选自有关夫妇关系的谈论,在上一章的末尾已经详

细分析过。在这则交谈中,苏、莉兹和安娜思考是独身好还是结婚好。安娜主张独身:

[讨论结婚和独身的相对优点]

安娜:有时我会想我可能再也不会结婚/或者再也不会和什么人一起生活/因为我还是喜欢一个人生活

在这些例子中,女性置身于各种各样的立场——爱慕男性、批评男性、乐于独身——她们都具有同样占支配地位的世界观,都把异性的社会关系视为准则。换言之,对所有这些女性(和女孩)而言,将自己建构成女性的同时也把自己建构成异性社会的存在。作为支配话语的典型特征,这个过程实际上难以觉察:这意味着批评和反抗变得十分困难。我的例子没有女同性恋者的录音,所以没有说明非异性社会话语的声音。

## 反抗话语

然而,支配文化主张的男性中心准则的确受到了反抗。这点可以从列举的女性交谈的例子中找到根据。这些女性的交谈不仅涉及支配(男性中心)话语,也表现了反抗话语,尤其是女性话语。这些反抗话语提供了选择立场和展现女性的选择方式。在上述最后一例中,我们看到,安娜反对(异性)夫妇的正常生活方式。以下四个例子表现了使用反抗话语的女性。

第一例采用了心理疗法的话语,反对建立"幸福家庭"。

[话题:安娜的母亲和姐姐黛安娜]

安娜:不过现在回想起来她[安娜的母亲]对她的确不好/
苏:　　　　　　　　　　　　　　　　嗯嗯/
莉兹:　　　　　　　　　　　　　　　　　为什么呢?

安娜:　　　　而且「黛安娜说—
苏:　　　　　　 「可笑的是你母亲总是在维持
莉兹:我在想为什么/

安娜：　　　　　是的/　　┌没错/嗯,可─
苏：　幸福家庭的样子,不是└吗？

安娜：你必须这么做,不是吗？这是种┌密谋策划/
苏：　是的/　　　　　　　　　　　└就是这样/

安娜反抗准则的压力,生动地描述了她母亲和姐妹的关系。在这段摘录之前进行的交谈中,她自己向朋友透露了家庭存在的问题；接着,在苏的支持下,她继续反对幸福家庭的观念并把倡导这一观念的话语定义为一种"密谋策划"。

下一例表现了女性朋友彼此协助,与主流话语作斗争。海伦拒绝接受我对自己近期生活的描述,反对我——反对我采用的话语。

[谈论工作]

海伦：你也没有去找工作,对吗？
珍：　　　　　　　　　　　不,我找了/

海伦：哦,是吗？　　　　　　没错/所以─
珍：　　　　剑桥大学有一份/〈笑〉

海伦：　　所以你已经申请┌了？　　┌噢,不会,可是
珍：　剑桥！〈笑〉　　　└多自大啊/└%坦白说%

海伦：但那**挺**困难的,不是吗？〈高声,震惊〉我是说
珍：

海伦：┌你无法想像,一些男的坐在你身边/.说他们的
珍：　└你是说我((XX))─

海伦：申请这很自大/
珍：　　　　　行,可以/〈模仿生气的样子〉

海伦：你是注定会这样想的/
珍：

海伦运用了自由的女性话语，反对男女做事不同、能力不同的观点。她也采纳了女性主义观点，认为是社会而非生理决定了我们低于男性的意识。她争辩说，我们在社会化的进程中，形成了这样的观点——你是注定会这样想的。在这段简短的交谈中，我们看到朋友们质疑彼此的观点。她们在反对彼此的话语中又相互支持。事实上，海伦是说，"你和任何男的一样完全有权申请剑桥大学的工作。"我们接受彼此的质疑——因此可以采纳更激进的立场——因为我们彼此支持，彼此肯定。

下一个例子选自奥克斯顿团体有关虐待儿童的讨论。这场讨论，与以上安娜、苏、莉兹之间的交谈一样，聚焦家庭，但这次强调的是家庭出现问题时责备母亲的倾向。

[讨论虐待儿童问题]

梅格：人们总认为乱伦家庭是，嗯，不管怎样都是当妈的错/[……]我觉得责备当妈的我很不安/

[……]

玛丽：但我觉得研究大都是由男性主宰着/我觉得这很—很让人吃惊，不是吗？

在这个例子中，一群女性在讨论一个迫使她们思考父权社会本质的话题。对于家庭和性，她们尽力避免采用传统话语，而是运用女性话语来反抗传统的观念。她们明确指出责备当妈的建构了更加父权制的话语。男性主宰一词用女性立场把所有女性结为同盟，把男女关系视为统治和压迫。(有趣的是，乱伦家庭一词掩盖了虐待其他家庭成员的人，因此很显然该词是为父权而不是为女性利益服务的。)[①]

在最后一段交谈的例子中，莉兹和安娜谈论她们生活中的男性(兄弟、前夫)。这些男性都曾行为恶劣，令她们很失望。

---

① 我要感谢大卫·李(通过私人通信)让我意识到这个短语的含糊性。

[谈论男性的不足之处]

安娜：女性就是相当优秀/　　　　　幸好我
莉兹：　　　　　她们是/相当 优秀/
苏：　　　　　〈笑〉

安娜：是个女的/不像那样/
莉兹：　　　　　　　　是的/
苏：

安娜的陈述采用了激进的女性话语。她宣称女性绝不低于男性，事实上，女性高于他们。这句话语气坚定，它肯定了女性的自我表现价值，使我们喜欢自己，说出类似幸好我是个女的之类的话。但苏的笑声暗示这三位朋友在说这些话时，充分意识到她们对男女关系的看法与支配观念存在分歧。笑声标志她们向彼此表达这种观点，以此自我取乐，但也意味着在外部世界的生活中，她们对此仍抱有怀疑。

## 张力与矛盾

我们在交谈中呈现出不同的女性形象，有时坚强，有时自信，有时被动，有时没用。这不足为奇，因为有许多话语立场供我们选择。不同立场间的冲突导致交谈中出现张力和矛盾。反抗话语也互相遭遇。前面简短的例子已经说明我们使用的话语多种多样，在这节中我将通过稍长的例子来说明不同的话语在单个交谈中如何共存。

第一个例子选自汉娜、贝基、克莱尔和杰西卡间的一段交谈。四个人都只有 14 岁。话题与经期有关。此刻，她们正谈论情绪波动。

汉娜：所有的事情好像都不对劲/

汉娜：太可怕了/[……]真的很可怕

| 汉娜： | ⌈那天/ |
| 杰西卡： | ⌊你知道我 ⌈真的有糟糕的.嗯 |
| 克莱尔： | ⌊你是经前期紧张（（XX））吗 |

| 汉娜： | 〈笑〉 |
| 贝基： | 是的/我脾气真的很坏/〈笑〉我 |
| 杰西卡：经前期紧张/ |

| 汉娜： | 所以我已经注意到了/不一不过 ⌈有— |
| 贝基： | **真**的很**可**怕/ 不过— ⌊所以每次 |

| 汉娜： | ＝我可能对你很 |
| 贝基：我一到经期我就对汉娜说嗯＝ |

| 汉娜：糟糕但是＝ |
| 贝基： ＝"别在意"/ |

　　这段交谈是相互透露情绪波动的一部分。女孩们轮流讲述轶事，阐述如何受经前期紧张情绪的影响。这段交谈至少同时包含三种话语：医学话语、压制话语和反抗的女性话语。朋友们在谈论经期时选用了诸如经前期紧张之类的字眼，这些词是医学话语的一部分。表达团结和姐妹情谊的女性话语则通过话轮的重叠、意见的一致和语篇的共建得以实现（贝基和汉娜共同建构了言语：所以每次我一到经期我就对汉娜说嗯"我可能对你很糟糕，但别在意。"）。女孩们自我表露的轶事（汉娜故事的结尾部分和贝基的开头部分）包含呼应和交流，这是女性话语的另一特征。第三种话语是压制话语：女孩们都认为自己是受影响的一方，受到更强大力量的摆布，而不是控制自己生活的施动者。这表现在静态动词和否定词语的选用。静态动词包括是（was）、有（had, got）等，否定词有可怕、脾气坏等。通过使用这些话语，女孩们处于既相互团结又受到压制的立场。

　　安娜在和朋友的交谈中曾经说过：女性是相当优秀。下面这段篇幅更长的摘录就选自此次交谈。这段交谈表现了明显的矛盾。男性的不足之处是话题"夫妻关系"的一部分,沿着顺从的丈夫和夫妇关系的讨论继续发展。安娜讲述了她最近破裂的婚姻关系,抱怨说,男性似乎很难理解一段关系的结束。莉兹用她前夫的例子对此做出回应。她的前夫上周来帮她清理阁楼。莉兹讽刺地描述道,她一再强调"这是我的阁楼,我的垃圾",因此她做了大部分的工作。她起身最后一次去倒垃圾时,她的前夫坐在电视机前看足球比赛,并拿出5英镑叫她帮他买些鱼和炸土豆条。莉兹觉得这种行为太不像话了(尽管她最终还是帮他买了)。安娜接着讲述了一个相匹配的故事。她的哥哥马克最近来过一次。他靠在厨房门上,抱怨自己情绪沮丧,而此时安娜正"扛着25公斤重的水泥经过厨房"。谈到这里,安娜指出女性高于男性:

安娜:我觉得再也不会有什么事让我这么心烦了/

安娜:⌈因为我只是笑笑/因为我觉得．女性就是
莉兹:⌊他们不会让你心烦/你觉得这很可笑/是的/

安娜:很优秀/　　　⌈幸好我是个女的/
莉兹:　　她们**是**/**相当**⌊优秀/
苏:　　　　〈笑

安娜:不像那样/
莉兹:　　　　　是的/
苏:　　　——▶

这引起了三位朋友关于男性不足之处及其原因的长时间讨论。我要详细探讨的正是最后的一段交谈。这三位朋友从自我肯定、坚持女性价值的激进话语进展到压抑、责备女性的话语。

安娜:为什么为什么男的会是这样?⌈为什么呢?
苏:　　　　　　　　　　　　　⌊肯定((是

莉兹：　　　　　　　　　　　　　男的就

安娜：我是说我妈—我妈和我最小的妹妹都
苏：　　XXX 也 X 分离))
莉兹：那样/

安娜：经常给马克打电话/我的—我另一个妹妹费利西蒂还写信

安娜：给他/她说．嗯"我们—妈妈和我真的很担心

安娜：你因为你这么沮丧/如果有什么事

安娜：我们能帮得上的你就给我们打电话"/我对费利西蒂说："可这会

安娜：让他变得更糟"＝　⌈我爸去世后他一直就那样/
莉兹：　　　　　　＝是的/⌊就是这样造成的/　是的/
苏：　　　　　　＝是的/

安娜：这都过去一年多了/　我们每个人都很受影响/
莉兹：是的/　　　　是的/

安娜：可日子还得过啊＝　　＝你越
莉兹：是的/　　　　＝没错＝

安娜：说他沮丧/说他"真可怜,

安娜：没关系"＝　⌈他就越糟糕/
莉兹：　　　　＝⌊他越　陷进去/　　没错/
苏：　　　　　＝⌊他越爱这样/

安娜：这让我太生气了/
莉兹：真是这样/

→安娜：我觉得从某—从某方—从某一方面来说这其实是女的造成的/

安娜：女的. 瞧不起懦弱的男人可又造就了更多的
苏：　　　　　　噢,是的/

安娜：软弱男人/对他们说："亲爱的,别担心/一切都会

安娜：好的/你不必—"
苏：　　　　"我会照顾你的"/〈笑〉

安娜就她哥哥的这个例子争论道,该责备的是她的母亲,并由此总结,女性造就了懦弱的男性,应该受到责备。莉兹和苏也赞同这一观点。她们添加了些简短的回应和多种赞同的方式。她们和安娜共建了一些言语,例如,安娜说你越说他……,莉兹接着说他越陷进去；安娜说的女的……对他们说……"亲爱的,别担心。一切都会好的"则由苏的我会照顾你的补充完整。莉兹接着详细阐述了责备女性的主题,提出"强势"女性的看法。

莉兹：很可能是因为每个人都—如果家里的女的

安娜：　　　　很可能/⎡很可能
苏：　　　噢,天哪/是的/⎢没错/
莉兹：很强悍/其他人—其他人⎣为他

安娜：　　⎡是的/ 我知道这很可怕/我真的明白/我觉得
莉兹：作决定⎣你明白吧/

安娜：我也挺多话的/〈苏出去上厕所〉

在这段交谈中,安娜为哥哥的软弱责备自己而不是母亲。她把自己列入"强势女性"的范畴,内疚地说我也挺多话的。莉兹继续从母亲转向自我,开始谈论她对寄宿学校儿子的担忧。

莉兹：我担心自己太强悍了/这是我把迪安送走的

安娜：　　　　　　　　　　　　　　　　　⌈是的/
莉兹：原—原因之一/[……]因为，嗯，我太强悍了/他会⌊依赖我

安娜：　　　　　　马克就是这样/我是说⌈我—我付各种账单/
莉兹：的决定/　　　　　　　　　　　　　⌊是的/

安娜：我⌈去抵押贷款/我去买保险/⌈我—. 呃呃，我给银行打电话
莉兹：　⌊是的/　　　　　　　　⌊是的/

安娜：如果他们不给我们透支额/我和建屋互助会协商

安娜：请他们⌈借我们钱一笔钱—
莉兹：　　　⌊这从　很小

安娜：　　=是这样/是这样/但是同时. 我在
莉兹：就养成了=

安娜：想如果我不做/**他**不会去做的/那么我

安娜：⌈更犯愁了因为什么都没做/
莉兹：⌊但你—是的/ 你—你—你总是要

安娜：　　　　　　　　　　是的/还不如
莉兹：为自己做/所以你得这么做/

安娜：为大家做/

在上一段交谈中，安娜和莉兹都把自己视为强势女性，因此对生活在她们身边的男性具有潜在的危险。接着，她们又争辩说，她们是被迫主动能干的。因为，如果她们不这样，事情就没法办成，而她们又得要承担后果。她们觉得自己有足够的理由承担起支付账单、抵押贷款的

责任。把自己置于这样的立场后,莉兹采取了更积极的行动。她断言,女性常受到阻碍,无法意识到自己打理生活——处理账单,贷款或别的什么——有多简单。

---

莉兹:可是你知道吗,这是无稽之谈/我希望女的都能

---

莉兹:意识到这完完全全无稽之谈/.这—这靠你

---

莉兹:自—我是说.我第一次—我第一次被迫出来

---

莉兹:独立生活时如果你乐意这么说/我非常害怕/账单还有

---

安娜:　　　　　是的/　　但你学会了很多自从你
莉兹:贷款还有别的什么/　但—但是是的

---

安娜:第一次((XX))
莉兹:你一旦适应了就没什么—就—.

---

安娜:这⌈真的没什么/
莉兹:　　⌊这没什么/

---

她们最后谈论女性的能干和男性的无能,这反映了立场的突然转变。莉兹不再抱怨自己的能干,而是赞美它。她不再认为女性是危险强悍的,不再认为是女性造就了软弱有欠缺的男性。莉兹指出女性受到了阻碍,无法明白独立有多简单(尽管她没有指出是谁阻碍了这种认识)。她强烈感觉到女性应该获得她们需要的信息——她暗示,女性有权成为维护自身利益的能干且独立的个体。交谈的最后,莉兹和安娜得意地重复这没什么这句话。由此可以看出莉兹和安娜(包括前半部分的苏)矛盾的立场。(i)男孩和成年男性都是有欠缺的;(ii) 女性高于男性;(iii) 当女的真好;(iv)女性太强悍了;(v)男性的不足应该责备女性;(vi)女性必须强悍/能干,否则什么事情都办不成;(vii)打理家庭很简单;(viii)女性受到误导,认为打理家庭很难。

这些交谈的核心在于对"强悍"的矛盾态度。父权话语使女性认为,强悍和女性特征是不相容的,是不好甚至是危险的。但是,她们同时也表露出反抗的女性话语,这说明她们也意识到,强悍是一种出色的女性特征。女性特征与男性特征截然不同,但未必次于男性。但问题在于她们发现,要维护女性立场很难:她们关于自己强悍的言论激发了对男性懦弱的担忧。换言之,她们跌回到用等级来评判所有关系的世界观。一方强大了,另一方必定软弱(更软弱)。如果男性软弱,那总是女性的责任。

女性对自身力量的担忧与对权力的矛盾认识有关。我选取的最后一个例子展现了使用强力话语的女性。珍妮特曾讲述过最近求职面试的事,在下例中,梅格接着珍妮特的故事,开始谈论自己在面试小组的经历。但在珍妮特的故事中,珍妮特自己作为故事的主角,是位应试者,而在梅格所选的故事中,梅格处于面试人之一的权势地位。这段摘录中出现了好几种话语,但我想集中说明其中的两种:带有权势色彩的专业话语和带有性别歧视的父权话语。

[话题:面试]

梅格:我们为[……]举行了面试。我也列入了面试人名单/

梅格:总共有24名应试者/嗯,条件都**非**常好/

梅格:24位应聘,呃,9个岗位. 全都,嗯,有

梅格:心理学的学位/我是说有些人还有. 硕—哲学硕士学位

梅格:博士学位嗯. 还有哲学博士/你知道吗他们的条件都很好/

梅格:而且. 全都—实际上都研究过一些

梅格:虐待儿童的现象或是—

梅格:        硕—临床心理学硕士/

玛丽：什么课题？

梅格：就是我在/⎡临床 ⎡心理学上获得的资格证书/
玛丽：      ⎣是的/ ⎣嗯嗯/

梅格：我们分两天面试他们/星期四

梅格：和星期五/(((有件))真的发生了件好玩的事/.

梅格：有个非常漂亮的女孩，有.嗯 呃—呃

梅格：是什么文凭呢？是—是—是儿童成长学的硕士

梅格：师从纽卡斯尔的牛顿教授/牛顿教授给写她了一份**非**常好

梅格：的推荐信/
珍：         你过去也师从牛顿

梅格：  ⎡是的/ 是的/   但他说—说
珍：  教授⎣不是吗？
海伦：          是吗？嗯嗯/

梅格：说—我忘了这女孩叫什么/好像是尼古拉/说,嗯,你

梅格：知道"她学术水平唔—唔—无可挑剔/非常

梅格：杰出/她也是个非常漂亮的女孩/她.有几分

梅格：经常参加聚会/而且总是—总—总是在那—呃

梅格：在那洗餐具"/

〈笑声〉

梅格:真是个爱家的小象征/不管怎么说　嗯—
海伦:　　　　　　　　　　　　　他们不应该

梅格:　　　　　　　　嗯,是不该
海伦:那样说她⌐((XX))/
萨莉:　　　└我想　└说/

梅格:那样/嗯,不管怎么说面试嗯.进行得很顺利/.

梅格:她—她有几分—她举止大方/

梅格:问题也答得很有水平/最后/嗯,戴维

梅格:布莱尔对她说."你一直在研究患孤独症的

梅格:儿童"/她完成过两项有关孤独症儿童的专项

梅格:课题/[……]他对她说. 嗯"你相信嗯

梅格:诵读困难症和孤独症有所联系吗?"/她

梅格:完全慌了/〈惊呆的表情〉我们看着觉得
比:　　　　　　天哪/
海伦:　　　　　　　　　嗯嗯/

梅格:太糟糕了/

梅格以能干的专业人士的形象出现。这一方面是通过使用术语,如列入、临床心理学、推荐信、诵读困难症、孤独症,以及缩略词,如哲学硕士(Mphil),哲学博士(Dphil),临床心理学硕士(MCLinPsychol),来实现的。这些词表现了业内知识。另一方面,韵律的运用也有助于梅

格专业形象的塑造。韵律的使用包括短句的韵律和重音,如牛顿教授给她写了一份非常好的推荐信这句就带有明显的社会阶级和教育程度的标志,说英国英语的人对此很容易理解。梅格也展示出施动性,而不是被动性:我也列入了面试人名单;我获得的资格证书;我们对他们进行面试……,以此来树立自己的职业形象。这与长相非常漂亮,举止大方,答题水平高的年轻应试者形成了含蓄的对比。年轻的应试者以负面的形象出现:梅格对她的描述不仅展示了自己的权力也表现了女性的反抗。这位年轻女性被称为"女孩"(把她降为未成年人的地位),并且梅格对她的描述主要集中在她的外貌,这显然与面试情景无关。稍后,梅格复述了牛顿教授赞赏她的推荐信,但这位年轻的女性愿意在聚会后清洗餐具的暗示明显带有性别歧视。梅格起初将此描述为可爱的爱家的小象征,但海伦反对这一立场他们不应该那样说她。直到这时,梅格才承认推荐信在这个方面可能有点问题。

像梅格这样的女性——在法律、医学、心理学等领域担任高层职位的女性——如果她们接受与权力相伴的父权价值观,那么她们似乎只能接受强悍的角色。所以梅格的自我表现说明了同时展现女性特征与表现权力之间的张力:梅格成功地展示了自己的权力,但也表现出贬低、轻视女性的意识形态。她对朋友讲述的故事的中心在于一位才华横溢的年轻女性在面试中紧张慌乱——换言之,与面试组中冷静的业内人士相比,年轻女子不能称为能干。梅格——冷静、能干、专业,而年轻女性紧张慌乱。二者的对比在一定程度上反映了梅格的自我表现。

另一方面,她的交谈也含有减弱强势话语的特征。她时常犹豫,频繁使用嗯、呃,而且说话结巴或重复自己说过的话。当她向朋友寻求帮助时,她的记忆会短暂中断——是什么学历呢?。她在描述中也使用了限制手段——你知道吗,我觉得,有几分。这些"中断"在一定程度上缩短了她与听话人之间的距离:正如我在前几章所述,女性朋友会尽可能地避免充当权威。梅格交谈中的这些特征也树立了柔弱的女性特征,需要帮助和支持。她交谈的后半部分表明,女性要为自己赢得权势十分困难。

## 结 论

本章的例子说明，展现女性特征、成为一名女性并没有单一的统一方式。在当代的发达世界中，我们有不同的女性特征。不同的话语为我们提供了了解不同女性特征的途径。主流话语把我们置于传统地位，而激进或颠覆话语则为我们提供了塑造女性特征的选择方式。不知不觉，我们陷入了一场定义性别的无休止的斗争：正如克里斯·威登所述："男女特征的本质是零散的、为个人奋斗的主要场所之一。"①

"女性"的含义随时间改变。在任何时间，它的含义都不同——例如，与圣母相似的女性形象的含义和与妓女相似的女性形象的含义。没有"女性"这种东西。"女性"的意义依赖于该词出现的话语。"话语不仅仅反映或表现社会实体和关系，它们还建构或'组成'社会实体和关系；不同的话语……通过不同方式组成了主要实体（如'女性'）。"②"做个女性"意味着，在20世纪末之时，英国是一个斗争之地，占支配地位的意识形态正接受女性话语的挑战。

在我看来，我们和女性朋友的交谈就自我女性意识而言格外重要，因为在交谈中，我们共同合作，对女性特征的建构形成了一致的观点。我们彼此支持，既反抗某些女性特征，也偏爱另些女性特征。我们彼此协助（不论有意或无意），缓解冲突或对立的女性特征。我们这么做，是为了建立友谊。建立友谊正是最后一章的主题。

---

① 威登：《女性行为与后结构主义理论》，第98页。
② 菲尔克洛克：《话语与社会变迁》，第3—4页。

# 第十一章
## "交谈**实在**很**重要**"：做朋友

**大**多数人把交友视做理所当然。这说明我们结交朋友、维持友谊所做的事已经成为我们日常社会活动的一部分,因此我们难以觉察。建立友谊是一项了不起的成就：有些人发现交友很难或结交方式不对；有些人没有领悟"朋友"的含义。友谊是一项严肃的任务,如玛丽所说："你知道的,它要耗费时间。所以考虑到在朋友身上花的时间……你得对结交朋友作出明智的决定,不是吗?"与友交谈也是在朋友身上下功夫。我们的交谈不是仅仅附属于友谊：没有交谈我们就无法维持友谊。与友交谈是友谊的基本组成部分：我们通过交谈建立起朋友关系。

在最后一章,我想把全书的各个部分重新总结一下,重申女性各种交谈方式的价值。本章将介绍一些思索友谊的新思路,强调交谈与友谊的联系。我还将探讨一些"出错"的情况。

## 语言策略

在这一节中,我将简要重述一下女性在与朋友交谈时使用的语言策略以及这些策略对建立友谊的作用。语言形式是女性交谈的特征。它不是随意的。就实现女性间的友谊而言,语言形式相当有效。女性朋友彼此交谈的目的是建构并维持亲密、平等的社会关系。友谊依赖于互惠的道德观念和平等关系的维持。我们可能有其他的平等关系(如与同事、工作伙伴的关系),但亲密不是这些关系的特点。友谊取决于社会距离的缩小。女性朋友采用的语言策略都是为了实现其中一个或全部的两个目标。

### 讲述故事

　　故事是女性朋友交谈中固有的部分。讲述故事满足了女性朋友接触彼此生活的需求；而且，聆听他人的经历有助于把自身经历置于一个诠释的框架中。故事的交流进行了呼应的部分工作；尤其是，趣闻轶事作为相互自我表露的一部分，是建立友谊的关键。故事也有助于引入新的话题。女性的故事强调人物和地点。它们使我们立足于日常生活，思考自身的日常经历。它们使我们探索彼此联系、与人合作的重要和单独行动的鲁莽等主题；提醒我们英雄主义极少是我们的选择。通过讲述故事，我们可以幽默地谈论有争议的事情。讲述故事在我们建构自己作为女性和作为朋友的过程中发挥了重要作用。

### 限制手段

　　限制手段有多种功能：它们可以表达各种疑虑和信任；使我们有感于他人的情感；帮助我们寻找恰当的词语表达我们的想法；有助于避免我们充当权威。第一种功能——表达疑虑和信任——是最根本的，但对女性友谊的建立没有太重要的作用。其他三种功能对维护友谊都起着重要的作用。如果友谊是完全"展示自我"的竞技场，那么正如接受我采访的女性所言，当我们受到攻击时，显然，我们要能够运用策略来保护自己。但是我们也需要保持对朋友情感的敏感度。我们常与亲密朋友讨论敏感的话题，而相互自我表露又是评价女性友谊的标准，因此，语言形式使我们留意所有参与者的面子需求，从而成为我们全套本领中的重要组成部分。

　　努力寻找合适的词语表达我们的想法，这对建立亲密关系有着重要的作用。女性朋友给了彼此"努力找词"的时间。雷切尔在接受采访时就说过："和女性交谈，我努力思考表达方式，这让我—我—感到更加愉快……女性也给了你努力思考的时间。"在这个程度上，与他人交谈提供了探索可能自我的机会，寻找不同"自我"的时机，由此我们感觉自己被他人接受，觉得自己有信心说任何事情，有信心接受他人的评价。所以，与他人交谈也为我们提供了成长的空间，给予我们展示已有知识和探索新知识的空间。稍后，我将回到这些重要的观点上。

限制手段也使我们避免了权威的地位。我们要想建立友谊就得避免任何拉大我们与朋友之间距离的行为。讨论一个我们有专业知识的话题可能会导致距离的产生，但女性朋友明智地选用限制手段以此降低自己的专业地位。就建立友谊这一目标而言，与朋友保持平等关系比获取个人地位要重要得多。

限制手段在合作话语权（见下文）的维护中也发挥重要作用。它们有助于维护公开性，避免闭塞和冲突。在合作话语权中，群体声音占优先地位，这意味着，发言者需要运用类似限制手段之类的语言形式才能言其所想而又不阻碍他人发表个人观点。

### 提出问题

和限制手段一样，疑问句也具有多种作用。大部分作用都是为了建立和维持友谊。例如，问句和附加疑问句能够把发言者引入交谈，使交谈继续进行。它们有助于我们留意自己是否与其他人"合拍"。我们努力找词时，它们使我们能够寻求帮助。我们也用问句邀请朋友讲述故事。而且，对发言者而言，它们是保护自己和听话者面子的有效策略——提问和断言相比，更不具有威胁性。在讨论具有争议性的话题时，我们用问句引入不同的观点，从而避免公开与他人产生分歧。通过这种方式，我们维护了合作话语权（见下文）。

女性朋友在交谈中也经常使用修辞性问句。它们是表达普遍真理的一种方式。这些真理维护群体的世界观，确保意见的一致。附加疑问句也用来证明所说的话是理所当然的，巩固参与者的共同世界。就避免充当权威而言，疑问句也是一个重要的策略。它强调对回答而不是对个人知识的共同探寻。即使是寻求信息的问题对维护友谊也有帮助：在年轻女性的交谈中，信息交流，尤其是关于男孩和未成年人问题的信息，发挥着重要作用。

从根本上说，问句是表达团结和联系的方式。女性富有技巧地在交际层面而不是信息层面运用疑问句,将此作为建立友谊的一部分。

**重 复**

　　重复是女性朋友交谈的基本特征。它有力地肯定了群体声音,因为重复意味着两个或更多发言者以同样或不同的方式讲述同样的事情。重复可以在单词、短语或句子各个层次上出现;它包含语法、意义及词汇的重复。重复的主要作用是标志女性朋友间的团结一致。女性朋友把与友交谈看成爵士乐即兴演奏会,所以重复——即彼此使用同样的语言模式相互说同样的事——成了我们感觉彼此联系的有力象征。

**合作话语权**

　　发言者选择建立合作话语权而不是单人单个话语权,也就选择了建立友谊或亲密的关系。单个话语权优先考虑个人发言者及其话轮,而合作话语权强调的是群体,象征发言者之间的关联。

　　女性朋友交谈中的合作话语权以两个策略为显著特点:共建话语和重叠交谈。当朋友们共同参与言语的建构时,她们以非常具体的方式表明,她们能合为一体,共同发挥作用:合为一体,共同发挥作用是建立友谊的有效方式。此外,女性朋友使用重叠的言语,共同参与交谈,分享了合作话语权(而不是抢夺话轮)。两个或几个朋友同时讲述同一主题所引起的复调就成了联系的象征。女性朋友们也用简短的回应和笑声维护她们共有的交谈空间,维持彼此联系。

　　建立和维护合作话语权要做的工作也就是建立友谊要做的工作。合作话语权采用的所有语言策略都是为这一目的服务的——包括已经论述过的策略(共同建构言语,重叠话语等)和其他策略,如更短的话轮、发言者间的重复,玩笑和逗趣等。合作话语权与单人单个话轮在数和量上都有所不同,根本原因在于合作话语权是共有的空间:所说的言语被视为群体而非个人的声音。这强调了发言者间的联系,从而使合作话语权成为建立友谊的有力方式。

## 交际能力和友谊

有关语言策略及其对建立友谊的作用的归纳可能会产生误导。我并不是说,女性发言者只需通过交谈,借助诸如故事、限制手段或提问等各种语言特征就能建立起友谊。对"朋友"的理解远不止这些。交友是我们交际能力重要的组成部分。交际能力一词是德尔·海姆斯创造的,用来描述我们在特定言语群体中培养的全套本领。[①] 语言学家常局限于对语言能力的关注——即说本族语的人对该语言语法结构的掌握。但海姆斯指出,即使你对某种语言有极强的语言能力,但如果你不知道何时加入交谈,何时保持沉默,何时讲个笑话,何时发出笑声(这些都是交际能力的重要组成部分),那么你就不能称作该言语群体的合格一员。

本书中的女性都展现了她们的交际能力,不论是前一段所述的广义能力还是具体的交友能力。我们有能力通过交谈建立起友谊,因为作为特定言语的合格成员,一旦有人做错了,我们立刻能意识到。在我的研究中,许多与我交谈的女性,包括接受我采访的,都不由自主地告诉我一些趣闻轶事。这些趣闻都与似乎没有完全理解交际规则的女性有关。

## 出　错

**强制结束言语**

最常发生的错误与言语的共建有关。女性的交际能力使我们学会合作共建各种言语;这是我们运用合作话语权规范的广泛能力的一部分。但有些女性似乎认为,只要完成他人的言语便可以建立友谊(或展现女性特征)。她们没有领会这种行为是更大策略的一部分——即,没有领会这种行为是在合作开发的话语权上共建文本的策

---

[①] 德尔·海姆斯"论交际能力"。

略之一——她们往往过度使用了这一策略。这会引起其他发言者的不快。在特别严肃的场合，强制结束者所选的词并不是我们想说的。（这暴露了假定的共有世界的间隙。）即使是我们想说的，我们都会觉得合作话语权遭到破坏，因为过度频繁的结束让人觉得受到干涉而非合作。因此，该策略的过度使用最终标志敏感度的欠缺，很可能成为友谊的障碍而不是建立友谊的方法。（在我的分析中没有明显说明这一点的例子：这不足为奇，因为我只记录了已经建立起友谊的群体，即群体中的参与者已经建立了亲密的友谊，所以可以说这些参与者都理解了如何通过交谈建立友谊。）①

**不合时宜的开始和强行插话**

错误估计加入交谈的时间会导致另一个不是太严重的问题：重叠话语是过度热情地加入交谈所导致的结果。在我分析的交谈中，这点时有发生，但相关个人通常会退缩，等待合适的时机说出自己的想法。（当然，重叠言语是合作交谈的一种基本特征。但是，如果重叠的

---

① 但是，在合作交谈中言语偶尔也会欠流利，例如下面摘自奥克斯顿团体的一段交谈：

［话题＝约克郡的碎尸案］

萨莉：我只是想如果汽车在回家的路上坏了／

萨莉：我的意思是说我会吓死的／〈笑〉我决不会出去／〈夸张〉

萨莉： 我就一. 因为. 每个人—都害怕
→玛丽： 就在那等死／

萨莉：整件—你知道整件事的／
梅格： 是的／

这个例子表明，一位偏爱不结束言语的发言者会让偏好结束言语的发言者感到不适。萨莉和参与交谈的另外三位女性似乎觉得我就一这句没讲完的话十分妥当。这句话非常符合没有说完但不妨碍理解的言语模式。这种言语模式是合作话语权所特有的（见第六章，未说完的言语这一部分）。萨莉开始了新的言语因为每个人—都害怕整件—你知道整件事的之后，玛丽才结束了萨莉没有说完的话。玛丽的加入似乎让萨莉窘迫了片刻——她在每个人后面停顿了一下，再接着讲句子剩下的部分。这种例子很少见，并没有扰乱合作话语权。解决这一困境的是我们在平时成功的合作交谈中所运用的（未发觉的）技巧。

言语和主题不一致,就会产生问题:在合作话语权中,重叠言语也包含对同一主题的交谈同时发表的看法。)在下例中,萨莉的邻居决定飞往澳大利亚参加母亲的葬礼。萨莉只是对此事补充一点细节,但玛丽却开始讲述新的话题——把交谈从趣闻轶事的列举转移到群体的讨论——但她意识到萨莉还在讲述轶事,于是她中止了自己的论述,开始聆听,并加入简短的回应——是的——表示对萨莉言语的支持,然后再接着阐述自己的观点。

[讨论葬礼]

萨莉:我说:"可是,他们会明白的,约翰"/((XX))〈笑〉

→玛丽:　　　　⌈但如果——　　　　　是的/但如果
萨莉:我的意思是说⌊我好像不是特别虔诚/

玛丽:你的父——如果父母中有一方/……

下个例子中,汉娜对交谈时机估计错误,想要讲述一些呼应经前紧张的趣闻轶事。贝基刚讲述过,她母亲只要一看到她情绪不佳就推测她经期来了。克莱尔也谈论了自己情绪的波动。汉娜试着讲述洗澡时情绪不稳的轶事,但对克莱尔来说,汉娜的讲述不合时宜。

[话题:经期]

克莱尔:((有时我就坐在那))⌈就好像/我突然觉得
→汉娜:　　　　　　　　　　⌊嗯——

克莱尔:自己就要哭出来了⌈((XXX))很突然——就是很突然的一下
杰西卡:　　　　　　　　│是的/
→汉娜:　　　　　　　　　⌊我躺在浴缸里——

克莱尔:你的眼睛突然就有这种感觉/

贝基和杰西卡也加入进来,和克莱尔一起谈论经期期间鼻子和眼睛的

感觉。之后,汉娜试着再次引入自己的轶事,但克莱尔也同时开始讲述。克莱尔说的话和贝基的讲述直接相关。我们可以看到,克莱尔、贝基和杰西卡在谈论某种经期体验时彼此合作,但汉娜想进而谈论自己生活中一件特殊的事情,这是更加以自我为中心的行为。

克莱尔:你的眼睛突然就有这种感觉/要是你的脸开始发热/而你—
贝基:　　　　　　　　　　　噢,没错/　嗯/

克莱尔:就有这样的感觉((XX))/它们突—它们就((像一阵⌈热
贝基:　　　　　　　　　　　　　　=是的　　　　⌊你的
杰西卡:　　　　　你的眼睛有刺疼的感觉=

克莱尔:浪))/
贝基:　鼻子就—就好像你的鼻子有点胀大

克莱尔:⌈有时就在上课时出现/
贝基:　⌊或别的什么感觉/
→汉娜:　⌊嗯,我—

克莱尔和贝基结束了有关她们鼻子感觉的描述后,汉娜最终设法加入了自己呼应性的轶事。

克莱尔:⌈有时就在上课时出现/你就—就坐着
贝基:　⌊或别的什么感觉
→汉娜:　⌊这个我—

克莱尔:就—就那样[呼:嗯]〈呼的一声〉
贝基:　　　　　　　　　我也会那样/

克莱尔:　　　　　　　是的/
贝基:　我上次就是那样((XXX))/
→汉娜:　　　　　　　　　　　我是这样的—

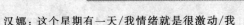

汉娜:这个星期有一天/我情绪就是很激动/我

汉娜:躺在浴缸里/我就在那哭/……

参加我研究的发言者中,这一组最年轻。在这段交谈中,她们只有14岁。在她们12、13岁的交谈录音中,她们一直运用单人话语权和让人吃惊的对抗交谈风格。直到14岁,她们才展现出建立和维护合作话语权的能力。① 在这个例子中,我们看到,汉娜努力加入合作话语权却不合时宜地开始讲述自己的轶事。但这些年轻的发言者仍处于获取交际能力的过程中:可以预见,她们不会总是维护成年女性朋友特有的交谈规范。

### 说得太多

女性朋友交际能力的另一方面是明白你能说多少。说得太多或太少都成问题。共享的内在含义十分重要:女性朋友珍视她们建立的发言者间轮流交谈的模式。正如比在接受我采访时说的,交谈的正常"模式"是一种"一人谈论自我观点、自我感觉等等,而另一人倾听并对此做出回应,然后可能会用自己的故事做出呼应,所以交谈不是一边倒的。"在友好的交谈中,一边倒显然是不受欢迎的。

合作话语权以短小的话轮而不是单人单个话轮为特征。"滔滔不绝"地谈论某个话题往往让人觉得你讲得太多,会引起他人的不满,因为合作话语权因此受到了干扰。如果一个人沉溺于个人的独白中,那便失去了共同的声音。② 第6章曾讨论过,在两个甚至是六个交谈者参与的交谈中,女性朋友都富有技巧地共同参与交谈。下例中共有5

---

① 关于不同年龄段(从12岁到15岁)的女孩使用的语言策略的详细比较,可参见我的文章"话语、性别与主观性"。

② 友谊与说得太多的话题是美国系列片《朝向北方》中某一集的主题:有一位防火员在阿拉斯加独自生活了20年。回到文明社会之后,他总是滔滔不绝地谈论一些深奥的话题,从而遭到其他人的疏远。因为没有朋友,他变得郁郁寡欢。最后,当地一名叫做弗莱斯曼的医生私下和他交谈了一番,给他上了一堂有关"友好交谈"的课。这堂课主要是教他不要滔滔不绝地谈论,而应该注意在场的其他人。

位发言者(已经在第6章讨论过)。这个例子清楚地表明了这一点：

[话题：类人猿和语言]

玛丽：我是说它们移用单词┌表达不同的意—
比：                  └得出一个结论

玛丽：思/
比：  ((XXXXX))—
珍：           它们把两个单词组合起来 形成一个复合词/
梅格：                  是的/

玛丽：          ┌没错=
比：            └   =嗯嗯
珍：  解释一些它们没有┌词汇表达的东西/

玛丽：┌是的/                        指┌巴西坚果/
比：  └把石头和浆果(stoneberry)这两词放一块指—└巴西坚果/
珍：  └比如—
海伦：          哦/

梅格：是的/还有┌把洗液和浆果(lotionberry)放一块指代呕吐物(vomit)/
海伦：嗯/     └天啊

海伦没有看过促成这场讨论的电视节目，因此她在交谈中的角色是回应其他四人共建的描述。主要的解释线索(黑体字标出)由玛丽、珍、比和梅格轮流进行，这点十分突出。这意味着没人充当权威，话轮是共享的，人人都参与了交谈。

在单人话语权中，话轮似乎更长：在非正式的交谈中，男性倾向于维护单人话语权，常常滔滔不绝，尤其当他们充当权威时。[①] 说得太多显然是女性反对的男性语言行为之一。例如，雷切尔在采访中就讲

---

① 柯茨：《女性、男性与语言》(第188—192页)；黛伯拉：《你就是不明白》。

过，从很小的时候开始，当父亲——后来是兄弟——交谈时，她就学会了如何让自己看上去显得饶有兴趣。她不仅抱怨他们对她大发议论，而且埋怨他们想当然地认为交谈话语权是他们的，而她一定会倾听：雷切尔说自己并没有倾听："他们认定他们说的任何事都是有趣的，因此他们不管我—不管我是否想听，都硬塞给我"。巴巴拉也说："他们[男性]一言两语就把你打发了，他们只说'是的，是的，那是你说的，可我想说的是……'"

关于不要说得太多这一不成文的规定，女性朋友有一个例外，即讲述故事。女性朋友在交谈中珍视故事这一部分。有些故事的篇幅很长：叙述者可能长久地占有交谈话语权。"膀胱炎"便是个很好的例子。这个故事（见附录 A）持续了 8 分钟 39 秒。我曾说过，讲述故事给了发言者占有交谈话语权的优先权。这句话的理由在于，我搜集的朋友交谈的素材中，有些例子包含长篇故事，但没有例子表明女性在交谈的其他部分长久地占据话轮。依我的经验看，说得太多的女性使参与群体交谈的其他女性变得不安——有种出错的感觉，即使不完全明白错在哪里。当然，如果一个人滔滔不绝，其他参与者想要维护合作话语权就相当困难。似乎有些女性维护合作话语权的能力更弱，尤其是，她们没能掌握如何开始使用合作话语权而又不会独占话语权。独占合作话语权让人觉得她们不是在建立友谊而是在表现个人主义和孤立的状态。

## 说得不够

说得不够也成问题。在合作话语权的运用中，即使发言者说的内容不多，她们仍会通过添加简短的回应和笑声标志自己仍继续参与合作话语权。下一段摘录中，海伦和我（珍）都参加了正在讨论的晚上公开课，乐于一起谈论发生过的事情。我是主要叙述者，海伦则常常适时地插入一些简短的回应，以此标志自己参与了合作话语权。
[话题：朋友们对当地学校公开教学之夜的反应]

珍：　她们还是不喜欢约翰逊[校长]的讲话/但　　我觉得
海伦：　　　　　　　　　　　　　　　　　　　　嗯/

| | |
|---|---|
| 珍： | 我对她说那是他做过的最糟的一次/ |
| 海伦： | 是的/ |

| | |
|---|---|
| 珍： | 这不是.想对我们这些人讲的/.而且　我想 |
| 海伦： | 嗯/　　嗯/ |

| | |
|---|---|
| 珍： | 他知道陌((生))…… |
| 海伦： | 嗯/ |

类似地,在下面这段交谈中(第6章已经讨论过),安娜和莉兹用笑声和附带的评论标志她们共同运用了合作话语权。

| | |
|---|---|
| 苏： | 他会出现抽—他会出现这样神经质的抽搐/ |

| | |
|---|---|
| 苏： | 真的/他会 |
| 安娜： | ⌈我不觉得奇怪〈笑 |
| 莉兹： | ⌊噢〈笑 |

| | |
|---|---|
| 苏： | 神经质的抽—〈笑〉他真的会这样神经质地抽搐/约翰说 |
| 安娜： | - - - - - - - - → |
| 莉兹： | - - - - - - - - → |

| | |
|---|---|
| 苏： | 约翰说"我要去问问他。"/ |
| 安娜： | 〈笑〉 |
| 莉兹： | 〈尖声大笑〉 |

如果朋友中有一位过久地保持沉默,其他人就会变得不安——在女性朋友间存在持续的监督(通常是无意识的)以确保参与者公正合理地参与交谈。① 如果参与者显得过于安静,其他人会用提问来邀请她加

---

① 伊丽莎白·阿里斯的"交往模式与男性、女性、混合群体的主题"以及苏珊·卡尔斯克的"'……好像安的妇科学家,或我几乎被强奸的时刻'——女性闲聊群体中的个人叙述"。

入交谈。我搜集的交谈中,只有汉娜、贝基、克莱尔和杰西卡(13岁)的一段交谈录音表现了这点。克莱尔有一会儿一言不发,由此引发了下面的对话:

贝　基：　　你今天很安静/.
杰西卡：　　　　　她今天很累/她一直在

---

贝　基：　　是 ┌吗?((对不起))/你都做什么了?
杰西卡：健身房锻炼/
汉　娜：　　　　└是吗?

---

贝　基：　　　　　　　　　　噢　天哪/
杰西卡：　　　┌锻炼了三个小时/
克莱尔：跳绳,嗯((3节))└然后——　　((那——

---

克莱尔：没有——))我没有器材/所以我只好向别人

---

克莱尔：借/……

---

在这段摘录的末尾,克莱尔开始描述自己在健身房所做的事。她的描述在接下来的两分钟里控制了交谈。显而易见,克莱尔的朋友尽力鼓励她说话:贝基和汉娜询问了寻求信息的问题,杰西卡发表支持性的评论,一开始还替克莱尔说话。她说的她很累/她一直在健身房锻炼为克莱尔的沉默找了个理由。由此说明,一言不发是需要解释的,从某种意义上说也是违反常规的。

我记得有一次,一位新搬来的女性加入了一群女性朋友的交谈("奥克斯顿女士")。后来,我对此录了音。起初,她似乎很害羞——这群朋友的交谈一直很活跃、坦诚——我记得我们努力在喧闹的合作话语权中给予她空间,为此我们经历了一些不适。她很快就和我们彼此熟悉了,于是群体又形成了新的平衡。这说明,我们"交友"的广泛能力需要调试以适应具体的语境。我们与具体的有意义的人"做朋友",而不是在真空中。我们结交的朋友也会影响我们"做朋友"的方

式,因为这是一个动态、互动的过程。

## 质 疑

虽然女性朋友相互仰仗,相互提醒"你想要当傻瓜吗",但是如莉兹所说,除非受人之邀,公然对朋友的观点提出质疑是不受欢迎的。女性朋友把相互接受视为朋友意义的核心。朋友的支持是友谊的内在组成部分:如梅格对比说过:"有事不对劲时,我希望你是我能寻求帮助的人。"朋友就是"站在你这边"的人。

我们在第8章讨论过,女性避免直接质疑和反对他人观点的方式之一是使用问句。安娜对海湾战争中萨达姆·侯塞因及其部队发表如下言论他们不狂热吗?十足的狂热分子/(本身是个修辞性问句),苏对此句的回应是他们是吗?,接着这个问句,她进而提出我是说我觉得……像我们这样的人会觉得……"我不想他那么做"。限制手段(如上句中的我是说我觉得)是另一种重要的策略,也可用来减缓意见分歧所引起的冲击。

在我录制的朋友交谈的录音中,极少会有质疑和反对,这不足为奇。这些素材可以分为两类:对抗和支持。与另一位发言者发生对抗冲突的例子只出现在12、13岁的年轻交谈者之间。她们的交谈极少有限制手段或策略性的提问。① 下面的例子选自汉娜、贝基、杰西卡和克莱尔13岁时进行的一次交谈:

贝基:我妈说西夫威(Safeway)超市贵多了/
汉娜:　　　　　　　　　　　　我知道/.怎么了?

贝基:可过去我说"贵得多",你却说不会

贝基:贵/你还 ⌈说—
汉娜:　　　　⌊没有贵那么多/大概.贵三便

---

① 见第302页注释①。

贝基：　　　　　　　　　　　　就算是
汉娜：　　士左右/.　　　　　％没有％
杰西卡：　　　不是十便士

贝基：3便士'3便士也是贵啊'〈模仿成人的声音〉

在这段简短的交谈中，汉娜两次反对贝基。一次使用了挑衅的言语我知道/.怎么了？，另一次用相反的观点打断了贝基。贝基把她的断言转化成笑话，模仿了成年人节省的格言：3便士也是贵啊，从而转移了冲突。

成年女性的交谈中没有这样的对抗，但会有我所说的支持性反抗。上一章出现过的一个例子就是很好的说明。我说自己希望获得剑桥大学讲师职位的想法太狂妄了。海伦对此提出质疑，她的质疑但这太困难了不是吗/我是说你想像不到一些男的坐在你身边/.谈论他们的申请这太狂妄了/可以被描述为"支持性的"，因为海伦显然仍站在我这边——以及全体女性这边。从根本上说，她质疑的是话语而不是我。我们可以接受类似这样的质疑，因为，我们既感到支持又得到了肯定。

## 缺少呼应

呼应和平衡是友好交谈的典型特征。它们是交际能力的另一方面，但有时却有所欠缺。如第4章所述，我录制的交谈录音都含有呼应和平衡。女性交谈的这个方面受到女性的高度重视，一系列术语指的都是这一点，包括：呼应、平衡、分享、交流和感情共鸣。正如雷切尔在采访中说的（关键词语用黑体字标出）：

我觉得，我建立的友谊总是——总是，你知道的，与一种坦率、敏感的交谈有关，是**相互交流**的敏感交谈。就好像你有什么样的想法或感觉都能说出来，在某种程度上，你的确**希望它回来**，我的意思是说，它**能呼应回来**。

在女性朋友看来，友谊从根本上说与分享和互惠有关。女性朋友交谈中特有的呼应似乎是这点的象征。

参与我研究的女性认为，男性常做不到呼应这项工作。正如梅格说的:"区别之一在于他们[男性]不会对此作出呼应……我总是有种平衡的意识,嗯,两个女性,两个朋友交谈的平衡,嗯,在我和男性的交往经历中感受不到这点。"但有时,不仅仅是男性发言者没有对女性的言语做出呼应;有些女性也没有对自我表露作出匹配的呼应,而是改变话题或(更糟的是)提出建议。没有用匹配的自我表露或呼应话轮作出回应,如果持续下去的话,将会导致友谊的失败(或成为建立友谊的障碍)。

没能自我表露或作出呼应,部分原因可能在于不能流畅地描述个人经历。对个人经历流畅的描述是实现女性友好交谈的基本技能之一。缺乏呼应也有可能是因为偏爱注重信息的交流和客观话题,而非个人话题的讨论(这似乎是男性友好交谈的模式)。在我搜集的交谈中没有这样的例子:即使话题和工作、政治或外部世界的其他方面有关,女性朋友都会不时地把话题引回到个人身上,或回到与情景有关的情感、态度上来。强调个人,偏向以人为中心的话题是我们"做朋友"能力的一部分。

**忌讳的话题**

"做朋友"的能力中重要的一点就是知道该谈些什么。上一节讲得很清楚,我们交谈主要和人有关,而且,主要围绕着我们自己以及我们亲近的人,围绕着情感和我们生活中发生的事。但是,我们交谈的内容有所局限。女性常成组或成对地——往往是含蓄而不是明确的——对此进行商讨。许多女性认为她们可以自由地谈论任何事:"我不认为我们对交谈内容有所忌讳"(莉兹),但事实表明确有限制。具有讽刺意味的是,正是莉兹和她的朋友们坚决认为她们不讨论性关系(与她们声称没有忌讳的言论相反):"我想,他(苏的丈夫)以为我们谈论男人和性,比较性经验之类的事,但我觉得那可能是男性聚在一起交谈时对女性抱有的幻想,我们决不谈这些。"(安娜)

在第7章开篇部分的例子中,梅格引进了不被群体接受的话题。她试图讲述一位久未见面的朋友的故事。当她具体描述这位朋友的外貌时,问题出现了:

梅格：反正((XX))/我觉得吉恩有点点点点点体毛的问题/

众人：〈笑声〉

梅格：　　　　　　　　不是—
比：　这个,我也有好多体毛/　　她有多少？

梅格：这个—
比：　　　你好像是说它会露出来—.好像它会露
珍：　　　　　　　但是哪儿呢((XX))—

梅格：　　是的/.不,我真的看见过在她的胸部/　而且嗯,噢—
比：　出来—　　　　　　　　　　　　　哦/

梅格：在—我—我真的是以一种—以客观的角度看的/呃

梅格：但我的确看见多—多得都好像成胸毛了/.黑色的/

梅格：她皮肤很黯—有点像黑皮肤,面色灰黄,有很

梅格：多—我是说我—我是说我希望我只是描述一下没有任何

梅格：夸大/.你们知道所以我是说我可能—

比：你是说你的确觉得她快变成大猩猩了？

众人：〈笑声〉

梅格的朋友们对故事表现出不安和怀疑。梅格最终沉默了下来,没有讲完这个故事。重要的是,没人拾起梅格的话题：没有呼应的轶事。梅格在这犯了禁忌：这群朋友显然不准备谈论一位不在场的女士。这场讨论对这位女士的形体和外貌带有贬义。她们觉得这是种不利

于姐妹情谊的行为。有趣的是,梅格冒险又讲述一个有关吉恩,其实是吉恩的儿子的故事。她通过自己与这一家庭的关系,自己儿子与吉恩儿子间的竞争,将故事更好地溶入到语境中。因此当她成功讲完这个故事后(包括吉恩的儿子在大学的恶劣行为,见第 4 章),这群朋友接受了幸灾乐祸的话题(以他人的不幸为乐),显然这不是个"安全"的话题。她们添加了自己的呼应轶事,开始讨论这种情结令人不安的本质。她们意识到这是种"不好"的情结,但也认识到她们都曾经历过这种情结,都曾以他人的不幸为乐。在已经建立友谊的群体语境中,发言者"做朋友"的能力是可以预见的。梅格在这儿的失误是我搜集的全部 20 则交谈中唯一的例子。值得一提的是,梅格的故事从某种方面而言是失败的,但她冒险引入话题的举动最终使她们热烈讨论一个重要却又很困难的话题。

## 友谊和"自我"发展

要指出哪儿出错相对容易,但如何纠正这些错误却涉及一些更难以表述的能力。本书从这里开始概述这些能力。总是"出错"的这些人患有孤独症。心理学家开始关注友谊,把它当作人与人之间的一种关系。他们开始探询朋友意味着什么。研究引起了对孤独症新的关注,这表明发展人际关系的能力对人的健康成长十分重要,但却遭到忽视。下面这段摘录来自对一位患有孤独症的聪明青年的采访。他描述说,在他的记忆中,生活的头些年没有人的存在:"真的,我直到 7 岁才知道有人的存在。我忽然意识到有人的存在,但与你们的意识不同。我得提醒自己有人存在……我从没能交到朋友。我真的不知道如何处理其他人,真的。"①(笔者用斜体表示强调)

他对自己的描述似乎让人心寒,因为"我不知道如何处理其他人"这一句含糊不清。动词词组应付(deal with)也有"对待"的含义,但在这里似乎是另一种意思,更适合用来谈论事物而不是人。(如"我该怎

---

① 唐纳·德科恩,引自 R·彼得·霍布森:《孤独症与心智的发展》,第 3 页(特此感谢莫伊卡·高蒙指出这部作品的重要意义)。

么处理这些吃剩的意大利面呢?")这位年轻人似乎没有领会人和物的区别。

彼得·霍布森,一位研究孤独症的成长心理学家,讲述了他在伦敦莫德斯利医院参与医治的一位20多岁病人的故事:

这人有许多问题,但最重要的是他无法领会"朋友"的含义。他一再询问"你是朋友吗?""他是朋友吗?",监护人员努力教他"朋友"一词的含义,甚至找了一个人充当他的"朋友",陪他去当地的购物中心。所有的努力都是徒劳的,他仍不能理解"朋友"是什么。①

这段经历以及随后对友谊和孤独症本质的思考使霍布森进一步地探究"朋友"的概念。我们怎样才能理解它?我们为了与他人"结交朋友"该做什么?他提出了这样一个重要的观点,即,仅仅通过观察一个人是无法理解朋友的含义的——要想知道朋友意味着什么,你就必须"建立"友谊,即参与一种特别亲密、互惠的人际关系。所有人际关系对患有孤独症的人来说都难以处理。但是,在霍布森看来,他们无法理解"朋友"的含义,从根本上说,与他们"自我意识的缺乏"②有关。

我在本书中试图展现女性对友谊的重视,女性朋友交谈的重要性和复杂性。从对孤独症本质的这些新见解中,我们也许可以推导出这样的观点:我们与朋友之间的交谈十分重要。"建立友谊"似乎对个人的成长和人类的健全起着重要作用。德鲁西拉·莫德雅斯卡一针见血地指出,女性之间的友谊"可以提供学会成为自我的最佳条件"③(见第2章)。具有讽刺意味的是,几个世纪以来,人们一直认为女性的交谈无足轻重或是自我放纵。女性的亚文化以交谈为中心:我们应该把它视为我们的力量之一,而非弱点之一。

---

① 霍布森:《孤独症与心智的发展》,第5页。这名病人被诊断患有爱斯皮尔格综合症,"这种病状的发展过程与孤独症密切相关"。
② 同上书,第3页。
③ 德鲁西拉·莫德雅斯卡:《罂粟粟花》,第309页。

## 女性的友谊、女性的知识

友谊是一种带有强烈情感的人际关系,为我们提供了安全的空间,使我们能够以其他场合不允许的方式进行交谈:我是说,以探索和自由的方式进行交谈。在与朋友的交谈中,我们肯定或否定对自我及对世界的已有意识,也探索认识和了解世界的新途径。①

这使女性朋友的交谈听起来十分严肃;但探索性的交谈也有说笑的成分。我们再来看看苏、安娜和莉兹关于"夫妻关系"话题的谈论。这个话题从顺从的丈夫这一故事开始(见附录B)。这个故事引起了对婚姻、顺从和反抗的讨论。尽管这三位朋友以说笑的方式进行谈论,带有很多笑声,但毫无疑问,她们干了件了不起的事。她们持续讨论而且重点明确。这段交谈的核心在于,朋友们从两位成年人的关系中顺从的合适性和顺从与(当可接受的)男性特征的和谐性,探讨"顺从"一词的含义。由于期待模式——支配话语规定的"强悍"丈夫和"顺从"妻子的模式——在此遭到颠覆,因此,苏描述的夫妇成了讨论的潜在诱发因素。故事中做决定的是妻子,服从的是丈夫。最初,苏对顺从丈夫的描述遭到质疑:

苏: 但你要看到才会

---

苏: 相信因为他就是很.顺从/而她——┌她
莉兹: └为什么

---

苏: 就是— ┌哪个/顺从吗?
莉兹:你用那个词/那是个不合适的└词/    顺从/

---

① 克里斯·威登:《女性行为与后结构主义理论》的第4章"语言与主观性"。女性生活中友谊的意义也能使女性完成感性的飞跃。在下例中,一位女科学家以一种新的方式理解自然现象,因为她明白了友谊的喻义。这个例子很有说服力。巴巴拉·麦科克琳多格是一位细胞遗传学家,她在研究染色体的过程中写道:"我不是身居其外,而是在其内部。我是系统的一部分。它让我吃惊,因为我真的觉得自己仿佛就在其内部,*这些都是我的朋友*。"(笔者用斜体表示强调)(凯勒,引自霍维《主观性与心理学方法》,第120页。)

苏：　是的((X))　　　　　　是的可他/他就是

莉兹：听起来他好像是头宠物兔/

苏：　那样/他很顺从/⌈她说什么他就做什么/
安娜：　　　　　　　⌊哦,好可—可—怕—怕/

她们把这位丈夫比喻成宠物兔,并采用了交谈前一部分的话题,以此来解决"自然"秩序颠倒所引起的恐惧(哦,好可—可—怕—怕)。这引起了夫妇关系是否平等,独自生活是否更好的广泛讨论。(这段在第9章作为重复和语篇连贯的例子分析过。)我们看到,她们的交谈变得更严肃;她们以严肃的方式思考获取平等关系的困难性以及安娜说的"夫妇关系"中存在的问题。

三位朋友的这段交谈表明,友谊为我们探索选择观念、形成对社会新的认识提供了场所。我想再分析一个来自另一群女性朋友,奥克斯顿女士交谈的例子(在第8章讨论过)。这个例子的语调至始至终都更为严肃:交谈中没有类似上一例的笑声和玩笑。"虐待儿童"的话题让所有的朋友相互帮助,讨论令人痛苦的观点,以新的方式思考这个问题。合作话语权在这里发挥了重要作用。它为这些朋友们提供了空间支持,使她们能在思想上冒险,扩展已有知识的界限。

梅格以你记不记得 嗯. 布赖顿的那个小男孩,嗯,他被掠走 还遭到性虐待这句话开始了讨论部分。这句话引起了第8章讨论的一系列问题。五个朋友共同回答萨莉提出的问题:他们有没有发现是谁干的？

梅格：你们记不记得 嗯. 布赖顿的那个小男孩

梅格：嗯.他被掠走=　　=还遭到性虐待/　所有人
萨莉：　　　记得/　　　　　　　是的/
玛丽：嗯嗯/　　=是的=

梅格：对此都很⌈愤怒＝
萨莉：　　　⌊他们有没有找出是谁干的？
比：　　　　　　　　＝嗯嗯/

梅格：他们找到了是吗？
萨莉：　　　　　　是的/
玛丽：　　　　　是吗？是的/我想起来了/没错/

梅格：　　　　　　　　　　　　　　　是的/他们
萨莉：　　　　　　　　　　　　　　　　　真的吗？
比：　找到他们了吗？
玛丽：　　　　他们在法国，不是吗？

梅格：是一个色情团伙的成员/

正如我在第8章探讨的那样，问题是用来推动群体声音的，避免任何一位女性处于权威的立场。这些问题也建立起一个框架。这个框架突出了不知道和不想知道的心理。讨论如下进行：

梅格：　　　　　　　　　　　　　是的/
玛丽：但我觉得那么多调查都是由男的主宰/我觉得这—

梅格：　　　　　　　　＝嗯嗯＝((这么多人都
比：　　　　　　　　　＝但如果你仔细观
玛丽：这很让人吃惊不是吗？＝　＝我觉得((XX))

梅格：没看出来—))
比：　　察/. 如果你开始有一点点怀疑
玛丽：　　没错/

梅格：　　　嗯嗯/
比：　你的丈夫.骚扰.你的—你们两个

比：　　的女儿/.有多快—.我是说要接受

比：　　这点你得.
玛丽：　　　　嗯嗯/　完全改变你
珍：　　　　　是的/

比：　　⌈完全改变　　　⌈你对你丈夫的看法=
玛丽：　⌊对自己丈夫的看法=⌋=　　　　　=没错=
萨莉：　　　　　　　　　　=是的/
梅格：　　　　　　　　　　　　　是的/　嗯嗯/

比：　　=你得把他看成一个会做出.不可能做出的事的人=
梅格：　　　　　　　嗯嗯/

比：　　　　　　　　=这容易吗？=
玛丽：　　　　　　　=没错=　=嗯嗯/

比和玛丽是这段交谈的主要发言者：她们表达了一系列对虐待儿童这一话题的个人看法。但其余三位女性的支持也很重要。在讨论的过程中,她们经常适时地添加简短的回应,从而维护了比和玛丽。(她们简短的回应标志这三位朋友都使用了合作话语权,对所说的话承担共同责任。)例子中还出现了许多语言特征,这表明寻找恰当的词语并非易事。例如,比最初想用 your(你的/你们的)来表示"你和你的丈夫的"但随后又改为 the two of you's daughter(你们两个的女儿)。这个讹拼的词组,清楚地表达了她想要表达的复数所有格(your 既可指单数也可指复数)。她没有说完她的修辞性问句有多快—,因为她努力想表达自己。稍后,她才回到这个结构这容易吗？(即：认识到你丈夫做了不可能做的事,这容易吗？)。她努力找词时,玛丽加入了关键言语的建构你得完全改变对自己丈夫的看法。

　　比的言语不时被停顿打断,这说明她表达自己时十分小心,例如,如果你开始有一点点怀疑你的丈夫.骚扰.你的—和你要把他看成一个会做出.不可能做出的事的人。比用了"骚扰"这一委婉语,这表明朋友们发现有些谈论的话题让人觉得太痛苦，无法直接表达。比称丈夫做的事为——"不可能做出的"——这种解决方法十分有效。她在可能与不可能之间建立了张力：她的言语在语义上相冲突——你的丈夫变成会做出——能够做/发现有可能这么做——不可能做出的事——不可能这么做。这使交谈进展到新的空间：在讨论不可能做出的事情时，这些女性说出了不可能说出的话。为什么女性没有意识到她们女儿被虐待的迹象？对此，这些女性朋友有了新的认识：

梅格：你会觉得一觉得这不可能/
比：　　　　　　　　而—而你的丈夫

梅格：成了禽兽/

从表面看，这两句话是不连贯的：梅格指的是你丈夫不可能是虐待者，而比却说你的丈夫成了禽兽。这两句话怎么能用而连接呢？根据我们的常识，丈夫和禽兽是两个不重叠的范畴——但比说的是一方成为另一方。换言之，在理解的深层次，这两句话完全连贯，而且表现出这群朋友对嫁给儿童虐待者的女性的矛盾立场有了新的理解。

## 女性的友谊：人类关系的典范

我曾请接受采访的女性描述一下交谈是什么样的（见第3章），雷切尔用"温馨、滋润、亲密"来形容，乔则列出了一组形容词："亲密的、探索性的、即兴的——我是说，没有结论的。"这两种回答强调了女性交谈的两个方面。一方面，交谈的亲密性，交谈引发了女性的联系意识；另一方面，交谈有可能成为我们探索世界的协作工具。按我们的理解，第一个方面也就是说，与友交谈能建立亲密感和联系，因此与朋友间的交谈是友谊的组成部分。但从重要意义上说，我们在探索自身、世界和世界中自我位置的交谈中建立了友谊：和朋友们在一起，我们能够反省，而这种反省的方式在其他更不安全的语境中几乎是不可能的。在反省中，我们能达到一种对自身及社会的新领悟。

我们可以列出与朋友进行的不同类型的交谈:"竞争"似的交谈、玩笑似的交谈、严肃的交谈。这些表面的分类并没有说明什么,也没有把握住真谛。我们不能简单地区分"玩笑"和"严肃",即使最严肃的讨论也有玩笑的成分。如果说,与友交谈类似爵士乐即兴演奏会,那么维护合作话语权就包含了"游戏"的成分:我们可能谈论严肃的话题,但我们一起演奏的音乐,我们共建的模式能给我们带来快乐。交谈中看似轻松的时刻往往是提出严肃话题的紧张时刻:例如,贝基讲述的故事"短裤上的污渍",苏、莉兹和安娜对顺从的丈夫喧闹的讨论。

我在第 2 章讨论过,女性的友谊是保守或是解放的力量。这个二分法过于简单。几个世纪以来,正如卡罗琳·黑布伦所说,女性间的友谊为女性提供了"慰藉社团"①,也就是说,作为生活在父权制下的女性,总是给予彼此分享日常经历和困扰的空间。我的研究显示,女性的确向彼此谈论我们的生活和困扰。在一定程度上说,这使女性交谈成为保守力量。因为,女性友谊提供了发泄情绪的途径,支持并维护了异性社会的秩序。②但在我搜集的交谈和采访中,大量事实表明,女性的友谊提供给我们的远不止"慰藉"那么简单。它也给我们提供了反抗和改变的可能。

只要一个被压迫的群体接受现状,即接受统治者的价值观念,改变就不可能发生。但女性间的友谊为我们提供了自我肯定意识,使我们能够发展团结。彼此团结是改变的前提。用贾妮丝·雷蒙德的话说:"女性友谊为一种新的女性政治创造了条件。个人在这种政治中最为狂热。"③

正是我们与朋友之间的交谈使反抗和改变成为可能。女性朋友进行交谈也就是女性朋友在游戏:游戏为冒险和试验提供了语境。因此,在女性朋友玩笑似的交谈中,我们可以尝试不同的话语,采取对世界不同的立场。我们可以发展颠覆话语,质疑父权话语。通过对生

---

① 卡罗琳·黑布伦:《书写一位女性的生活》,第 100 页。
② 特曼辛·威尔顿强烈争论道(见"为父权制服务的姐妹情谊")"异性恋女性间的联系支撑了主张异性恋的父权制度"(第 507 页)。
③ 贾妮丝·雷蒙德:《对朋友的热情》,第 9—10 页。

活的思考，我们更加了解自己。通过分享交谈话语权的合作策略，我们对事物有了新的认识，对观察的模式有了新的理解。女性朋友的交谈形成了新的自我，扩展了新的知识。

这就是我为什么在第1章指出，本书不仅仅对普通——女性朋友日常交谈的赞美——也是对不同寻常的赞美。正是女性友谊的激进潜能使它们值得研究。它们可以视为关系的典范，未来关系的典范。我的目的是赞美女性友谊，赞美通过交谈建立友谊的方式。本书论证了这种交谈的重要性，赞美了它的丰富多彩、能量强大、复杂多样和创造力——简言之，是对它非同寻常的赞美。

附 录

# 附录 A

**阑尾炎**

哦最糟的事情是—我已经告诉你了
我们—我们于周五离开伦敦
[……]
周五在办公室时我觉得—我觉得有点奇异((我只是觉得不可思议))
5 我想我是得了阑尾炎了
我无法确信
大概三年前我仅得过一次和那次很相似
嗯我想—嗯我—嗯我整个下午都在开会
嗯雪莉正打算去布茨
10 因此我说,"噢你能给我找些治疗阑尾炎的药吗
因为我觉得我的阑尾炎要发作了",
嗯我没有时间考虑其他办法了。
她拿来了些药片说能讯速缓解
所以我在去机场之前服用了些,
15 然后我想我记得上一次发作时
治—治疗的办法是大量地喝水,
因为那样会把细菌排除体外。
因此当我们在机场候机时—我们的飞机延误了—我真的喝了三升水。
我们在机场等侯了一小时零一刻钟
20 嗯我就一直喝啊喝啊喝啊。

我们登机后我理所当然尽管往洗手间跑。
然后情形变得越来越糟越来越糟。
我在飞往罗—罗马的所有时间都是在洗手间里度过的。
三刻钟的飞行路程我—我疼痛地简直无法离开
25 雪莉过来敲门。
"你没事吧？你没事吧？"
她正在忙着找乘务员
啊意大利航空公司我将永远不再乘飞机了
他们都被吓坏了。
30 嗯她不时地去找乘务员说，"我的朋友在洗手间里她生病了。
你们能帮帮忙吗"，
嗯她们也无能为力啊。
嗯最终我们快要降落到地面了，
那时我已经便血了，
35 嗯我真的吓坏了，
因为我不是体弱多病的人而且我从来没有生过病，
嗯我真的没有料到会发生这样的情形。
我是—我真的不知所措
因此我不得不离开并且坐下来因为飞机马上要降落了，
40 但是几乎是每隔两分钟我就想，"我必须去—去洗手间，
我必须去"，
因此我简直发疯了。
我们终于落地了，
嗯过道的对面坐着一位女孩，
45 是位非常漂亮的意大利女孩，
这位男乘务员弯下身子和她聊天，
一位男性乘务员几乎和她一直在聊，
他朝我看过来。
他说，"你怎么啦？你是不是感觉不舒服啊？"
50 嗯我想，"终于把注意力转移到我这儿了"，

嗯我说,"没事"。
嗯他说—他说,"你怎么了?"
嗯他几乎不会说英语,
因此我不得不试着去解释,
55 嗯所有的乘客都在听。
所以我告诉那位女孩,
由她翻译给他听,
然后他问我,"飞机着陆后要不要找医生看看?
如果你愿意我可以给你安排"。
60 因此我说,"嗯好的,
但我不想被救护车或其他类似的东西带走,
但是如果你能安排并且通地无线电提前预约医生的话也行,
那样会很好"。
他说,"是的没有问题"。
65 他说,"不会是救护车或其他什么东西的"。
三分钟后我们着陆了,
嗯有人通过舷梯向我跑来。
他们—他们把我从座位上抱起来,
嗯飞机外面闪烁着蓝色的的光束
70 我无法相信这一切。
雪莉跟在我后面下了舷梯。
我带着我的—我的手提包。
他们简直是把雪莉推到一边去了,
从我的手中夺过我的包,
75 把我扔进救护车里
我被带走了,
嗯他们没有让她和我一起去
而她连半句意大利语都不懂。
我的意大利语很蹩脚,

80 我—我知道怎么说,"天气不错"或"教室里的男孩子不应该那样
子"等诸如此类的。
因此他们把我带到急救站
嗯我简直是被—他们把我推下救护车
把我当成罪犯似的。
有人说,"你的护照呢?",你知道,乱抓一气,
85 嗯他们把我—
我真的好疼痛,真的,
简直是可怕。
我想哭。
他们把我带到急救站
90 那里有位女医生她会说英语,谢天谢地,
因此我告诉她我怎么了,
心想她会给我做检查的。
没有做检查,
"这是处方。
95 这个药—这个药在两到三小时内会治好你的病。
没事的,没事的,
用不着去担心",
嗯我想,"如果是你在便血你会说用不着去担心吗"。
她说,"我们给你找辆出—出租车,
100 它会停在药店旁。
你要去罗马的某个地方吗?"
嗯我说,"是的"。
同时我不知道雪莉在哪里。
"我们给你找辆出租车。
105 它会把你和你的朋友带到药店去,在任何一家夜间药店,
你都能买到这些药然后去住店吧"。
她说,"就在这间屋子里等着",
那像是医院里的病房,

"嗯你一旦有事我会立即来到你身旁的"。
110 因此我就走进了那间屋子。
二十分钟过去了我在想,"哦,雪莉在哪—"。
"哦,"她说,"意大利航空公司会把你朋友带到你身边来的"。
二十分钟过去了可是还是不见雪莉
因此我想我要去找那位医生。
115 到外边,去找那位医生—
可看不见医生在哪里。
而周边的人仅仅是护理人员和值夜班的工作人员。
他们没有人会说一句英语
嗯我绞尽脑汁地想意大利语是怎么说"我的朋友在哪里?"的。
120 拿出我的字典来,〈笑〉
"dove mi amici?"
嗯他们就说,"闭上嘴巴",几乎是的。
他们说—唯一的一句意大利语他们—我所理解的,
"意大利航空公司会把她送到你这里来的,
125 她马上就到,
不要着急",
嗯于是我不那么着急了。
仅仅是二十分钟。
回到那间小屋里,我心想"哦我感到很痛苦,
130 天啊我真希望雪莉在我身旁,我猜想着她现在会在哪里",
同时我感到有些内疚—
她拿着我的行李箱,还有她自己的,所有的东西都在她那里,
她不懂意大利语。
又过了二十分钟。
135 我又一次走出房间—
不见医生的踪影,
人人都说着意大利语。
就这样一直持续了一个半小时

　　　　这时候已经是午夜时分了,
140　我折腾了一天时间了,
　　　　我得了慢性阑尾炎,
　　　　疼痛折磨着我,
　　　　我不知道雪莉在哪儿,
　　　　嗯我只是哭。
145　我坐在接待室里哭泣。
　　　　值夜班的工作人员走过来扶着我的肩膀,
　　　　安慰道,"别着急,我们会找到你的朋友的",
　　　　并打遍了罗马机场的所有电话,
　　　　意大利航空公司办公室打来电话要他自己去找人,
150　声称这不关—不关他们的事—
　　　　雪莉在哪里不关他们的事,
　　　　我拿他们没办法,
　　　　为什么他在上班时不干点正事而是坐在那儿闲扯呢。
　　　　大约二十分钟后电话铃终于响了
155　嗯有人找到了雪莉。
　　　　她就在电话的那一端,她激动不已。
　　　　"你在哪儿?"
　　　　我说—嗯我就哭起来了,
　　　　我说,"你在哪儿?他们告诉我说你会找到我的"。
160　她说,"我不知道你在哪儿啊",
　　　　嗯我说,"噢我不知道你在哪儿,我怎么能告诉他们到哪里去找—"
　　　　嗯那真的太恐怖了,
　　　　嗯她终于找到呃—
　　　　她找到意大利航空公司办公室可他们不理睬她。
165　她找到一个出租车车站
　　　　出租司机不愿送她到药店去
　　　　因为那只是两分钟的路程而司机开口要价太高,

嗯司机没搞清楚她随后要去罗马，

嗯后来她终于找到了一位停车场的服务员他还能说一两句英语
170 嗯他听明白了她想查到药店的电话号码以便给我打电话，也就是那个急救站。

不管怎么样我们终于见面了嗯我们一

哦我只是哭啊哭啊哭啊哭

而雪莉面无表情。

她根本不是那种最有同情心的人。
175 我们到达了罗马。

出租车司机要的价似乎是三十五英镑，

我们支付了四十五英镑（因为）有行李，

嗯我们还被警告了，

嗯我一直想着跟他争辩，
180 但我的身体很难受我不能。

所以我们就去泰德的公寓。

噢出租车司机相当暴躁，很不客气，我觉得我们甚至不敢问他最近的药房在哪儿，

因为那很可能会让我们再跑一趟（（XX））

[……]

这时候已经是凌晨一点了。
185 泰德的公寓在一座很大的花园住宅的五楼，没有电梯。

我们到那儿后，他告诉我们如何通过防盗报警器进入楼内，

先把钥匙转三次，等三十秒，

再拿另一把钥匙插进锁里，

他还在备忘录中写着："如果你弄响了报警器后果将会很严重，它会招来警察，还会招来保安"，
190 我想，"我们下一件事就是把报警器弄响了"。

但我们没有。

我们进了公寓

我只想："我想做的就是上床休息"，我—

我不知道在这种状态下我能做什么。
195 我们就上床休息了。
第二天早上起床。
第二天直到四点钟我才去药店,买了我需要的东西。
几个小时内我就好了,
但回来前我又复发了一次,我现在还在吃抗菌药,
200 但这真是最可怕的事
[……]
我只是想回家,
后来我们一直笑这件事,
雪莉说:"我再也不和你去度假了,
你真是个累赘",
205 但我想如果我处在她—如果她处在我的位置上,我想我会多一些同情心。
我也无能为力((**XX**))你知道的,
但她就是不擅长处理病痛,
[……]
所以不管怎么样事情就是那样了。
我们在罗马玩得相当高兴,但罗马根本不是我想像中的样子……

# 附录 B

**顺从的丈夫**

苏： 我告诉过你们,我有次去了一位朋友家,他有过((一把))吉他/

2 苏： 哦那把吉他很棒/妻子对了
　莉兹：我知道你喜欢那样/

苏： 他的妻子不让他有把吉他/. 她说了不行

4 苏： 然后他就服从了＝她是—她说了你不许有把吉他/
　安娜：　　　　　　＝〈暗暗地笑〉
　莉兹：　　　　　　〈笑〉

苏： 所以他一把都没有/从此他也就不再弹了/然后

6 苏： 圣诞节的时候她终于允许他有把吉他/只要他不

苏： 当着她的面弹＝
　莉兹：　　　　　＝((你'知道))约翰本可以有把

8 苏：　＝是的＝
　安娜：　┌怎么—我不明白—┌但是人怎么可以
　莉兹：电子┘的＝　　＝因为它很┘粗俗/

苏：　那个— 她((XX))
　安娜：那　样　生　　活/如果有人对我说我不能有

莉兹：             ((XXX))你不能—

10 苏：                    =这对夫妇你得见了
   安娜：某个东西我就去把它⌈买下来=
   莉兹：             ⌊买它仅仅出于—

   苏：  才会相信/他觉得她是.
   安娜：这不是

12 苏：  不是/
   安娜：过去有时会照顾海伦娜的那对夫妇吧,对吗?
   [……]

   苏：  我非常喜欢他=    =他真—他的的确确很不错/
   安娜：        =是的=
   莉兹：

14 苏：  而且. 假如我是她的话我会想.哦我不
   安娜：
   莉兹：因为他很放松/

   苏：  想那样对他说那样的话/因为他真的.太好了/而且他说
   安娜：
   莉兹：

16 苏："哦好的金妮"=    ="好的金妮".之类的话.他不许
   安娜：                      噢
   莉兹：       =啊啊啊=

   苏：  弹吉他/    =不你不会.他真的这么.
   安娜：我想我会杀了他=  我受不了和那样的人
   莉兹：

18 苏：　　他真的就是这么好/他觉得她很棒/我

安娜：生活在一起/

莉兹：

---

苏：　　会担心的假如我是她的话. 你知道=　把—把他推到—

安娜：

莉兹：　　　　　　　　　　　　　　　=什么？你们没有

---

20 苏：　　她—　　　　她把他推到了⌈极—

安娜：　　　　　　　　　　　　　　 ⌊他哪天很可能会拿餐刀

莉兹：较量过吗？

---

苏：　　　⌈她把他推到了极限/是的我

安娜：捅她—⌊刀=　　　　　　她会被死亡

莉兹：　　　　=是的割割〈凶残的声音〉

---

22 苏：　　想他会的/我想他会反抗的=〈笑〉

安娜：惊醒的=　　　　　〈笑⸺⸺⸺⸺⸺⸺⸺⸺⸺⸺⸺⸺

莉兹：　　　="去死吧金妮"〈笑⸺⸺⸺⸺⸺⸺⸺⸺⸺⸺〉=割断喉—

---

苏：　　　　〈笑⸺⸺⸺⸺⸺⸺⸺⸺⸺⸺⸺⸺⸺⸺⸺⸺〉

安娜：　　　　　　　　　　　　　　　　　　　　　　　　　　〉

莉兹：割断喉咙〈刀割的声音〉〈笑⸺⸺⸺⸺⸺⸺⸺⸺⸺⸺⸺⸺

---

24 苏：　　但那—这个特别的夜晚她让他弹吉他/

安娜：　　〈哼了一声〉〈笑⸺⸺⸺⸺⸺⸺⸺⸺⸺⸺⸺⸺⸺〉

莉兹：⸺⸺⸺⸺▶

---

苏：　　那相当好你知道的/她喜欢阻止他=这

安娜：

莉兹：〈笑⸺⸺⸺⸺⸺⸺⸺⸺⸺⸺⸺⸺⸺⸺⸺〉=〈咯咯地笑〉

---

26 苏：　　是我觉——=

安娜：　　　＝我受不了这样很抱歉
莉兹：　　　＝但他很可能有天会重新拿起吉他然后离

---

苏：　　　　　　　　＝我受不了/不/但你要看到才会
安娜：开/你受得了吗？＝
莉兹：[ckXXX]〈模仿破裂的声音〉

---

28 苏：　相信因为他就是很.顺从/而她─┌她
　安娜：
　莉兹：　　　　　　　　　　　　　└为什么

---

苏：　就是─　　　　　　　┌哪个/顺从吗？
安娜：
莉兹：你用那个词/那是个不合适的└词/　　　顺从/

---

30 苏：　是的((X))　　　　是的可他/他就是
　安娜：
　莉兹：听起来他好像是头宠物兔/

---

苏：　那样/他很顺从┌她说什么他就做什么/.她
安娜：　　　　　　└哦 好可─可─怕─怕/
莉兹：

---

32 苏：　说什么什么就是正确的/＝
　安娜：　　　　　　　　　　＝假如我和对我
　莉兹：

---

苏：
安娜：言听计从的人生活/我会离开他们大概在.大概
莉兹：

---

34 苏：　　　　　　　事实上我得承认我相当((害
　安娜：在两周内/

莉兹：  是的/我也会这么做/

---

苏：  怕—))—她个性非常非常强/我很吃惊这
安娜：
莉兹：

---

36 苏：  居然没有让他恼怒/ 但她喜欢试验.她能对他做些
安娜：
莉兹：              是的/

---

苏：  什么/你看看她做的/她喜欢逼他/逼
安娜：
莉兹：              是的但可能—

---

苏：  他〈声调平板〉              ┌约翰说—
安娜：
莉兹：可能—   你不是一直都在那儿/可能└有个限

---

苏：  ┌约翰说他在家必须—他 ┌必须反抗/他 ┌必须/
安娜：
莉兹：└有个限度—是的/    └必须这样/   └是的他必须/

---

苏：  约翰受不了想—
安娜：          ┌约翰很可能想帮他
莉兹：(( 因为 ))约翰—〈笑〉└约翰受不了—

---

苏：                    ┌你知道吗
安娜：反抗/"来┌参加反抗课程吧"
莉兹：     └他给他—是的  给他—

---

苏：  有趣的是—              是的
莉兹：     "买把萨克斯管—我给你号码

苏：　┌是的　　　他会的/他就会这样抽─他就会这样
莉兹：你去└买一把"/

---

苏：　神经质地抽搐/　　　　　真的/他就会这样
安娜：　　┌我不觉得吃惊〈笑〉
莉兹：　　└哦〈笑〉

---

苏：　神经质地抽─〈笑〉他真的就会这样神经质地抽搐/约翰说
安娜：- - - - - - - - - - - - - →
莉兹：- - - - - - - - - - - - - →

---

苏："我要去问问他"/
安娜：　　　　　　　　　　　　　　　〈笑〉
莉兹：　　　　　　　〈尖声大笑〉我能

---

苏：　┌问─　　　　　你不能─
莉兹：想像└约翰说"为什么─就是那个─你为什么一直
苏：　┌但是听着/他没和她在一起时就不会这样/
莉兹：那└样?"/　　　　　　．呃呃

---

苏：/他不会这样,当他没和她在一起时/

# 参考文献

(英汉对照)

Abrahams, Roger (1983) *The Man-of-Words in the West Indies: Performance and the Emergence of Creole Culture*. Baltimore: Johns Hopkins University Press. 罗杰·亚伯拉罕姆斯,1983年,《西印度群岛男人的词汇:克里奥文化的表现与兴起》,巴尔的摩:约翰斯·霍普金斯大学出版社。

Apter, Terri (1990) *Altered Loves: Mothers and Daughters during Adolescence*. London: Harvester Wheatsheaf. 特里·亚伯特,1990年,《改变的爱:母亲与青春期的女儿》,伦敦:哈维斯特·维尔斯福出版社。

Aries, Elizabeth (1976) "Interaction patterns and themes of male, female and mixed groups", *Small Group Behaviour* 7, 7—18. 伊丽莎白·阿里斯,1976年,"男性、女性与混合群体的交流模式与主题",《少数群体的行为》第7期,7—18。

Atkinson, Karen (in press) *The Talk Of Elderly Women*. London: Longman. 卡伦·阿特金森,(出版中),《老年女性的交谈》,伦敦:朗文出版社。

Atwood, Margaret (1989) *Cat's Eye*. London: Bloomsbury Press. 玛格丽特·阿特伍德,1989年,《猫眼》,伦敦:布鲁斯伯雷出版社。

Barnes, Douglas (1971) "Language and learning in the classroom" *Journal of Curriculum Studies* 3. 道格拉斯·巴纳斯,1971年,"教室中的语言与学习",《课程学习期刊》第3期。

Bauman, Richard (1986) *Story, Performance, and Event*.

Cambridge: Cambridge University Press. 理查德·鲍曼,1986年,《故事,表现和事件》,剑桥:剑桥大学出版社。

Bauman, Richard & Sherzer, Joel (eds) (1974) *Explorations in the Ethnography of Speaking*. Cambridge: Cambridge University Press. 理查德·鲍曼、乔尔·谢尔泽(编),1974年,《言语人种论的研究》,剑桥:剑桥大学出版社。

Belenky, Mary, Clinchy, Blythe, Goldberger, Nancy & Tarule, Jill (1986) *Women's Ways of Knowing*. New Work: Basic Books. 玛丽·贝仁基、布莱利·克林基、南希·戈德伯格、吉尔·塔鲁利,1986年,《女性了解的方式》,纽约:贝斯克出版社。

Bell, Diane (1993) *Daughters of the Dreaming* (2nd edition). St. Leonards, NSW: Allen & Unwin. 黛安·贝尔,1993年,《梦想的女儿》(第2版),圣里奥那兹,新南威尔:艾伦—昂温出版公司。

Bergvall, Victoria, Bing, Janet & Freed, Alice (eds) (1996) *Language and Gender Research: Theory and Method*. London: Longman. 维多利亚·柏格文、珍尼特·宾、艾丽斯·弗瑞德(编),1996年,《语言与性别研究:理论和方法》,伦敦:朗文出版社。

Bing, Janet & Bergvall, Victoria (1996) "The question of questions: beyond binary thinking", in Victoria Bergvall, Janet Bing & Alice Freed (eds) *Language and Gender Research: Theory and Method*. London: Longman. 珍尼特·宾、维多利亚·柏格文,1996年,《问题中的问题:超越二分思维》,见维多利亚·柏格文、珍尼特·宾、艾丽斯·弗瑞德(编),1996年,《语言与性别研究:理论和方法》,伦敦:朗文出版社。

Brittain, Vera: (1981) *Testament of Friendship*. London: Fontana. 维拉·布里顿,1981年,《友谊的见证》,伦敦:方坦纳出版社。

Brouwer, Dede, Gerritsen, Marinel & de Haan, Dorian (1979) 'Speech differences between women and men: on the wrong track?', *Language in Society* 8, 33—50. 狄德·布劳威尔、玛丽娜·格瑞特森、多里安·哈康,1979年,"女性与男性言语的区别:轨迹错误?",《社会中的语言》第8期,33—35。

Brown, Penelope & Levinson, Stephen (1987) *Politeness*. Cambridge: Cambridge University Press. 佩内洛普·布朗、斯蒂温·列文森,1987年,《礼貌》,剑桥:剑桥大学出版社。

Bublitz, Wolfram (1989) *Supportive Fellow-Speakers and Cooperative Conversations*. Amsterdam: John Benjamins. 沃尔夫拉姆·布利兹,1989年,《支持性的同伴发言者与合作交谈》,阿姆斯特丹:约翰·本杰明出版社。

Cameron, Deborah (1992) *Feminism and Linguistic Theory* (2nd edition). London: Macmillan. 黛博拉·卡梅伦,1992年,《女性主义与语言学理论》(第2版),伦敦:麦克米兰出版社。

Cameron, Deborah, McAlinden, Fiona & O'Leary, Kathy (1989) "Lakoff in context: the social and linguistic functions of tag questions", pages 74—93 in Jennifer Coates & Deborah Cameron (eds) *Women in Their Speech Communities*. London: Longman. 黛博拉·卡梅伦、费尔娜·麦卡阿林登、凯西·奥雷瑞,1989年,"语境中的莱克沃夫理论:反意疑问句的社会与语言学功能",第74—93页,见珍妮弗·柯茨、黛博拉·卡梅伦(编),《在自己言语社区中的女性》,伦敦:朗文出版社。

Chafe, Wallace (1980) "The deployment of consciousness in the production of a narrative", pages 9—50 in Wallace Chafe (ed.) *The Pear Story: Cognitive, Cultural and Linguistics Aspects of Narrative Production*. Norwood, N.J.: Ablex. 华莱士·切夫,1980年,"叙事过程中意识的展开",第9—50页,见华莱士·切夫(编),《梨的故事:叙事过程中的认知,文化和语言表现》,诺伍德,新泽西:艾布列克斯出版社。

Chafe, Wallace (1994) *Discourse, Consciousness and Time: The Flow and Displacement of Conscious Experience in Speaking* and Writing. Chicago: University of Chicago Press. 华莱士·切夫, 1994 年,《话语、意识和时间：在说和写中的意识流向和移位》,芝加哥：芝加哥大学出版社。

Chafe, Wallace (1995) "Polyphonic topic development". Paper presented at the Symposium on Conversation, University of New Mexico, 14—16 July. 华莱士·切夫, 1995 年, "多声话题的推进", 见会话专题论文集, 新墨西哥大学, 7 月 14 至 16 日。

Chan, Grace (1992) 'Gender, roles and power in dyadic conversations', pages 55—67 in Kira Hall, Mary Bucholtz & Birch Moonwomon (eds) *Locating Power: Proceedings of the 2nd Berkeley Women and Language Conference*. Berkeley: Berkeley Women and Language Group, University of California. 格雷斯·商, 1992 年, "二人会话中的性别、角色与权力", 见基拉·哈尔、玛丽·布克沃兹、伯奇·穆恩沃蒙（编）,《找到权力：第二届伯克利女性与语言大会议项》, 第 55—67 页, 伯克利：伯克利女性与语言团体, 加利福尼亚大学。

Cheepen, Christine (1988) *The Predictability of Informal Conversation*. London: Pinter Publishers. 克里斯汀·奇彭, 1988 年,《非正式会话的可预测性》, 伦敦：品特出版公司。

Cheepen, Christine & Monaghan, James (1990) *Spoken English: A Practical Guide*. London: Pinter Publishers. 克里斯汀·奇彭、詹姆斯·莫娜根, 1990 年,《口头英语：实用手册》, 伦敦：品特出版公司。

Cheshire, Jenny & Jenkins, Nancy (1991) "Gender issues in the GCSE oral English examination, part 2", *Language and Education* 5, 19—40. 詹妮·切舍、南希·詹金斯, 1991 年, "普通中等教育证书（GCSE）英语口语考试中的性别问题, 第 2 部分",《语言与教育工作 5》, 19—40。

Chodorow, Nancy (1978) *The Reproduction of Mothering: Psychoanalysis and the Sociology of Gender*. Berkeley:

University of California Press. 南希·乔多罗,1978年,《母性的复制:心理分析与性别的社会性》,伯克利:加利福尼亚大学出版社。

Coates, Jennifer (1987) "Epistemic modality and spoken discourse", *Transactions of the Philological Society*, 110—131. 珍妮弗·柯茨,1987年,"认知情态与口头话语",《语文学会刊》,110—131。

Coates, Jennifer (1989) "Gossip revisited: language in all-female groups", pages 94—122 in Jennifer Coates & Deborah Cameron (eds) *Women in Their Speech Communities*. London: Longman. 珍妮弗·柯茨,1989年,"回到闲聊:所有女性群体的语言",第94—122页,见珍妮弗·柯茨、黛博拉·卡梅伦(编),《在自己言语社团中的女性》,伦敦:朗文出版社。

Coates, Jennifer (1993) *Women, Men and Language* (2nd edition). London: Longman. 珍妮弗·柯茨(编),1993年,《女人、男人与语言》(第二版),伦敦:朗文出版社。

Coates, Jennifer (1994) "No gap, lots of overlap: turn-taking patterns in the talk of women friends", pages 177—192 in David Graddol, Janet Maybin & Barry Stierer (eds) *Researching Language and Literacy in Social Context*. Clevedon, Avon: Multilingual Matters. 珍妮弗·柯茨,1994年,"无脱节,大量的重叠:女性朋友间交谈的话轮转换模式",见戴维·格雷多尔、珍妮特·梅宾和巴里·斯蒂勒(编),《语言研究和社交语境中的读写能力》,第177—192页,克利夫顿:多语种出版社。

Coates, Jennifer (1995) "The negotiation of coherence in face-to-face interaction: some examples from the extreme bounds", pages 41—58 in Morti-Ann Gernsbacher & Talmy Givon (eds) *The Negotiation of Coherence*. New York: John Benjamins. 珍妮弗·柯茨,1995年,"面对面交流中连贯的协调:一些极端的例子",见莫蒂-安·根斯巴克、塔米·吉温(编),《连贯的协调》,第41—58页,纽约:约翰·本杰明出版社。

Coates, Jennifer (1996) "Discourse gender, and subjectivity: the talk of teenage girls" to appear in Mary Bucholtz, A. C. Liang, Laurel Sutton & Caitlin Hines (eds) *Cultural Performances: Proceedings of the 3rd Berkeley Women and Language Conference*. Berkeley Women & Language Group, University of California Berkeley. 珍妮弗·柯茨,1996 年,"话语性别与主观性:十几岁女孩的交谈",见玛丽·布切兹、A. C. 利安、劳雷尔·萨顿、卡特林·海因斯(编),《文化行为:第三届伯克利女性与语言大会议项》,伯克利:伯克利女性与语言团体,加利福尼亚大学。

Coates, Jennifer (in press) "One-at-a-time: the organization of men's talk", in Sally Johnson & Ulrike Hanna Meinhof (eds) *Language and Masculinity*. Oxford: Blackwell. 珍妮弗·柯茨(出版中),"一次一个:男士交谈的组织结构",见萨丽·约翰逊、乌尔赖克·汉纳·梅恩霍夫(编),《语言与男性》,牛津:布莱克韦尔出版社。

Coates, Jennifer & Deborah Cameron (eds) (1989) *Women in Their Speech Communities*. London: Longman. 珍妮弗·柯茨、黛博拉·卡梅伦(编),《在自己言语社团中的女性》,1989 年,伦敦:朗文出版社。

Coates, Jennifer & Joran, Mary Ellen (in press) "Que(e)rying friendship: discourses of resistance and the construction of gendered subjectivity", in Anna Livia & Kira Hall (eds) *Queerly Phrased: Gender and Sexuality*. Oxford: Oxford University Press. 珍妮弗·柯茨、玛丽·埃伦·乔丹(出版中)"存疑的友谊:反抗话语与性别化主观性的建构",见安娜·利维尔、基拉·哈尔(编),《存疑的短语:语言、性别与性》,牛津:牛津大学出版社。

Crystal, David (1980) *A First Dictionary of Linguistics and Phonetics*. London: Andre Deutsch. 戴维·克丽斯特尔,1980

年,《语言学与语音学的第一本字典》,伦敦:安德·杜奇出版社。

de Beauvoir, Simone (1998) *The Second Sex* (translated by H. M. Parshley). London: Picador. 西蒙娜·德·波伏瓦,1998年,《第二性》,H. M. 帕什利译,伦敦:皮卡德出版社。

De Francisco, Victoria L. (1991) "The sounds of silence: how men silence women in marital relations", *Discourse & Society* 2, 413—424. 维多利亚·L·德弗朗西丝科,1991年,"沉默的声音:婚姻关系中男人是如何使女人保持沉默的"《话语与社会》第2期,413—424。

De Lauretis, Teresa (1989) "The essence of the triangle or taking the risk of essentialism seriously: feminist theory in Italy, the US and Britain", *Differences* 1, 1—37 特丽萨·德·劳蕾蒂斯,1989年,"三角的本质或冒着本质论的危险:意大利、美国和英国的女性主义理论",《差异》第1期,1—37。

Deuchar, Margaret (1989) 'A pragmatic account of women's use of standard speech', pages 27—32 in Jennifer Coates & Deborah Cameron (eds) *Women in Their Speech Communities*. London: Longman. 玛格丽特·德乌卡,1989年,"女性标准话语使用的语用描述",见珍妮弗·柯茨、黛博拉·卡梅伦(编),《在自己言语社团中的女性》,第27—32页,伦敦:朗文出版社。

Diaz, Felix Martinez (1994) 'Collective formulation in problem-oriented talk'. PhD thesis, Lancaster University. 菲利克斯·马丁内兹·迪亚斯,1994年,"问题化交谈中的共有公式",哲学博士学位论文,兰开斯特大学。

Dorval, Bruce (ed.) *Conversational Organization and Its Development*. Norwood, N.J.: Ablex. 布鲁斯·多文(编),《会话结构与展开》,诺伍德,新泽西:艾布列克斯出版社。

Eckert, Penelope (1990) "Cooperative competition in adolescent 'girl talk'" *Discourse Processes* 13, 5—13. (Reprinted, pages 32—61, in Deborah Tannen (ed.) *Gender and Conversational*

Interaction, Oxford: Oxford University Press, 1993.）佩内洛普·埃克特，1990 年，"青春期'少女交谈'中的合作竞争"，见《话语过程》第 13 期，5—13（重印版，黛博拉·坦嫩（编），《性别与会话交流》，第 32—61 页，牛津：牛津大学出版社，1993 年）。

Eckert, Penelope & McConnell-Ginet, Sally (1992) 'Think practically and look locally: language and gender as community-based practice'. *Annual Review of Anthropology* 21, 461—490. 佩内洛普·埃克特、萨利·麦克康纳尔-吉内特，1992 年，"通达、实际：作为交际基础活动的语言与性别"，《人类学年会评论》第 21 期，461—490。

Edelsky, Carole (1981) "Who's got the floor?", *Language in Society* 10, 383—421. (Reprinted, pages 189—227, in Deborah Tannen (ed.) Gender and Conversational Interaction. Oxford: Oxford University Press, 1993.）卡罗尔·埃德尔斯基，1981 年，"谁有话语权？"，《社会中的语言》第 10 期，383—421（重印版，见黛博拉·坦嫩（编），《性别和会话交流》，第 189—227 页，牛津：牛津大学出版社，1993 年）。

Edelsky, Carole & Adams, Karen (1990) "Creating inequality: breaking the rules in debates", *Journal of Language and Social Psychology* 9, 171—190. 卡罗尔·埃德尔斯基、卡伦·亚当斯，1990 年，"建立不平等：打破辩论中的规则"，《语言与社会心理学杂志》第 9 期，171—190。

Eder, Donna (1993) "'Go get ya a French': romantic and sexual teasing among adolescent girls", pages 17—31 in Deborah Tannen (ed.) *Gender and Conversational Interaction*. Oxford: Oxford University Press. 唐娜伊德，1993 年，"'去给自己拿杯法国味美思酒'：青春期少女的浪漫和性玩笑"，见黛博拉·坦嫩（编），《性别和会话交流》，第 17—31 页，牛津：牛津大学出版社。

Erickson, Frederick (1990) 'The social construction of discourse coherence', pages 207—238 in Bruce Dorval (ed.)

*Conversational Organization and its Development*. Norwood, N. J.: Ablex. 弗雷德里克·埃里克森,1990 年,"话语连贯的社会建构",见布鲁斯·多文(编),《会话结构与展开》,第 207—238 页,诺伍德,新泽西:艾布列克斯出版社。

Faderman, Lillian (1985) *Surpassing the Love of Men*. London: Women's Press. 莉莉安·费德曼,1985 年,《超越男性的爱》,伦敦:女性出版社。

Fairclough, Norman (1992) *Discourse and Social Change*. Cambridge: Polity Press. 诺曼·菲尔克洛克,1992 年,《话语与社会变迁》,剑桥:政体出版社。

Falk, Jane (1980) "The conversational duet", *Proceedings of the 6th Annual Meeting of the Berkeley Linguistics Society 6*, 507—514. 简·福克,1980 年,"会话中的二重唱",《第六届伯克利语言学年会会议记录》第 6 期,507—514。

Fishman, Pamela (1980) "Conversational insecurity", pages 127—132 in Howard Giles, Peter Robinson & Philip Smith (eds) *Language: Social Psychological Perspectives*. Oxford: Pergamon Press. 帕梅拉·费什曼,1980 年,"会话的不稳定",127—132 页,见霍华德·贾尔斯、鲁滨逊·彼得、菲利普·史密斯(编),《语言:社会心理学的角度》,牛津:伯格曼出版社。

Fyre, Marilyn (1990), "Lesbian 'sex'", pages 305—315 in Jeffner Allen (ed.) *Lesbian Philosophies and Cultures*. New York: State University of New York Press. 玛里琳·弗莱尔,1990 年,"同性恋的'性'",第 305—315 页,见杰弗涅·艾伦(编),《同性恋的哲学与文化》,纽约:纽约州立大学出版社。

Gavey, Nicola (1989) "Feminist poststructuralism and discourse analysis", *Psychology of Women Quarterly 13*, 459—475. 尼古拉·格维,1989 年,"女性后结构主义与话语分析",《女性心理学季刊》第 13 期,459—475。

Geleit, Noni (1988) "Men talking to men: the back-channel response in all-male discourse". BA dissertation, Roehampton Institute. 诺妮·格莉特,"男性之间的交谈:所有男性话语中的非正规回应",文科学士学位论文,罗汉普顿大学。

Gilligan, Carol (1982) *In a Different Voice*. Cambridge, Mass.: Harvard University Press. 卡罗尔·吉莉根,1982年,《以不同的声音》,剑桥,马萨诸塞:哈佛大学出版社。

Gilligan, Carol, Ward, Janie Victoria & Taylor, Jill Mclean (eds) (1988) *Mapping the Moral Domain*. Cambridge, Mass.: Harvard University Press. 卡罗尔·吉利根、珍妮·维多利亚·沃德、吉尔·马克林·泰勒(编),《描绘道德的版图》,1988年,剑桥,马萨诸塞州:哈佛大学出版社。

Givon, Talmy (1995) "Coherence in text vs. coherence in mind", pages 59—115 in Morti-Ann Gernsbacher & Talmy Givon (eds) *The Negotiation of Coherence*. New York: John Benjamins. 泰尔米·吉文,1995年,"话语连贯与思想连贯",见莫蒂-安·简斯巴切尔、泰尔米·吉文(编),《连贯的协商》,第59—115页,纽约:约翰·本杰明出版社。

Goffman, Ervin (1967) *Interaction Ritual*. New York: Anchor Books. 欧文·戈夫曼,1967年,《交流习惯》,纽约:安克出版社。

Goodwin, Marjorie Harness (1990) *He-Said-She-Said: Talk as Social Organization among Black Children*. Bloomington, Ind.: Indiana University Press. 玛乔丽·哈尼斯·古德温,1990年,《他说与她说:黑人儿童作为社交组织的交谈》,布卢明顿:印第安纳大学出版社。

Gouldner, Helen & Strong, Mary Symons (1987) *Speaking of Friendship*. New York: Greenwood Press. 海伦·古尔德纳、玛丽·西蒙斯·斯聪,1987年,《谈论友谊》,纽约:格林伍德出版社。

Graddol, David & Swann, Joan (1989) *Gender Voices*. Oxford: Blackwell. 戴维·格拉多尔、琼·斯万,1989年,《性别语声》,牛

津：布莱克韦尔出版社。

Green, Rayna (1993) "'It's okay once you get it past the teeth' and other feminist paradigms for folklore studies", prologue to Susan Tower Hollis, Linda Pershing & M. Jane Young (eds) *Feminist Theory and the Study of Folklore*. Urbana, Ill.: University of Illinois Press. 雷娜·格林，1993，"'只要你努力就没问题'和其他女性主义民俗研究范例"，见苏珊·陶厄·霍利斯、琳达·珀辛、M·简·扬（编），《女性主义学说与民俗研究》序言，乌尔班，伊利诺斯州：伊利诺斯大学出版社。

Gumperz, John & Hymes, Dell (eds) (1972) *Directions in Sociolinguistics: The Ethnography of Communication*. New York: Holt, Rinehart and Winston 约翰·甘柏兹、戴尔·海姆斯（编），1972年，《社会语言学指南：交际人种学》纽约：霍尔特，里内哈特，温斯坦出版社。

Haas, A. (1978) "Sex-associated features of spoken language by four-, eight-, and twelve-year old boys and girls". Paper presented at the 9th World Congress of Sociology, Uppsala, Sweden, 14—19 August. 阿德莱德·哈斯，1978年，"四岁、八岁和十二岁男、女孩口头语言与性有关的特征"，1978年8月14—19日《第九届世界社会学大会》论文集，瑞典乌普萨拉。

Halliday, M. A. K. (1973) *Explorations in the Functions of Language*. London: Edward Arnold. M. A. K. 韩礼德，1973年，《语言功能探索》，伦敦：爱德华·阿诺德出版社。

Halliday, M. A. K. & Hasan, Ruqaiya (1976) *Cohesion in English*. London: Longman. M. A. K. 韩礼德、鲁凯亚·哈桑，1976年，《英语中的衔接》，伦敦：朗文出版社。

Hamilton, Annette (1981) "A complex strategical situation: gender and power in Aboriginal Australia", pages 69—85 in Norma Grieve & Patricia Grimshaw (eds) *Australian Women: Feminist Perspectives*. Melbourne: Oxford University Press. 阿妮塔·汉

密尔顿,1981 年,"一种复杂的战略情境:澳大利亚土著居民的性别和权力",见诺玛·格里夫、帕特里夏·格林肖(编),《澳大利亚女性:女性主义视角》,墨尔本:牛津大学出版社。

Haraway, Donna (1988) "Situated knowledge: the science question in feminism and the privilege of partial perspective", *Feminist Studies* 14, 575—599 唐娜·哈拉韦,1988 年,"固有知识:女权主义以及部分视角优先的科学问题",《女性主义研究》第 14 期,575—599。

Harding, Sandra (1986) *The science Question in Feminism*, Ithaca, N. Y.: Cornell University Press. 桑德拉·哈丁,1986 年,《女权主义中的科学问题》,伊撒卡,纽约:康纳尔大学出版社。

Harding, Sandra (1990) "Starting thought from women's lives: eight resources for maximizing objectivity", *Journal of Social Philosophy* 21, 140—199. 桑德拉·哈丁,1990 年,"女性生活初识:最大化客观的八个来源",《社会哲学杂志》第 21 期,140—199。

Harris, Sandra (1984) "Questions as a mode of control in magistrates' courts", *International Journal of the Sociology of Language* 49, 5—27. 桑德拉·哈里斯,1984 年,"治安法庭中作为管制方式的问题",《国际语言社会学杂志》第 49 期,5—27。

Hartsock, Nancy M. (1983) "The feminist standpoint: developing the ground for a specifically feminist historical materialism", pages 283—310 in Sandra Harding & M. B. Hintikka (eds) *Discovering Reality*. Dordrecht: D. Reidel. 南希·M·哈特索克,1983 年,"女权主义观点:发展一种特殊女权主义历史唯物主义基础",第 283—310 页,见桑德拉·哈丁、M. B. 欣蒂卡(编),《发现真相》,多德雷奇特:D. 雷代尔出版社。

Heilbrun, Carolyn G. (1988) *Writing a Woman's Life*. New York: Ballantine Books. 卡罗琳·G·黑尔布朗,1988 年,《描写一位女士的生活》,纽约:巴兰廷出版社。

Herring, Susan, Johnson, Deborah & Dibenedetto, Tamra (1992) "Participation in electronic discourse in a 'feminist' field", pages 250—262 in Kira Hall, Mary Bucholtz & Birch Moonwomon (eds) *Locating Power: Proceeding of the 2nd Berkeley Women and Language Conference*. Berkeley Women and Language Group, University of California. 苏珊·赫林、黛博拉·约翰逊、塔玛拉·迪伯尼迪托,1992年,"参与'女性'场所的电子会话",第250—262页,见齐拉·霍尔、玛丽·布克尔兹、伯齐·蒙伍门(编),《找到权力:第二届伯克利女性和语言大会议项》,伯克利:伯克利女性和语言语言团体,加利福尼亚大学出版社。

Hey, Valerie (1996) *The Company She Keeps: An Ethnography of Girls' Friendship*. Buckingham: Open University Press. 瓦莱丽·海,1996年,《她的同伴:对女孩友谊的人种学研究》,白金汉:开放大学出版社。

Hite, Sphere (1989) *The Hite Report: Women and Love*. Harmondsworth: Penguin Books. 希尔·海特,1989年,《海特报告:女性和爱情》,哈蒙斯沃斯:企鹅出版社。

Hobson, R. Peter (1993) *Autism and the Development of Mind*. Hove: Lawrence Erlbaum Associates. R·彼得·霍博森,1993年,《自我中心主义与思想的发展》,霍夫:劳伦斯埃尔堡出版社。

Hollway, Wendy (1983) "Heterosexual sex: power and desire for the other", pages 124—140 in Sue Cartledge & Joanna Ryan (eds) *Sex and Love: New Thoughts on Old Contradictions*. London: Women's Press. 温迪·霍尔韦,1983年,"异性恋的性别:权势和对他者的欲望",见苏·卡特里奇、乔安娜·赖亚夫(编),《性与爱情:对旧矛盾的新认识》,第124—140页,伦敦:妇女出版社。

Hollway, Wendy (1989) *Subjectivity and Method in Psychology*. London: Sage Publications. 温迪·霍尔韦,1989年,《心理学中

的主观性与方法》,伦敦:赛格出版社。

Holmes, Janet (1984) "Hedging your bets and sitting on the fence: some evidence for hedges as support structures", *Te Reo* 27, 47—62. 珍妮特·霍姆斯,1984 年,"两面下注与骑墙态度:模棱两可的语言作为支持结构的一些证据",《里奥》第 27 期,47—62。

Holmes, Janet (1989) "Stirring up the dust: The importance of sex as a variable in the ESL classroom". Proceedings of the ATESOL 6th Summer School Sydney, vol. 1, 4—39 珍妮特·霍姆斯,1989 年,"拨云见日:性别差异作为英语第二语言教学课堂中一个变数所具有的重要性",见悉尼英语语言培训协会第六届夏季学校议项,第 1 集,4—39。

Holmes, Janet (1992) "Women's talk in public contexts". *Discourse & Society* 3, 131—50 珍妮特·霍姆斯,1992 年,"公共语境中的女性交谈",《话语与社会》第 3 期,131—150。

Holmes, Janet (1995) *Women, Men and Politeness*. London: Longman. 珍妮特·霍姆斯,1995 年,《女人,男人和礼貌》,伦敦:朗文出版社。

Hunt, Mary E. (1991) *Fierce Tenderness: A Feminist Theology of Friendship*. New York: Crossroad. 玛丽·E·亨特,1991,《令人不快的敏感:女性主义友谊论》,纽约:十字路口出版社。

Hymes, Dell (1962) "The ethnography of speaking", pages 13—53 in T. Gladin & W. C. Sturtevant (eds) *Anthropology and Human Behavior*. Washington, D. C.: Anthropological Society of Washington. 戴尔·海姆斯,1962 年,"言语人种论",见 T·格拉丁,W.C.斯特蒂范(编),《人类学与人类行为》,第 13—53 页,华盛顿:华盛顿人类学协会。

Hymes, Dell (1971) "On communicative competence", pages 269—293 in J. B. Pride & Janet Holmes (eds) *Sociolinguistics*. Harmondsworth: Penguin Books. 戴尔·海姆斯,1971 年,"论交际能力",见 J.B.普赖德、珍妮特·霍姆斯编,《社会语言学》,第

269—293页,哈曼兹沃兹:企鹅出版社。

Hymes, Dell (1974) *Foundations in Sociolinguistics: An Ethnographic Approach*. Philadelphia: University of Pennsylvania Press. 戴尔·海姆斯,1974年,《社会语言学基础:》费城:宾夕法尼亚大学出版社。

Hymes, Dell (1981) *"In Vain I Tried to Tell You": Essays in Native American Ethnopoetics*. Philadelphia: University of Pennsylvania Press. 戴尔·海姆斯,1981年,《"我徒劳地想要告诉你":美国本土民族诗学随笔》,费城:宾夕法尼亚大学出版社。

Jacobson, Roman (1960) "Linguistics and poetics", pages 350—377 in Thomas A. Sebeok (ed.) *Style in language*. Cambridge, Mass.: MIT Press. 罗曼·贾克布森,1960年,"语言学与诗学",见托马斯·A·西比奥克(编),《语言中的风格》,第350—377页,剑桥,马萨诸塞州:麻省理工大学出版社。

James, Deborah & Clarke Sandra (1993), "Interruptions, gender & power", pages 231—280 in Deborah Tannen (ed.) *Gender and Conversational Interaction*. Oxford: Oxford University Press. 黛博拉·詹姆士、桑德拉·克拉克,1993年,"插话、性别和权力",见黛博拉·坦嫩(编),《性别与会话交流》,第231—280页,牛津:牛津大学出版社。

Jenkins, Nancy & Cheshire, Jenny (1990) "Gender issues in the GCSE oral English examination, part 1", *Language and Education* 4, 261—292. 南希·詹金斯、珍妮·切舍,1990年,"普通中等教育证书(GCSE)英语口语考试中的性别问题,第一部分",《语言与教学》第4期,261—292。

Jerrome, Dorothy (1984) "Good company: the sociological implication of friendship", *Sociological Review* 32, 696—715. 多萝西·杰罗姆,1984,"好伙伴:友谊的社会学内涵",《社会学评论》第32期,696—715。

Johnson, Anthony (in press) *Couples Talking*. London: Longman.

安东尼·约翰逊(出版中),《夫妻交谈》,伦敦:朗文出版社。

Johnson, Fern & Aries, Elizabeth (1983a) "The talk of women friends", *Women's Studies International Forum* 6, 353—361. 弗恩·约翰逊、伊丽莎白·阿里斯,1983a,"女性朋友的交谈",《妇女研究国际论坛》第 6 期,353—361。

Johnson, Fern & Aries, Elizabeth (1983b) "Conversational patterns among same-sex pairs of late-adolescent close friends", *Journal of Genetic Psychology* 142, 225—238. 弗恩·约翰逊、伊丽莎白·阿里斯,1983b,"青春期后期亲密的同性朋友之间的会话模式",《遗传心理学杂志》,第 142 期,225—238。

Johnson, Sally & Meinhoff, Ulrike (in press) *Language and Masculinity*. Oxford: Blackwell. 萨利·约翰逊、乌尔里克·梅霍夫,(出版中),《语言和男性》,牛津:布莱克韦尔出版社。

Johnstone, Barbara (1990) *Stories, Community, and Place*. Bloomington, Ind.: Indiana University Press. 巴巴拉·约翰斯通,1990 年,《故事、社团和处所》,布卢明顿:印第安纳大学出版社。

Johnstone, Barbara (1993) 'Community and contest: Midwestern men and women creating their worlds in conversational storytelling', pages 62—80 in Deborah Tanne (ed.) *Gender and Conversational Interaction*. Oxford: Oxford University Press. 巴巴拉·约翰斯通,1993 年,"社团与竞争:中西部男人和女人在会话叙述中创造的情景",见黛博拉·坦嫩(编),《性别与会话交流》第 62—80 页,牛津:牛津大学出版社。

Jones, Deborah (1980) "Gossip: notes on women's oral culture", pages 193—198 in Cheris Kramarae (ed.) *The Voices and Words of Women and Men*. Oxford: Pergamon Press. (Reprinted, pages 242—250, in Deborah Cmeron (ed.) (1990) *The Feminist Critique of Language*. London: Routledge.) 黛博拉·琼斯,1980 年,"闲言碎语:女性口语文化笔记",第 193—198

页,见切里斯·克拉梅里(编),《两性语声与文字》,牛津:帕加蒙出版社。(见黛博拉·卡梅伦(编),1990年,《语言的女性主义批评》,重印版,第242—250页,伦敦:劳特利奇出版社。)

Jordan, Rosan & Kalcik, Susan (eds) (1985) *Women's Folklore, Women's Culture*. Philadelphia: University of Pennsylvania Press. 罗森·乔丹、苏珊·卡尔西克(编),1985年,《女性民俗,女性文化》,费城:宾夕法尼亚大学出版社。

Kalcik, Susan (1975) "'... like Ann's gynaecologist or the time I was almost raped'": personal narratives in women's rap groups', *Journal of American Folklore* 88, 3—11. 苏珊·卡尔西克,1975年,"……就像安的妇科学家或者就好像我那时几乎被强奸",《美国民俗杂志》第88期,3—11。

Kennedy, Robinette (1986) "Women's friendships on Crete: a psychological perspective", pages 121—138 in Jill Dubisch (ed.) *Gender and Power in Rural Greece*. Princeton: Princeton University Press. 罗比内特·肯尼迪,1986年,"克里特岛女性的友谊:心理学角度的审视",见吉尔·杜比斯奇(编),《希腊乡村的性别和权力》,第121—138页,普林斯顿:普林斯顿大学出版社。

Labov, William (1972a) *Sociolinguistic Patterns*. Philadelphia: University of Pennsylvania Press. 威廉·拉波夫,1972a,《社会语言学模式》,费城:宾夕法尼亚大学出版社。

Labov, William (1972b) "The transformation of experience in narrative syntax", pages 353—396 in *Language in the Inner City*. Philadelphia: University of Pennsylvania Press. 威廉·拉波夫,1972b,"叙述句法的变化",见《老城区的语言》,第353—396页,费城:宾夕法尼亚大学出版社。

Labov, William (1972c) *Language in the Inner City*. Philadelphia: University of Pennsylvania Press. 威廉·拉波夫,1972c,《老城区的语言》,费城:宾夕法尼亚大学出版社。

Lakoff, Robin (1975) *Language and Woman's Place.* New York: Harper & Row. 罗宾·拉克夫,1975年,《语言和女性场所》,纽约:哈伯—罗出版社。

Lane, Harlan (1993) *The Mask of Benevolences: Disabling the Deaf Community.* New York: Vintage Books. 哈兰·莱恩,1993年,《仁慈的面具:使聋人群体失去能力》,纽约:文蒂吉图书出版社。

Le Guin, Ursula (1989) *Dancing at the Edge of the World.* London: Victor Gollancz. 厄休拉·勒吉恩,1989年,《在世界边缘舞蹈》,伦敦:维克多·戈兰克兹出版社。

Lee, David (1992) *Competing Discourses: Perspective and Ideology in Language.* London: Longman. 戴维·李,1992年,《竞争性话语:语言中的视角与理念》,伦敦:朗文出版社。

Leech, Geoffrey (1983) *Principles of Pragmatics.* London: Longman. 杰弗里·里奇,1983年,《语用原则》,伦敦:朗文出版社。

Lerner, Gene (1991) "On the Syntax of sentences-in-progress." *Language in Society* 20, 441—458. 吉恩·勒纳,1991年,"关于进行语句的句法",《社会的语言》第20期,441—458。

Maltz, Daniel & Borkere, Ruth (1982) "A cultural approach to male-female miscommunication", pages 195—216 in John Gumperz (ed.) *Language and Social Identity.* Cambridge: Cambridge University Press. 丹尼尔·马尔兹、鲁思·博克勒、1982年,"以文化方法分析男女交际失误",见约翰·甘柏兹(编),《语言和社会身份》,第195—216页,剑桥:剑桥大学出版社。

McCabe, Trisha (1981) "Girls and leisure", pages 123—133 in Alan Tomlinson (ed.) *Leisure and Social Control.* Brighton Polytechnic: Chelsea School of Human Movement. 特里莎·马克伯,1981年,"女孩与休闲",见艾伦·汤姆林森(编),《休闲与社会支配力》,第123—133页,布赖顿工艺学校:切尔西人类进步学

校。

Miller, J. Hillis (1990) "Narrative", in F. Lentricchia & T. McLaughlin (eds) *Critical Terms for Literary Study*. Chicago: University of Chicago Press. J·希利斯·米勒,1990年,"叙述",见F·伦特里克奇尔、T·马克劳林(编),《文学研究批评术语》,芝加哥:芝加哥大学出版社。

Miller, Stuart (1983) *Men and Friendship*. San Leandro, Calif: Gateway Books. 斯图亚特·米勒,1983年,《男人和友谊》,桑·林德罗,加利福尼亚:盖特韦图书出版社。

Milroy, Lesley (1987) *Observing and Analysing Natural Language*. Oxford: Blackwell. 莱斯利·米尔罗伊,1987年,《对自然语言的观察与分析》,牛津:布莱克韦尔出版社。

Modjeska, Drusilla (1990) *Poppy*. Ringwood, Victoria: McPhee Gribble. 德鲁西拉·莫杰斯卡,1990年,《罂粟》,林伍德,维多利亚:马克夫·格里布尔出版社。

Oakley, Ann (1981) "Interviewing women, a contradiction in terms", pages 30—61 in Helen Roberts (ed.) *Doing Feminist Research*. London: Routledge. 安·奥克利,1981年,"采访女性,a contradiction in terms"见海伦·罗伯兹(编),《进行女性研究》,第30—61页,伦敦:劳特利奇出版社。

Ochs, Elinor (1979) "Transcription as theory", in Elinor Ochs & Bambi Schieffelin (eds) *Developmental Pragmatics*. New York: Academic Press. 艾利诺·奥克斯,1979年,"作为理论的文本",见艾利诺·奥克斯、班比·席夫林(编),《发展语用学》,纽约:学术出版社。

Ochs, Elinor (1983) "Planned and unplanned discourse", pages 129—157 in Elinor Ochs & Bambi Schieffelin *Acquiring Conversational Competence*. London: Routledge. 艾利诺·奥克斯,1983年,"计划内与计划外会话",见艾利诺·奥克斯、班比·席夫林,《获得交谈竞争》,第129—157页,伦敦:劳特利奇出版

社。

Ochs, Elinor & Taylor, Carolyn (1992) "Family narrative as political activity", *Discourse & Society* 3, 301—340. 艾利诺·奥克斯、卡罗琳·泰勒,1992 年,"作为政治活动的家庭叙事",《话语与社会》第 3 期,第 301—340 页。

O'Connor, Pat (1992) *Friendship between Women: A Critical Review*. London: Harvester Wheatsheaf. 帕特·奥康纳,1992 年,《女性的友谊:述评综览》,伦敦:哈维斯特·维尔施福出版社。

Ong, Walter J. (1982) *Orality and Literacy: The Technologising of the Word*. London: Methuen. 沃尔特·J·翁,1982 年,《口述与文字交际:词语技术化》,伦敦:梅休恩出版社。

O'Neill, Gilda (1993) *A Night out with the Girls*. London: Women's Press. 吉尔达·奥尼尔,1993 年,《同女孩们外出的一晚》,伦敦:妇女出版社。

O'Sullivan, Tim (1983) *Key Concepts in Communication*. London: Methuen. 蒂姆·奥苏利文,1983 年,《交际的主要概念》,伦敦:梅休恩出版社。

Pleck, Joseph (1975) "Man to man: is brotherhood possible?", in N. Glazer-Malbin (ed.) *Old Family, New Family*. New York: Van Nostrand. 约瑟夫·普列克,1975 年,"男人与男人:手足之情可能吗?"见 N·格拉泽莫尔宾(编),《传统家庭与新派家庭》,纽约:范·诺斯特朗德出版社。

Polanyi, Livia (1982) "Literary complexity in everyday storytelling", pages 155—170 in Deborah Tannen (ed.) *Spoken and Written Language: Exploring Orality and Literacy*. Norwood, N.J.: Ablex. 利维亚·波兰伊,1982 年,"日常叙述中文字表达的复杂性",见黛博拉·坦嫩(编),《口头与书面语:口述与文字交际探究》,第 155—170 页,诺伍德,新泽西:艾布列克斯出版社。

Pomerantz, Anita (1984) "Agreeing and disagreeing with assessments", pages 152—163 in J. M. Atkingson & John Heritage (eds) *The Structure of Social Action*. Cambridge: Cambridge University Press. 阿妮塔·波密朗兹,1984年,"对评估的赞同与反对:可取与不可取的话轮形式的一些特征",见J. M. 阿特金森,约翰·赫里塔基(编),《社交行为的结构》,第152—163页,剑桥:剑桥大学出版社。

Preisley, Bent (1986) *Linguistic Sex Roles in Conversation*. Berlin: Mouton de Gruyter. 本特·普雷斯利,1986年,《交谈中的语言性别角色》,柏林:穆坦·德·格鲁伊特出版社。

Pringle, Janis (1991) "Is cooperative talk possible among men?" MA dissertation, University of London. 贾尼丝·普林格尔,1991年,"男性间的合作交谈是否可能?",文学硕士学术演讲,伦敦大学。

Rae, John (1990) "Collaborative completions in advisory exchanges". Poster presented at the International Pragmatics Association Conference, Barcelona, July. 约翰·雷,1990年,"咨询性交谈中的合作实现",国际语用学协会大会海报,巴塞罗那,7月。

Raymond, Janice (1986) *A Passion for Friends: Towards a Philosophy of Female Affection*. London: Women's Press. 杰尼丝·雷蒙德,1986年,《喜爱朋友:女性友爱的哲学》,伦敦:妇女出版社。

Reisman, Karl (1974) "Contrapuntal conversations in an Antiguan village", pages 110—124 in Richard Bauman & Joel Sherzer (eds) *Explorations in the Ethnography of Speaking*. Cambridge: Cambridge University Press. 卡尔·雷思曼,1974年,"安提瓜村庄中的相对两主题交谈",见理查德·鲍曼、乔尔·施克泽(编),《表述的种族特征研究》,第110—124页,剑桥:剑桥大学出版社。

Rich, Adrienne (1980) "It is the lesbian in us...", pages 199—202 in *On Lies, Secrets and Silence: Selected Prose, 1966—1978*. London: Virago. 艾德里安娜·里奇,1980年,"这是我们中的女同性恋……",见《关于谎言,秘密和沉默:1966—1878散文选》,第199—202页,伦敦:维拉格出版社。

Rubin, Lilian (1985) *Just Friends: The Role of Friendship in Our Lives*. New York: Harper Row. 摘自莉莲·鲁宾,1985年,《只是朋友:友谊在我们生活中的作用》,纽约:哈珀·罗出版社。

Sacks, Harvey (1992) *Lectures*. Oxford: Blackwell. 哈维·萨克斯,1992年,《讲座》,牛津:布莱克韦尔出版社。

Sacks, Harvey, Schegloff, Emanuel A. & Jefferson, Gail (1974) "A simplest systematics for the organization of turn-taking in conversation", *Language 50*, 696—735. 哈维·萨克斯、伊曼纽尔·A·斯格洛夫、盖尔·杰弗逊,1974年,"一种最简单的组织会话话轮转换的体系",见《语言》第50期,696—735。

Sadker, Myra & Sadker, David (1990) "Confronting sexism in the college classroom", pages 176—187 in Susan Gabriel & Isaiah Smithson (eds) *Gender in the Classroom: Power and Pedagogy*. Urbana, Ill.: University of Illinois Press. 迈拉·萨德克、戴维·萨德克,1990年,"在大学课堂中遭遇性别歧视"见苏珊·加布里尔、伊塞亚·史密森(编),《权力与教育学》,第176—187页,乌尔班,伊利诺斯州:伊利诺斯大学出版社。

Saville-Troike, Muriel (1989) *The Ethnography of Communication* (2nd edition). Oxford: Basil Blackwell. 米尤里尔·萨维尔-特洛伊克,1989年,《交际人种论》(第二版),牛津:贝西尔·布莱克韦尔出版社。

Schacht, S. P. & Atchison, Patricia (1993) "Heterosexual instrumentalism: past and future directions", pages 120—135 in Sue Wilkinson & Celia Kitzinger (eds) *Heterosexuality*. London: Sage. S. P. 斯查奇特、帕特里夏·阿特奇森,1993年,

"异性工具主义：过去和未来的方向"，见苏·威尔金森、西莉亚·基辛格（编），《异性恋》，第120—135页，伦敦：塞格出版社。

Scheibman, Joanne (1995) "Two-at-a-time: the intimacy of simultaneous speech in sister talk". *LGSO working papers 1995*. University of New Mexico Linguistics Department. 乔安妮·斯奇布曼，1995年，"二人同时：姐妹交谈中同时发言的亲昵性"，《LGSO1995年工作论文》，新墨西哥州大学语言学系。

Sherrod, Drury (1987) "The bonds of men: problems and possibilities in close male ralationships", pages 213—239 in Harry Brod (ed.) *The Making of Masculinities*. Boston: Allen & Unwin. 德鲁里·谢罗德，1987年，"男人的束缚：男性关系亲密中的问题和潜在价值"，见哈里·布罗德（编），《男性的建构》，第213—239页，波士顿：艾伦—昂温出版公司。

Seidler, Victor (1989) *Rediscovering Masculinity: Reason, Language and Sexuality*. London: Routledge. 维克多·塞德勒，1989年，《男性的重新发现：理性、语言和性》，伦敦：劳特利奇出版社。

Seidler, Victor (ed.) (1991) *The Achilles Heel Reader*. London: Routledge. 维克多·塞德勒，《阿喀琉斯脚踵的解读者》，1991年，伦敦：劳特利奇出版社。

Sheldon, Amy (1990) "Pickle fights: gendered talk in pre-school disputes", *Discourse Processes* 13, 5—31. (Reprinted, pages 83—109, in Deborah Tannen (ed.) *Gender and Conversational Interaction*. Oxford: Oxford University Press, 1993.) 艾米·歇尔顿，1990年，"荒唐话：学前争吵中的性别交谈"，《话语方法》第13期，5—31（重印版，见黛博拉·坦嫩（编），《性别与会话交流》，第83—109页，牛津：牛津大学出版社，1993）。

Skutnabb-Kangas, Tove & Cummins, Jim (eds) (1988) *Minority Education: From Shame to Struggle*. Clevedon, Avon: Multilingual Matters. 托夫·斯卡特纳布-坎格斯、吉姆·孔明斯

（编），1988年，《少数教育：从羞耻到抗争》，克利夫顿，艾冯郡：多语种出版社。

Smith-Rosenberg, Carroll (1975) "The female world of love and ritual: relations between women in nineteenth-century America", *Signs: Journal of Women in Culture and Society* 1, 1—29. 卡罗尔·史密斯-罗森伯格，1975年，"爱与礼节的女性世界：19世纪美国妇女间的关系"，《语言符号：女性文化社会杂志》第1期，1—29。

Stenstrom, Anna-Brita (1994) *An Introduction to Spoken Interaction*. London: Longman. 安娜-布丽塔·斯坦斯特勒姆，1994年，《言语相互作用入门》，伦敦：朗文出版社。

Stubbs, Michael (1983) *Discourse Analysis*. Oxford: Blackwell. 迈克尔·斯塔布斯，1983年，《话语分析》，牛津：布莱克韦尔出版社。

Svartvik, Jan & Quirk, Randolph (eds) (1980) *A Corpus of English Conversation*. Lund: Gleerup. 简·斯瓦特维克、伦道夫·奎克（编），1980年，《英语会话文集》，伦德：格利拉普出版社。

Swann, Joan (1989) "Talk control: an illustration from the classroom of problems in analyzing male dominance in conversation", pages 123—140 in Jennifer Coates & Deborah Cameron (eds) *Women in Their Speech Communities*. London: Longman. 琼·斯万，1989年，"交谈控制：对分析男性在交谈中优势问题的课堂说明"，见珍妮弗·柯茨、黛博拉·卡梅伦（编），《语言群体中的女性》，第123—140页，伦敦：朗文出版社。

Tannen, Deborah (1987) 'Repetition in Conversation: towards a poetics of talk', *Language* 63, 574—605. 黛博拉·坦嫩，1987年，"会话中的重复：关于交谈的诗学"，《语言》第63期，574—605。

Tannen, Deborah (1989) *Talking Voices: Repetition, Dialogue,* and Imagery in Conversational Discourse. Cambridge: Cambridge University Press. 黛博拉·坦嫩,1989年,《说话的声音:会话语篇中的重复、对话和意象》,剑桥:剑桥大学出版社。

Tannen, Deborah (1990) "Gender differences in topical coherence: creating involvement in best friends talk", Discourse Processes 13, 73—90。黛博拉·坦嫩,1990年,"话题连贯中的性别差异:在最好朋友间的交谈中创造参与",《话语方法》第13期,73—90。

Tannen, Deborah (1991) You Just Don't Understand: Women and Men in Conversational Discourse. Cambridge: Cambridge University Press. 黛博拉·坦嫩,1991年,《你怎么就是不明白:交谈话语中的女性和男性》,剑桥:剑桥大学出版社。

Tannen, Deborah (ed.) (1993) Gender and Conversational Interaction. Oxford: Oxford University Press. 黛博拉·坦嫩(编),1993年,《性别与会话交流》,牛津:牛津大学出版社。

Tiger, Lionel (1969) Men in Groups. London: Nelson. 莱昂内尔·泰格,1969年,《团体中的男性》,伦敦:内尔森出版社。

Todd, Alexandra Dundas (1983) "A diagnosis of doctor-patient discourse in the prescription of contraception", pages 159—187 in Sue Fisher & Alexandra D. Todd (eds) The Social Organization of Doctor-Patient Communication, Washington, D.C.: Center for Applied Linguistics. 亚历山德拉·邓德斯·托德,1983年,"避孕药方开定中的医患会话分析"见苏·菲舍,亚历山德拉·D·托德(编)《医患交流的社会组织》,第159—187页,华盛顿:应用语言学中心。

Troemel-Ploetz, Senta (1982a) "'She's just not an open person': a linguistic analysis of a restructuring intervention in family therapy". Family Process 16, 339—352. 森塔·特罗梅尔,1982a,"'她不是个坦率的人':对家庭理疗中再建构的插入语的语言学分析",《家庭方法》第16期,339—352。

Troemel-Ploetz, Senta (1982b) "The construction of conversational differences in the language of women and men". Talk given at the 10th World Cogress in Sociology, Mexico City, 18 August. (Published in German translation in Senta Troemel-Ploetz (ed.) (1984) Gewalt durch Sparach. Frankfurt: Fischer.) 森塔·特罗梅尔,1982b,"男女语言交谈差异的建构",第十届世界社会学大会上的讲话,墨西哥城,8月18日。(发表于森塔·特罗梅尔(编)德文译本 Gewalt durch Sparache 中(1984),法兰克福:菲兹歇尔出版社。)

Troemel-Ploetz, Senta (1992) "The construction of conversational equality by women", pages 581—589 in Kira Hall, Mary Bucholtz & Birch Moonwomon (eds) *Locating Power: Proceeding of the 2nd Berkeley Women and Language Conference*. Berkeley: Berkeley Women and Language Group, University of California. 森塔·特罗梅尔,1992年,"女性交谈平等地位的建构",见霍尔·齐拉、布克尔兹·玛丽、伯齐·蒙伍门(编),《找到权力:第二届伯克利女性和语言大会议项》,第581—589页,伯克利:伯克利女性和语言语言团体,加利福尼亚大学出版社。

Trudgill, Peter (1974) *The Social Differentiation of English in Norwich*. Cambridge: Cambridge University Press. 彼得·特鲁吉尔,1974年,《诺里奇英语的社会分化》,剑桥:剑桥大学出版社。

Wareing, Shan (1994) "Cooperative and competitive talk: the assessment of discussion at Standard Grade". PhD thesis, University of Strachclyde. 沙恩·沃里因,1994年,"合作性和竞争性交谈:标准等级中的谈论评估",博士论文,斯特拉齐克莱德大学出版社。

Weedon, Chris (1987) *Feminist Practice and Poststructuralist Theory*. Oxford: Blackwell. 克利斯·韦顿,1987年,《女性主义行为和后结构主义理论》,牛津:布莱克维尔出版社。

West, Candace (1984a) "When the doctor is a 'lady': power, status and gender in physician-patient encounters", *Symbolic Interaction* 7, 87—106. 康达斯·韦斯特,1984a,"当医生是位'女士':医患会面中的权力、地位和性别",《符号交流》第 7 期,87—106。

West, Candace (1984b) *Routine Complications: Troubles with Talk between Doctors and Patients*. Bloomington, Ind.: Indiana University Press. 康达斯·韦斯特,1984b,《惯常的难题:医患交谈中的问题》,布卢明顿:印第安纳大学出版社。

West, Candace & Zimmerman, Don (1983) 'Small insults: a study of interruptions in cross-sex conversation between unacquainted persons', pages 103—118 in Barrie Thorne, Cheris Kramarae & Nancy Henley (eds) *Language, Gender and Society*. Rowley, Mass.: Newbury House. 康达斯·韦斯特、唐·齐默曼,1983年,"无关紧要的无礼:对于陌生人间跨性别交谈的插话的研究",见巴里·索恩、切里斯·克拉梅里、南希·亨雷(编),《语言、性别和社会》,第 103—118 页,罗雷,马萨诸塞州:纽堡出版社。

Wilson, John (1987) "The sociolinguistic paradox: data as a methodological product", *Language and Communication* 7, 161—177. 约翰·威尔逊,1987,"社会语言学的悖论:作为一种方法的数据",《语言和交际》第 7 期,161—177。

Wilson, John (1989) *On the Boundaries of Conversation*. Oxford: Pergamon Press. 约翰·威尔逊,1989,《关于会话的界线》,牛津:帕加蒙出版社。

Wilson, Tamsin (1992) "Sisterhood in the service of patriarchy: heterosexual women's friendships and male power", *Feminism & Psychology* 2, 506—509. 坦辛·威尔逊,1992 年,"父权社会的姐妹关系:异性的女性友谊和男性权力",《女权主义和心理学》第 2 期,506—509。

Wodak, Ruth (1981) "Women relate, men report: sex differences in language behaviour in a therapeutic group", *Journal of Pragmatics* 5, 261—285. 鲁思·沃达克,1981年,"女性叙述,男性报告:医疗小组中语言行为的性别差异"《语用学杂志》第5期,261—285。

Woods, Nicola (1989) "Talking shop: sex and status as determinants of floor apportionment in a work setting", pages 141—157 in Jennifer Coates & Deborah Cameron (eds) *Women in Their Speech Communities*. London: Longman. 尼古拉·伍兹,1989年,"交谈行话:在工作环境中作为分配决定因素的性别和地位",见柯茨·珍妮弗、卡梅伦·黛博拉(编),《语言群体中的女性》,第141—157页,伦敦:朗文出版社。

Wulff, Helena (1988) *Twenty Girls: Growing up, Ethnicity and Excitement in a South London Microculture*. Stockholm Studies in Social Anthropology 21. 海伦娜·伍尔夫,1988年,《二十个女孩:成长、种族特点和伦敦南部狭域文化的兴奋点》,《斯德哥尔摩社会人类学研究》第21期。

Yocom, Margaret R. (1985) "Woman to woman: field work and the private sphere", pages 45—53 in Rosan Jordan and Susan Kalcik (eds) *Women's Folklore, Women's Culture*. Philadelphia: University of Pennsylvania Press. 玛格丽特·R·约孔,1985年,"女人与女人:野战工事和私人氛围",见罗森·乔丹、苏珊·卡尔西克(编),《女性民俗,女性文化》,第45—53页,费城:宾夕法尼亚大学出版社。

Zimmerman, Don & West, Candace (1975) "Sex roles, interruptions and silences in conversation", pages 105—129 in Barrie Thorne & Nancy Henley (eds) *Language and Sex: Difference and Dominance*. Rowley, Mass.: Newbury House. 唐·齐默曼、康达斯·韦斯特,1975年,"会话中的性别角色、插话和沉默",见巴里·索恩、南希·亨雷(编),《语言和性别:差别与优势》,第105—129页,罗雷,马萨诸塞州:纽堡出版社。

# 交谈艺术系列

### 《男士交谈》

〔英〕詹尼弗·柯茨著 刘伊俐译

ISBN 7-301-10361-1/H·1634

定价:28.00元

本书以闲聊交谈中的叙事作为切入点,对男性(主要是清一色男性之间)闲聊交谈中常见的话题、叙事的模式、男性的话语、男性气质的建构、男性的霸权特征等问题条分缕析,对于人们理解男性闲聊交谈的社会意义,理解西方当代男性无疑具有较高的认识和参考价值。

### 《女士交谈》

〔英〕詹尼弗·柯茨著 吴松江 等译

ISBN 7-301-10360-3/H·1633

定价:36.00元

本书颠覆了视女性交谈为细小琐碎、无足轻重的传统观念,赞美了女性之间的友谊,指出了女性友谊是一种使女性获得解放的力量,强调女性友谊在女性生活中的重要意义,肯定了女性交谈的文化及社会意义。

北京大学出版社

邮购部电话:010-62752015　　联系人:孙万娟

外语编辑部电话:010-62767315　　62755217